Party Basics

Alles, was man braucht für das beste Fest der Welt

Cornelia Schinharl Sebastian Dickhaut

Party Basics

Inhalt

basic

Einfach feiern
Weltweit

Wann ist Essen eine Party? Schon dann, wenn 1 Kerze brennt, 2 Verliebte dabei sitzen, es 3 Gänge gibt? Noch dann, wenn 20 Freunde auf dem Buffet steppen? Nun, beides ist ein Fest – Essen, das aus Liebe gekocht wird, und Essen, das vor Freude tanzen lässt. Beweise? Na, umgekehrt klappt's halt auch: voller Liebe sein, weil jemand feiertäglich für mich kocht; eine Party machen, weil ich so gerne beim Freuen zuschaue.

Womit wir beim Haken wären. Denn die, die da beturtelt werden oder am steppen sind, das sind die Gäste. Und die brauchen Gastgeber. Leute, die einkaufen, Essen kochen, Tisch decken, abräumen. Leute wie ... uns. Die Gastgeber sind also ... wir? Oha.

Obwohl, müssen wir das jetzt so schlimm finden? Das Haus voller Leute zu haben, die genau dann sich, uns und die Welt ziemlich mögen? Da werden wir doch eher zu den glücklichsten Gästen von allen, und das auch noch auf dem eigenen Fest. Und jetzt bitte: Verliebt sein, steppend und glücklich wie nie – kann's was Besseres geben? Wir glauben kaum.

Deswegen haben wir diesen Ratgeber fürs Schön-dass-es-uns-gibt-Gefühl gemacht. Mit Basics von Einladen bis Abwasch und mit zukünftigen Lieblingsgerichten der Marke »Was ist denn das? Ist das gut! Wie geht das denn?« Genau so haben wir in der Basicwelt rumgefragt, und weil die schon von San Francisco bis Slowenien reicht, sind die Rezepte weltweitkariert. Und eher klein, damit sich daraus jeder sein Zweiermenü oder Zwanziger-Buffet buntwürfeln kann. Auf das die ganze Welt ab jetzt glücklich wie nie ist. Be party. Mehr nicht.

Know How

basic

Party?
Das wär's. Aber wie?

Hat Peter nicht bald Geburtstag? Könnte lustig werden. Nur dass der bestimmt wieder nicht feiert. Aber die Babsi, die lässt's gerne krachen. Ach so, hat Krach mit ihrem Karl-Heinz. Dann eben zu Rosa und Nanna, bei denen läuft immer was, und spontan ist sowieso am besten. Obwohl die letzte Nummer mit Nannas Jagdwurst-Bagels und dem Warmsekt ein bisschen anders lief als im Fernsehen. Also was jetzt? Muss ich wieder alles selber machen? Naja, Geburtstag hätte ich ja bald …

Wer so lange ans Feiern denkt, kann die Spontanparty vergessen. Was nicht nur wegen der Jagdwurst gesund ist. Freunde einladen und Konfetti ausstanzen entspannt nämlich fast so wie zweisames Balkongedöse. Bis die Meute von unten johlt: »Aufwachen, aufmachen, loslachen!« Da bin ich lieber basic. Weiß was, plan was, und dann feier ich, wie ich es will. Frei nach Basic Cooking, Seite 6. Also ein Fest mit dem lustigen Peter, Babsi und ihrem Karl-Heinz plus Rosa und Nanna, weil mit denen immer was läuft. Ich leg' schon mal den Sekt kalt.

STR

17
gute
Gründe
zum Feiern

Du

Du
&
Ich

Gäste

Ich

Kinder

Kollegen

Kalender

Essen

Familie

Na sowas!

Trinken

Wetter

Bitte lächeln!

Hallo

Mach(t)'s gut

Glückwunsch!

Buntpapier

17 gute Gründe zum Feiern

Du

A mag B. Sehr. Und A will B das zeigen. Aber A kennt B nicht sehr. Was soll A machen? »Was zu essen!« Mutig. Denn das Rendezvous bei Selbstgekochtem ist nicht nur die kleinste, sondern auch die kniffligste Party. Trifft A den Geschmack von B? Mag B, was A mag? Und wer zum Teufel hat das Geschirrspülersalz ins Nudelwasser geschüttet? Kann gut sein, dass es das dann war. Kann aber auch sein, dass man sich beim Überleben einer katastrophalen Du-Party erst schätzen lernt. Und wenn dann A zum Kennenlerntag immer wieder Nudeln macht, wird B immer wieder sagen: »Oh, die schmecken ja richtig gut. Hast Du die im Geschirrspüler gekocht?« Die Liebe ist eben ein Fest!

Du & ich

Man mag einander? Hat Nudelkrisen und andere Katastrophen gemeinsam durchgestanden? Hat sich sogar schon mal was mit »liebe« und »dich« zugemurmelt? Dann schnell an die Öffentlichkeit damit, bevor es keiner gehört haben will. Aber jetzt nicht an jeder Haustür klopfen und strahlend »Wir lieben uns!« rufen. Macht lieber ein Fest. Weil das verstehen alle. Auch wenn sie kein Verständnis fürs Heiraten haben. Verlobung reicht ja auch erst mal als Anlass (obwohl das noch weniger Leute verstehen). Oder Zusammenziehen. Oder wenn's selbst dazu nicht reicht, wenigstens mal gemeinsam einladen. Wie bei den Royals. Womit klar ist: Ein bisschen förmlich kann's schon sein.

Gäste

Manche Leute brauchen weder Kalender noch Familie, um ein Fest zu machen. Sie haben nur das Gefühl, dass es mal wieder Zeit wird, ein paar nette Menschen einzuladen, und prompt haben die auch alle Zeit. Was kein Wunder ist, denn Gastgeber, die wegen der Gäste feiern, sind die besten. Schon ihre Einladung löst dieses »Wie-schön-dass-es-dich-gibt-Gefühl« aus, das bis zum Ende der Party nicht nachlässt. Deswegen sind diese Gastgeber ideal für eine fast vergessene Kunst des Feierns: das Fest zu Ehren eines anderen. Kommt der Onkel aus Amerika oder hat die Freundin keine Zeit, um ihren Geburtstag zu meistern, schenken diese Leute ihnen das beste Fest ihres Lebens.

Ich

Ja, du. Weil oft kommen Gäste wegen dem Gastgeber. Weil er gut kochen kann. Weil sie ein netter Kerl ist. Weil es bei denen so lustig ist. Oder einfach, weil du wieder Geburtstag hast. Der ist in deiner Welt wie Weihnachten: Jedes Jahr ein Fixtermin für alle, die froh sind, dass es dich gibt. Darüber freuen sie sich noch mehr, wenn du deinen Geburtstag auch feierst. In aller Ruhe oder voller Leben, ganz wie du bist und willst. Nun gibt's ja Leute, die finden das blöd, ihre Ankunft auf der Welt zu feiern. »Sind wir Jesus?!« rufen sie. Eher nicht. Ganz bestimmt sind sie aber die Ersten auf deiner Party und bleiben sitzen bis zum Schluss. Tipp zum Loswerden: Frag sie mal, wann ihr Zeugungstag war.

Kinder

Warum war es so ein einmaliges Gefühl, als mir nach der Schnitzeljagd beim Kindergeburtstag der Kleine vom Nachbarn strahlend in die Beine fiel und stammelte: »Das ist die beste Party seit ewig«? Weil derselbe Junge im letzten Jahr gefragt hatte: »Ist das immer so blöd hier?« Gelungene Kinderfeste sind wie ein Ritterschlag für Gastgeber. Wer es schafft, einen aufgeregten Haufen Leute bei Laune zu halten, die völlig anders denken, reden und essen als vernünftige Leute, der wird eine Willkommensparty für Marsmenschen genauso mit links schmeißen wie ein kaltes Buffet in der Sahara. Daher macht kaum was glücklicher als ein gelungenes Kinderfest. Aber kaum was macht auch müder.

Kollegen

Acht Stunden Arbeit pur? Vergiss es. Weil die Kollegen vergessen nicht, wenn was zu feiern ist: Einstand, Geburtstag, zweieinvierteljähriges Dienstjubiläum, Rückkehr aus Mallorca, Ausstand. Dafür reicht je nach Branche und Status meist die Sekt-Schnittchen-, Champagner-Canapé- oder Flaschenbier-Fingerfood-Nummer. Beim Feiern für den guten Zweck – Teamgeist beleben, Chef beseelen – ist es gut, etwas motivierter und kreativer zu sein. Aber nicht zu sehr. Lieber tiefstapeln und was in Reserve haben statt als »The Protz« die Hauptrolle im Bürotratsch übernehmen. Und: Gut auswählen, wenn Job und Privates gemischt werden – bei Kollegen wie bei Freunden.

Kalender

Feiern weil Feiertag ist, ist das nicht spießig? Ja, und ist das nicht herrlich? Davon werden nun auch die Angstspießer überzeugt. Schritt 1: Lass es schick klingen. Lade am 1. Mai zur Picknicktour statt zum Wandertag, feier' Halloween statt Allerheiligen. Schritt 2: Sei seeeehr ironisch. Mach' ein Zweitnamenstagsfest, bejuble im Winter den australischen Sommeranfang. Schritt 3: Feiere internationale Feiertage – chinesisches Mondfest, US-Thanksgiving, Karneval in Rio. Schritt 4: Feiere nach der Natur – Sonnenwende, Erntedank. Schritt 5: Feiere jetzt, weil Feiertag ist – Dreikönigsfrühstück, Pfingstschmaus, Nikolauskaffee. Und hilft alles nichts, dann bleiben immer noch Fasching und Silvester.

Essen

»Werte Gäste, wir freuen uns über Ihr Interesse an einer Feier im Gasthaus zum guten Wirt. Erlauben Sie uns, ihnen einige jahreszeitliche Vorschläge vorzuschlagen: Frühlingskräuterfest, grün-lila-weißer Spargelschmaus, Maischollenessen, Berries 'n' Roses Party, Kartoffelfeuer, getrüffelter Martinsgans-Bratapfel-Abend. Sehr beliebt ist auch unser Tanz um den großen Braten im Raum Gold oder der Suflaki-Sirtaki auf der Veranda. Neu im Programm: Meet the Chef bei der Tausendsuppentassenpolka in der Küche.« He, was hör' ich? Anjas Balkon-Chilies sind reif? Ja hossa, dann Schluss mit dem Gequatsche. Leeeeeet's party! »Bitte hinterlassen Sie Ihren guten Appetit nach dem Signalton.«

Familie

Müssen wir da wirklich hin? Ich glaube schon. Weil Familienfeste sind heilige Feste. Und man muss schon einen ziemlich guten Grund haben, um nicht bei der Taufe vom Neffen Phil, bei der Hochzeit von Schwester Annette oder gar beim Achtzigsten von Papa dabei zu sein. Übrigens ist es da meistens gar nicht so schlimm. Weil in so einer geschlossenen Gesellschaft nehmen die Gefühle gerne ihren freien Lauf, was durchaus auch gut enden kann. Im Schutz der Familie lassen sich außerdem gut ein paar der Festrituale üben, die draußen so vermißt werden. Und wenn der Vetter Arnold dann einmal nicht wie jedesmal nach Mitternacht unter den Tisch rutscht, fehlt einem richtig was.

Na sowas!

Ein Paar aus Amerika beschloss, einsam in Hawaii zu heiraten. Um die Freunde nicht ganz zu enttäuschen, machten sie eine Party vor der Abreise. 150 Leute, nun ja. Dann sollten sich alle zum Gruppenfoto versammeln. Und dann tauchte statt dem Fotografen ein Elvis-Imitator samt dem Brautpaar in voller Pracht auf, und Elvis sang die Trauzeremonie, und das Paar sang »I do, I do, I do«. Wahre Geschichte. Riesig war's. Was lernen wir daraus? Parties, die Gäste überraschen, können toll sein. Aber was wissen wir? Überraschungsparties sind es selten. Weil was würdest du sagen, wenn du deinen Runden in Ruhe feiern wolltest, und dann steht plötzlich Elvis mit 150 Leute im Wohnzimmer?

Trinken

Wer feiert, um zu saufen, hat so viel vom Fest wie der Eiweißallergiker von der Sahnetortenschlacht – nur schlechte Erinnerungen. Etwas Gutes zu trinken kann aber schon ein Grund für eine Party sein. Wer's glaubt und mag, feiert etwa die Ankunft von Beaujolais, Novello rosso oder Übersee-Chardonnay, Realisten halten sich an Federweißen, Apfelrauscher, Oktoberfestbier. Mit Maibowle und Glühwein lässt sich die Sache selbst in die Hand nehmen, Gourmets laden zum frisch eingeflogenen First Flush Darjeeling oder zur ersten Röstung jamaikanischen Hochlagenkaffees. Zwei der erfreulichsten Einladungen: »Ich hab' uns einen tollen Barolo aus Italien mitgebracht« und »Mein Rumtopf ist fertig!«

Wetter

enn der Frühling es mal wieder flattern lässt ıd einem das Herz aufgeht wie ein Frischluftallon – erstes vorsichtiges Balkonsektfrühück mit Bärlauchrührei und Ringelblumenıtterbrot. Wenn der Sommer es endlich mal ıallen lässt und einem alles wie Rotwein ist – ɔotsstegpicknick mit Steckerlfisch und Füßen ı Wasser. Wenn der Herbst sich langsam ɛnkt und die Luft nach Gold und Silber hmeckt – Abendrotwanderung mit Lagerfeueruchwürsten und Butterbier. Wenn der Winter ɪrklich mal weiß ist und einem die Ohren wie ɛhneeglöckchen klingen – Händchenhalten ı Almhüttentisch bei Kachelofenplätzchen ıd Tunkpunsch mit Ingwer.

Bitte lächeln

Schon mal aus Freundlichkeit gefeiert? »Häh?« Ok, schon verstanden. Also Freundlichkeit, das ist zum Beispiel »danke« sagen. Etwa mit einem kleinen Essen für den Nachbarn, der im Urlaub den Kater gefüttert hat (und der genauso grüne Augen hat wie der ...). Oder »Entschuldigung«. Also mal wieder ein Fest machen für seine Leute, nachdem man drei Monate auf beruflicher Tauchstation war (dagegen eher feindlich als freundlich: An einem Abend die zusammenschmeißen, die ewig für eine Gegeneinladung fällig waren). Weitere Freundlichkeitsfeste: das Bitte-lächeln-Fest gegen schlechte Laune, das Gute-Besserung-Fest, das Gut-dass-es-dich-gibt-Fest für beste Laune.

Hallo

Neu sein kann nervös machen. Feiern kann das mildern – wenn man sich aufs Neue einstellt: Wie sind die, die da sind? Was will ich ihnen zeigen? Zuviel ist zu Beginn nicht so gut. Daher ist es nicht dumm, die Nachbarn bei der wilden Wohnungseinweihung erst mal weg zu lassen, auch wenn's so praktisch scheint. Der Kaffeeklatsch zuvor stimmt sie auch milde. Zu wenig ist aber auch nix: »Bierdoseneinstand als Dritter von der Tankstelle? Alter, bei uns kannste ganze Candlelightdinner ordern. Ab, ab, zum Scheibenwischen!« Ausnahme: Das verkehrte Hallo-Fest für alte Bekannte, kurz Willkommensparty genannt. Weil, wenn einer von der einsamen Insel zurückkehrt, ist zuviel gerade gut genug.

Mach(t)'s gut

Damit das klar ist: Eine gute Abschiedsparty ist wie eine Achterbahnfahrt – ein heftiges Hin-her-rauf-runter mit ruhigen Momenten dazwischen, bei denen wir den Rummelplatz des Lebens mal ganz anders sehen dürfen. Die brillantesten Reden und schönsten Geschenke können da zu den größten Heulern werden, und ein sonst belangloses Gespräch geht plötzlich tiefer und tiefer. Damit das alles in der Spur bleibt, sollte eine Macht's-gut-Party ruhig ein bisschen inszeniert sein. Das geht oft am besten, wenn sie eine Mach's-gut-Party ist, bei der die Hauptdarsteller die Regie abgeben. Und jetzt noch eine Weisheit für den weiteren Weg: Eine Abschiedsparty, bei der nicht geweint wird, ist zum Heulen.

Glückwunsch

Glückwunschfeiern gehören zu den angenehmsten Feiern, weil das Unangenehmste schon rum ist. Glückwunsch zum 18. Geburtstag: Pubertät ist so gut wie vorbei. Glückwunsch zur Eröffnung: Lampenfieber war gestern. Glückwunsch zum neuen Job: Rennerei ist erst mal rum. Außerdem mischen sich bei einer anständigen Glückwunschfeier »Mach's gut« und »Hallo« aufs Beste, weil man hat was hinter sich, was vor sich und den Erfolg bei sich. So, als wenn man gerade eben aus der Achterbahn gekommen ist und schon ganz juckig auf die Neunerbahn ist. Neunerbahn? Bei einer richtig guten Glückwunschparty ist alles möglich – Realität und Rennerei können bis morgen warten.

Buntpapier

Sitz' ich in der Straßenbahn, seh' ich draußen was leuchten. Spring' ich raus, steh' ich vor 'nem Laden. Geh' ich rein, finde ich Buntpapier. Nehm' ich's mit heim, bastle mir was draus. Ruft Ilse an, was ich so mache. Sag' ich, Buntpapier. Sagt sie, gibt's das noch, ich komme gleich. Bringt sie den Harry mit, der gerade zu ihr wollte. Kriegen wir Hunger und klingeln bei Sven, der Fischstäbchen hat. Rufen wir Maike und Uwe an, weil die mögen das und bringen Malzbier mit Schuss plus Besuch mit. Mehr weiß ich nicht mehr, aber wusstet ihr, dass man mit Buntpapier, Fischstäbchen und Bierflaschen prima Buddelschiffe bauen kann? Und wisst ihr, dass man oft gar keinen Grund zum Feiern braucht?

Meine Gäste und ich

Wir sind: Gäste. Wir wollen: Gastgeber, die Freude am Planen und Feiern haben. Wir bieten: Party, Party, Party

»Ach, ist das nicht herrlich? Sonne scheint, Essen schmeckt, keiner soll was, jeder hat's drauf, alle mögen sich und der Wein ist gut wie selten. Das Leben ist ein Fest, zumindest wenn es wie heute was zu feiern gibt. Könnte das nicht jeden Tag so sein? Ja, könnte ich das nicht auch mal bei mir machen?«

Guter Gedanke. Aber Achtung: Wer bei sich feiern lassen will, der kriegt was zu tun für andere. Und da gibt's für einen selbst erst mal nur Zwiebelgeweine unter der Küchenlampe statt Sonnenschein und Wein wie selten. Wer aber auch so was seinen Gästen mit Freude gibt, hat keine schlechten Chancen auf den Job des guten Gastgebers oder der guten Gastgeberin (gibt's meist öfter). Deren Charakterzüge sind, dass sie ihre Gäste mögen wie sich selbst und es ihnen gut tut, wenn sie denen Gutes tun. Dass sie gastfreundlich sind. Gastfreunde eben.

Die Fragen des Feierns

Gute Gastfreunde führen lieber Regie statt die Hauptrolle zu spielen. Was da genau läuft, hängt von ein paar Fragen ab: Warum will ich feiern? Und wie? Mit wem? Wann? Wo? Wobei die Wo-Antwort oft schon festliegt: zu Hause. Womit die Zahl der Gäste nach oben begrenzt ist und von der Stehparty zum Tischmenü für zwei nach unten verkleinert werden kann. Die Wahl der Feierart hängt wiederum von der Art der Gäste ab – Kaffee und Kuchen für Onkel und Tante, Thai-Bankett mit sechs kochverrückten Kollegen, Mundräuberbuffet mit zwanzig dicken Freunden. Nicht übel ist es zu mischen: Viele dicke Freunde, etwas Familie und ein paar Verrückte dazu, und schon kann's wie von selbst laufen. Wenn die Leute kommen.

Womit wir bei der Wann-Frage sind. Und die kann gerade bei einer klaren Warum-Antwort knifflig sein. »Montags um drei zum Geburtstagskaffee?« »Da fang ich gerade erst zu denken an!« »Dann am Abend?« »Aber nur bis zehn.« »Samstag abend?« »Kommen Karins Eltern, schon ewig geplant.« »Donnerstag?« »Fußball, du Dussel!« Am besten ist es, sich ein paar Wunschtermine zu suchen und dann einzugrenzen: Was sind gute Tage (am Wochenende ist die Konkurrenz größer, am Wochenbeginn ist die Zeit knapp)? Wann können die Liebsten (ruhig vorfragen)? Und wann ist kein Fußball? Je früher man damit anfängt und je wichtiger das Fest ist, desto größer sind die Chancen für Zusagen – ein Zehntel Absagen ist immer drin, bei größeren Partys auch ein Viertel, ab 50 Prozent sollte man mal über seine Kochkunst oder Körperpflege nachdenken. Oder ob bei der Einladung was schiefgegangen ist.

Eindeutig einladen

Wer was will, muss es sagen – und zwar deutlich. So ist das auch beim Einladen. Dabei gibt's gewisse Leute, die gewisse Signale leichter verstehen. Enge Freunde etwa kommen mit dem kurzen »Was machste nächsten Sonntag?« am Telefon so schnell klar, dass das Mitbringpicknick in fünf Minuten festgeklopft ist. Aber wer einmal im Oktober die nette Kollegin in der U-Bahn zu seinem berühmten Silvesterball lädt, wird ohne sie ins neue Jahr feiern. Was heißt: Je wichtiger und entfernter das Fest ist und mir die Gäste sind, desto eindeutiger muss die Einladung sein. Eindeutig heißt: früh genug, damit die Gäste Raum für Entscheidungen haben; klar genug, damit sie wissen, worum es geht.

Was ist jetzt früh genug? Eine Woche und weniger vorher nur dann, wenn's eine Spontaneinladung sein soll, etwa wegen der Beförderung. Zwei Wochen sind beim locker inszenierten Essen drin – zum Beispiel weil der Erich aus Salzburg auf Durchreise sein wird. Gibt's einen besonderen Anlass zum größeren Feiern (Geburtstag), sind drei bis vier Wochen besser. Ist's was ganz Besonderes und die Feier ebenso (»wir wandern aus!«) – sechs bis acht Wochen. Fest des Jahres (»wir heiraten!«) – zwei bis drei Monate. Fest des Lebens (»100jähriges Betriebsjubiläum meiner Webpage«) – drei bis sechs Monate.

Mund zu Mund? Per SMS? Schema Brief?

Zu den spontanen bis locker inszenierten Sachen innerhalb der Zweiwochenzone wird am

Die Stehparty

Hier ist das Essen noch eher angenehme Nebensache als beim Buffet, weswegen es in kleinen Happen für Finger, Gabel, Löffel serviert wird. Die können auf Tabletts herumgetragen werden oder auf Tischen verteilt sein. Weil bei Stehparties oft viele Leute auf wenig Raum in kurzer Zeit versammelt werden, ist wichtig, dass alle ohne langes Warten, Fragen, Suchen, Kämpfen was zu essen kriegen. Genug Tabletts im Umlauf oder strategisch gut verteilte Happen helfen dabei. Nicht so gut: »Können Sie mal meinen Teller halten, damit ich die Spaghetti drehen kann?«

besten mündlich eingeladen – persönlich oder per Telefon, von uns aus auch per SMS oder kurzem Mail. Nur dass man bei diesen beiden nicht weiß, wann das genau ankommt und vielleicht auch nicht so bald erfährt, wer genau wann kommt. Fax und Dokument per Mail sind schon eher schriftlich, die Einladung per Post ganz sicher. Die bringe ich jenseits der Zweiwochenzone auf den Weg und wenn mehr als 10 Leute auf meiner Liste stehen – sonst wäre so eine Karte ein bisschen affig.

Noch was? Ach ja, was darauf stehen soll. Nun, vor allem die Antworten auf die Fragen von vorhin: Der Grund fürs Fest, wer eingeladen ist (wichtig bei offizielleren Sachen und bei guten Bekannten mit eher unbekanntem Anhang), was da abgeht, wann (zum Einprägen Datum inkl. Wochentag, Start je nach Gästen und Party 30-45 Minuten vors Essen setzen) und wo. Und: Wo man Bescheid gibt, ob's klappt.

Da fehlt natürlich noch was: die Gastgeber. Nach der feinen Art nennen die sich in der Einladung ausnahmsweise zuerst und mit dem Mann an der Spitze, gefolgt von den Gästen, der Art der Einladung (evtl. mit Anlass), Zeit und Ort: »Der und die bitten den und die zum Wasweißich um soundsoviel Uhr. Da und da.« Macht man eher selten. Öfter läuft's nach Schema Brief mit den Gästen oben in der Anrede und den Gastgebern unten beim Gruß oder nach Schema Flyer: Anlass und Art des Festes groß, der Rest ohne extra Anrede hinterher und das Ganze möglichst gut aussehend. Sonst wirkt's gut gemeint und schlecht gemacht, was der Tod jeder Party ist. Gut: Platz für Persönliches lassen, und wenn es nur die Unterschrift ist.

Das Menü

Die feinere Art des Essens am Tisch, bei der alles gleich auf den Teller kommt, meistens in mehreren Gängen – mindestens zwei, oft drei bis vier, selten mehr als sechs. Macht mehr Arbeit und Eindruck als bloßes Essen und Kochen, weswegen auch mehr als das erwartet wird: Interessante Küche, interessante Gespräche, interessante Stunden. Ideal: Gut gemischte Runde aus 6-8 Leuten, weil's dann bei Tisch nicht zu einsam wird, wenn die Gastgeber in der Küche sind, die aber schnell wieder rauskönnen. Ab drei Gängen für 12 ist das was für Profis. Nicht so gut: »Was ist denn das für ein Geschrei in der Küche?«

Das Buffet

Supermärkte machen's, und auch bei der Party kann Selbstbedienung helfen, die Gastgeber zu entlasten. Das gilt aber nur, wenn die den Zeitgewinn nicht supermarktartig für sich behalten, sondern ihren Gästen dafür mehr Zeit oder sonst was Schönes bieten. So sind Buffets gut für Feste, bei denen das Feiern wichtiger als das Essen ist und viele Gäste nicht nur am Stuhl kleben sollen – bei weniger als 15 Gästen wirkt es eher angestrengt. Stehen Schüsseln und Platten auf einem runden Tisch (Geschirr extra) oder auf mehreren Tischen, beugt das der Schlangenbildung vor. Will man seine Ordnung, geben der Reihe nach aufgestellte Tellerstapel, Vorspeisen, Hauptsachen usw. dem Ganzen eine klare Richtung. Wichtig: Zeigen, dass man genug hat, sonst geht's zu wie am ersten Schlussverkauftag. Nicht so gut: »Jetzt habe ich endlich den Teller voll – aber dafür nichts zum Hinsetzen!«

Das Mitmachfest

Das kann alles sein, so lange die Gäste mitmachen: ein Menü, bei dem immer einer oder ein Team für einen Gang sorgt; ein Buffet, zu dem jeder was mitgebracht hat; ein Bankett, bei dem der Fonduetopf die Bratenschüssel ersetzt; eine Stehparty, bei der jeder was Selbstgewähltes aus dem Wok im Schälchen hat. Gut für Leute, die sich zum Teil kennen, zum Teil kennenlernen wollen. Nicht so gut: »Ach, du hast auch das Tamarindenhähnchen aus Party Basics gemacht?«

Das Bankett

So aß einst der Adel, heute ist's Alltag: Schüsseln und Platten auf den Tisch und den Teller vollgemacht. Bei der Riesenschüssel Spaghetti alla Marinara hat das schon wieder was, bei der Taufe mit Bratenplatte und Beilagenschüssel ist es eher traditionell festlich, beim Tisch voller Tapas wird's multikulturell. Gut für die Durchschnittsfamilie wie für die zwanzigköpfige Runde. Nicht so gut: »Kann mir endlich einer die Sauce geben? Alle? Mist!«

Platz machen

Gute Küche hilft immer beim Feiern. Aber nur in der Küche zu feiern, hilft nicht immer. Vor allem, wenn der Kanzler kommt.

Nein, nein, es macht keine Mühe, wirklich nicht. Sicher, wenn alles wie geleckt aussieht, da fühlt man sich ja auch nicht wohl. Und ja ja, in der Küche ist es sowieso am gemütlichsten. Weswegen dort auch die besten Partys enden, natürlich. Nur: Meine Haustür geht nicht in die Küche. Eine Toilette habe ich da drin auch nicht, was ich ganz gut finde. Und der Tisch steht im Wohnzimmer, weil so schon zwischen Herd und Fenster nur drei Leute Platz haben. Zu wenige für eine echte Party, oder?

Also vergessen wir mal die genial-spontane Küchenfeier als Basic-Party für alle Fälle. Weil die ähnelt uns zu sehr der funktionierenden Patchwork-Großfamilie – wunderschön anzusehen in den Magazinen, recht rar im Leben. Weil wir in dem aber oft feiern wollen, bereiten wir lieber die ganze Wohnung aufs Klingeln der Gäste vor. Das geht beim Platz für die Jacken los und wieder zu Ende. Dazwischen: Plätze zum Sitzen, Tanzen, Essen, Schwätzen, Ruhen. Und die Küche, ja doch. Klingt groß das alles. Ist aber meistens zu klein. Was dann?

Die Mach's-Beste-draus-Formel

Ein Kanzler ist auch nur ein Mensch, und den kann man sich schon mal balkongrillend beim besten Freund vorstellen. Selbst am Grill mit dem Gegenkanzler ist er denkbar, wenn am Ende der beste Weltrettungsplan auf dem Tisch liegt. Und vielleicht würden die beiden den sogar bei uns aushecken, wenn wir die besten Steaks der Welt für sie machten. Was zeigt: Wenn beim Feiern eine entscheidende Sache vom Besten ist, kann's bei den anderen auch mal nicht so perfekt zugehen. Was umgekehrt heißt: Auch im Einzimmerapartment kann groß gefeiert werden, wenn ich das Beste daraus mache. Zum Beispiel die Open-House-Party von morgens um zehn bis abends um acht, jeder kann kommen, wann er will, jeder bringt was zu essen mit. Dann darf ich locker 40 Einladungen rausgeben, und wenn es mittags zu voll wird, kommt die Hälfte später nochmal.
Die Mach's-Beste-draus-Formel ist simpel: Wenn's von etwas zu wenig gibt, braucht's mehr von was anderem. So erweitert sich das enge Einzelzimmer durch den größeren Zeitrahmen zum Open House, und wenn eine große Nummer in der kleinen Hütte zu Gast ist, wird eben die Party fein flach gehalten – Zwei- bis Dreigang-Menü für vier bis sechs zum Beispiel. Gibt's aber viel Platz zum Feiern und Tanzen, reicht schon Fingerfood. Wobei das Grenzen hat: Doppelgarage freiräumen und Chips mit Bierdosen reinstellen, das finden selbst Zwölfjährige nicht mehr elegant. Und wenn Kanzlers wirklich kommen, ist's von der Kochnische aus recht riskant, sich ans weltbeste Steak zu wagen.

20 Leute in 2-Zi-Kü-B-Blk

Stellen wir uns mal eine Basic-Party vor: Junges Paar feiert mit gut zwanzig Leuten in Zwei-Zimmer-Küche-Bad mit großem Flur und kleinem Balkon. Vergessen wir gleich, alle zum Essen an einen Tisch zu setzen. Stellen wir was Warmes zum Schöpfen auf den Herd, ein kaltes Buffet ins Wohnzimmer und dazwischen reichlich Möglichkeit zum Sitzen. Das müssen nicht lauter gleiche Stühle sein, es müssen keine zwanzig sein (ein paar Leute stehen immer, und Sofas, Bänke sind zum Zusammenrücken da), es müssen nicht mal Möbel sein. Hauptsache sitzen und das gut.

Was auch heißt, dass wir im Sitzen gut essen und trinken können. Was nicht heißt, dass jeder einen Tischplatz braucht. Aber eine extra geräumte Fläche in Greifnähe und -höhe sollte es schon sein – zu Barhockern ein breites Fensterbrett, umgedrehter Bierkasten mit Decke drüber neben dem Sofa, Couchtisch beim Matratzensessel oder eben Küchentisch zum Küchenstuhl. Wer so mit Fantasie einige Inseln schafft, kann aus der Zwei-Zimmer-Wohnung einen verwinkelten Club machen, durch den die Gäste schweifen wie beim Ball – von der Fensterbankbar zur Sofa-Lounge, vom Matratzen-Chill-Out ins Kitchentable Inn.

Extra Lichtquellen, neue »Wände« aus umgestellten Möbeln oder Stoffbahnen, eine mit Stoff gesenkte Zimmerdecke oder ein extra Teppich auf dem Boden machen diese Oasen noch heimeliger. Gut ist es, bei der Raumerweiterung nicht nur an der Wand entlang oder im rechten Winkel dazu zu denken, wie das oft beim Möbelstellen ist. Rein mit dem Sofa in die Wohnzimmermitte und raus mit dem Fernseher (Fernsehtisch aber beim Sofa lassen), ins Schlafzimmer zum Beispiel. Womit wir in den Nebenräumen sind.

Wo geht's zur Garderobe?

Auch im feinsten Club gibt es Mussräume – Orte, an die man eher muss als will. Wobei wir da gar nicht erst an den »bathroom« denken, nach dem die Engländer selbst im Pub förmlich fragen, wenn sie Platz fürs nächste Ale schaffen wollen. Bei unserer Zweizimmerparty ist vorher noch die Garderobe gefragt, die am besten im Schlafzimmer liegen wird. Oder stehen, wenn ich nicht will, dass das Bett vollgepackt wird und die Gäste später rumwühlen müssen. Wer überhaupt niemanden im Schlafzimmer haben will, muss Zofe oder Butler spielen, was zum Abschied ohnehin gut kommt. Aber selbst dann ist damit zu rechnen, dass mal jemand rein muss – um schnell in Ruhe zu telefonieren, um das eingeschlafene Kind vom Arm ins Bett zu kriegen, um sich vor dem lästigen Ex zu verstecken. Wäre also gut, allzu Intimes zur Seite zu räumen, den Berg Dreckwäsche inklusive.

Aufräumen ist sowieso nicht schlecht, wenn Gäste kommen. Gerade die Freunde, die vor lauter Lockerheit alles zubröseln, und die Kollegen, auf deren Schreibtisch Anarchie herrscht, flüchten als Gäste gerne in Richtung des Wahren, Schönen, Aufgeräumten. Dann nervt es umso mehr, wieder nur auf lauter Stapel- und Schmuddelecken zu stoßen. Also tue ich mir und meinen Gästen Gutes und schaffe das ab, bis zum nächsten Mal zumindest. Und, ja, leider, Aufräumen heißt auch Putzen.

Natürlich gilt der Räumungsbefehl besonders für den zentralen Mussraum, »the bathroom«. Sind Bad und Toilette eins, wird es da nicht so klinisch unpersönlich wie im Hotelbad beim Einchecken aussehen. Aber Wichtiges kann man sich davon schon abschauen. Etwa, dass die Spuren des Vorgängers verwischt werden. Heißt, dass wir Gastgeber das Bad für die Party verlassen, also unsere gebrauchten Handtücher und struppigen Zahnbürsten inklusive dem anderen Kram vom Waschbecken räumen und dafür frische Seife und Handtücher einbringen. Und putzen wie das beste Hausmädchen.

Mach das Bad zum Boudoir

Wer es richtig gut meint und eine getrennte Toilette inklusive Wasserhahn und Spiegel hat, kann das Bad sogar zum Boudoir machen: Tür aushängen und auf die Wanne legen, Kissen drauf, Kerzen an, Extralicht zum Schminken am Spiegel, jetzt noch das Waschbecken als Sektkühler nehmen – ab jetzt enden alle Parties im Bad, oder?

Das Licht

Lichtregie kann beim Feiern Laune machen. Aber: Schummerlicht wie im Nachtclub oder Griechenkeller ist weniger vertraut gemütlich als einschläfernd belästigend, vor allem wenn Essen und Gegenüber in der Dämmerung verschwinden. Und: Nur weil der Elektriker das Lampenloch in die Zimmermitte gebohrt hat, muss von dort nicht alles Licht kommen und dann in die letzte Ecke reichen. Weil wer feiert schon gerne im Versorgungsgang einer Mehrzweckhalle? Besser: Klare kleine Lichtquellen an die richtigen Orte setzen, gerne auch mit Nachttischlampe oder Stehleuchte vom Nachbarn. Dann dürfen selbst Kerzen leuchten und Deckenlampen schimmern – vielleicht nur mit schwächeren Birnen als sonst.

Die Luft

Schon mal vom Fischdauerwarenfest gehört? Da fühlt man sich wie Ölsardine (die Enge!) und Räucheraal (der Rauch!) und wäre am liebsten Stockfisch (weil luftgetrocknet). Klar, was da hilft: ständig bis öfters lüften; Rauchbalkon; es gar nicht erst sardinen-aalig werden lassen. Aber auch acht ausgeschlafene Nichtraucher am Tisch kommen im geschlossenen Zimmer schnell ins Gähnen, also zum Luftschnappen. Ist es kalt draußen, hilft entweder zackiges Fünf-Minuten-Lüften alle halbe bis Dreiviertelstunde oder ein Fenster im Nebenzimmer offen zu lassen.

Raucher...

... sind auch Gäste, die aber hoffentlich frühestens nach dem Hauptgang, besser noch beim Kaffee sich was anstecken wollen. Und wenn sie lieb sind, machen sie das in der von den lieben Gastgebern geschaffenen Raucherecke. Nicht lieb ist es allerdings, die Gäste von der Party im 3. Stock mit der Zigarette runter auf die Straße zu schicken. Raucherfenster ist besser.

Die Musik

Zur Wahl der Musik sagen wir nix, außer dass wie beim Essen der eigene Geschmack nicht immer der von den Gästen sein muss. Musik zum Essen? Hat was von Kaufhaus bis Fahrstuhl, stört also eher beim Genießen. Vor dem Essen? Lockert auf und füllt Smalltalk-Pausen, wenn sie locker und leise ist und der Gastgeber nicht ständig mit dem CD-Player sprechen muss. Nach dem Essen? Da darf es auch etwas intensiver sein, so lange es nicht Rausschmeißer-Qualitäten erreicht – etwa weil die Nachbarn zum Gegenangriff blasen, Jessica ihre ersten Erfolge auf der Panflöte vorführen will oder Karl-Heinz gerade seine Death-Punk-Platten hinter der Schrankwand gefunden hat.

Die Geschirrschrank-Basics

Essen mit großem E passt in jeden Haushalt – wenn er die richtige Größe dafür hat

Die Beine auf dem Sofa ausgestreckt, die Pizzaschachtel aufgeklappt und irgendwas bis gar nichts denken – ein Fest des Alleinseins. Auch zu zweit hängt sich's so noch wunderbar rum, wenn die Liebenswürdigkeit Pause hat. Ab drei und mehr Leuten ist der Couch'n'Pizza-Stil aber nicht mehr feierlich und die geplante Spontanparty besser: »Kommt morgen abend auf ein paar Nudeln vorbei«, heißt es da, dann ist tatsächlich der Tisch schon gedeckt, der Rote entkorkt und am Ende feiern alle spontan ein Fest, wie es sich die Gastgeber vorgestellt haben.

Ein bewußt gedeckter Tisch ist die Basis fürs Essen mit großem E. Nicht nur für das, was es zu essen gibt, sondern auch fürs Dazu: Getränke, Gespräche, Gastfreundschaft, das Schön-dass-es-uns-gibt-Gefühl. Das kriegen Gäste gleich, wenn sie vor einem Tischlein-deck-dich stehen. Weil das ihnen zeigt, dass jemand an sie gedacht und für sie gemacht hat, was heute ja schon als märchenhaft gilt. Das macht locker und stärkt Vorfreude, auch bei Gastgebern. Denn beim Decken können die noch mal denken: Löffel? »Vergiss nicht die Suppeneinlage!« Weinglas? »Hoffentlich ist sie ein Rotweintyp.« Tischdecke? »Holla, kommt die nicht als erstes?« Steht das erst mal, wird's schon schiefgehen.

Be basic, not perfect – von S bis XL

Das Gute beim Feiern zu Hause ist, dass es zugehen darf wie zu Hause. Also bitte kein Besteckparken in vierter Reihe neben einem Teller passend zu Glasuntersetzer und Tischstaubsauger. Das Motto beim Tischdecken fürs Basic-Essen heißt »be basic, not perfect«: Mach' nur, was du können willst und was zu deiner Haushaltsgröße passt. Will ich nur ab und zu eine Hand voll Leute zum Eintopf am Tisch haben, reicht mir Standard S, mit dem ich mich auch sonst durchs Leben esse: kleine Teller für alles Kleine, große für Großes, tiefe für Löffelware. Schüsseln? Wozu gibt's Töpfe. Salatbesteck? Was für die M-Leute. M wie »Macht was her«. Für Leute, die öfter Gäste haben und mehr als Eintopf bieten wollen. Sekt und Nachtisch zum Beispiel. Oder soll es gleich ein großes Menü sein? Da passt Größe L wie Luxus: mit Stoffserviette, Fischbesteck, extra Weißweinglas. Was für Liebhaber ist die Brotmesserchenklasse – XL wie Extraluxus.

Wer nun S-Typen kleinlich und XL-Typen großkotzig findet, darf noch mal nachdenken. Zum Beispiel über zwei S-Typen, die sich zu einem M- bis L-Haushalt zusammentun. Dass der ein wenig kunterbunt ist, kann nur besser sein. Damit dann die Esstische aber nicht schon vor der Party wie nach der Party aussehen, braucht es Fixpunkte. Sechs gleiche große Teller zum Beispiel, um die sich ein Mix aus Suppentellern eines anderen Geschirr oder sechs völlig verschiedenen Desserttellern entfalten kann. Geht besonders gut, wenn das Basisgeschirr schlicht weiß ist und so andere Farben, Muster, Formen, Materialien locker erträgt. Auch da kann gemixt werden, so lange was fix bleibt: ein durchgehender Farbton, der Punkte und Karos vereint; ein Streifenmuster, das alle Regenbogenfarben bändigt. Kommen dazu noch Einzelstücke wie die Salatschüssel aus Kokospalmenholz, hat das schon was von Extraklassenluxus. So schnell kann aus einem S- ein XL-Typ werden.

S wie »Standard«

Geschirr

* kleine Teller – für Frühstück, Brotzeit, Kuchen, Salat, Vorspeise, Nachtisch
* flache Teller - für alles, was Hauptgericht ist
* tiefe Teller - für Müsli, Suppe, Nudeln
* Reisschalen - weil sie so vielseitig sind: Müsli, Suppe, Salat, Pudding, Milchkaffee
* Bechertassen – für alles Warme zum Trinken

Besteck

* Messer, Gabel, Löffel – für alles von Frühstück bis Mitternachtssuppe
* kleine Löffel –- für Nachtisch, zum Umrühren

Gläser

* Trinkgläser ohne Stiel – für Wasser, Saft, Bier, Milch, Drinks, Desserts, Salate etc.
* Weingläser mit Stiel – für Weiß- und Rotwein, Prosecco

Und

* Papierservietten, Sets
* Kaffeemaschine – spart die Kaffeekanne
* Kochtöpfe und -schüsseln – sparen Schalen und Terrinen

Das Basic-Festessen

Nach der Basic-Party von vorhin nun das Basic-Festessen: Junges Paar Größe M- bis L lädt 6 Leute zum 4-Gang-Menü – Vorspeise, Suppe, Hauptgang, Dessert, dazu Sekt, Wein, Wasser. Auf den Tisch kommen ein bis zwei Decken, darauf sechs Gedecke. Ist der Tisch klein (kleiner als 90 x 150 cm sollte er für sechs nicht sein), wird alles in der Küche auf Tellern angerichtet und auf Platztellern serviert. Ansonsten alles in Schüsseln und auf Platten auf den Tisch bringen.

Jetzt zum Besteck. Bei einem Gang können Gabel und Messer beide rechts liegen, bei unserem Menü liegt die Gabel links und das Messer rechts. Gibt's Vorspeisenbesteck? Dann kommt das noch mal nach links und rechts, so dass wir uns stilecht von außen zum Teller voressen können. Suppenlöffel? Rechts vom Messer bzw. zwischen Hauptspeisen- und Vorspeisenmesser, oder oben quer zum Teller. Mit dem Stiel nach rechts, wie der Dessertlöffel unter ihm. Mehr verwirrt nur.

Und da sind ja noch die Gläser rechts oben. Das für den ersten Schluck steht in nächster Nähe, gefolgt von denen für die nächsten Schlücke. Nur das Wasserglas steht oben oder oben links. Zwischen dort und der Tischkante könnten noch Salatteller und Brotteller stehen, die Serviette liegt entweder links oder auf dem Teller. Warum die nicht kunstvoll gefaltet ist? Weil ich als Gast nicht gern was am Mund habe, was einer schon ewig in den Händen hatte. Besser ist es, die Zeit ins Polieren von Besteck und Gläsern zu stecken – mit frischem heißfeuchtem Geschirrtuch ohne Fusseln oder über Dampf mit trockenem Tuch. Fertig? Dann der letzte Blick: Liegt und steht alles gleich und gerade? Klingt das jetzt nach Kaserne? Keine Sorge, gleich kommen die Gäste. Und damit der zivilisierte Ungehorsam.

M wie »Macht was her«

Geschirr
* Untertassentassen – passend zu kleinen Tellern
* Eierbecher – auch für Gewürze & Sößchen
* Salatschüssel – aus Porzellan auch für Nudeln
* Auflaufform – eine schöne für den Tisch
* Servierplatten, Beilagenschüsseln
* Pfeffermühle, Salzstreuer (hoffentlich Zierde)
* Teekanne, Kaffeekanne, Zuckerdose, Milchkännchen

Besteck
* Salatbesteck, Parmesanreibe
* Kuchengabeln, Tortenheber

Gläser
* Sektgläser, Biergläser
* Gläschen für Hoch- und Süßprozentiges

Und
* Tischdecken – mindestens eine in Weiß
* Brotkorb
* Kerzenleuchter

L wie »Luxus«

Geschirr
* Platzteller, Salatteller, extra Dessertteller
* Suppentassen – vor allem für klare Suppen
* Schälchen für Sößchen aus Flasche und Glas
* Suppenterrine, Sauciere
* Tranchierbrett, Käsebrett
* Espressotassen, Stövchen, Kuchenplatten

Besteck
* Vorspeisenbesteck, Fischmesser, Steakmesser
* Tranchierbesteck, Käsemesser, Vorlegebesteck

Gläser
* extra Weiß- und Rotweingläser
* Weißbier-, Pils- und andere Biergläser
* Gläser für Aperitif und Digestif – z. B. Sherry oder Cognac

Und
* Stoffservietten, Unterlage für Tischdecke
* Weinkühler
* Essig- und Öl-Set
* Zweit- bis Drittservice, -besteck, -gläserset nur fürs Feiern

XL wie »Extra Luxus«

Geschirr
* Fingerschalen
* Brottellerchen
* Konfektschalen oder -ständer

Besteck
* Saucenlöffel, Brotmesserchen, Messerbänkchen
* Spezialbesteck für Hummer bis Schnecke
* Zuckerzangen, Espressolöffel (auch wenn die eigentlich Standard sein sollten)

Gläser
* Weingläser je nach Weinart, Mokkagläschen
* Glaskaraffen, Bowlenset

Und
* Sekt- und Champagnerkühler
* Warmhalteplatten
* Obstschalen
* Serviettenringe
* Alles, was sonst noch fehlt, vom Fondue- bis zum Sushi-Set – selbst Glasuntersetzer und Tischstaubsauger sind nicht tabu.

Wieviel für welches Fest?

Auch der gastfreundliche S-Haushalt sollte 6 gleiche Gedecke aus Teller, Besteck, Gläsern haben, um die klassische Runde an den Tisch zu holen. Das reicht für 1 bis 2 Gänge, ab dreien wäre ein zweites Set gut, das anders aussehen kann. Anspruchsvollere legen sich ein volles Dutzend zu, auch um mehr Leute beim Essen zu haben. Ansonsten können dafür zwei passende Gedecke abwechselnd gemischt werden. Beim Bankett reichen 1 Servierplatte, 2 Schüsseln und 1 Sauciere für 6-8 Leute, spätestens dann sollte je 1 Set für 4–6 Leute auf dem Tisch stehen. Beim Buffet mit Geschirr zum Selbstbedienen ist man mit 2 Gedecken pro Gast gegen Gerenne und Gespüle abgesichert, bei Stehparties sollten's 3 Gläser pro Mund sein.

17 Sachen, die eine Party hübscher machen

Farbe

Farbe gibt der Deko ihre Linie, wobei »alles bunt« eher Zickzackgefühle weckt. Und wer bei türkisem Teppich auf Pastell setzt, riskiert eine Beißerei. Also erst ermitteln, welche Farbtöne Böden, Wände, Vorhänge, Möbel, Bilder vorgeben. Darauf dann die Deko abstimmen: Ton in Ton, z. B. Türkis von hell bis dunkel, von glatt bis matt. Oder im Kontrast, was bei Türkis dann Rot-Orange wäre. Oder mit Nachbarfarben – Türkis liegt zwischen grün und blau. Gut zu wissen: Rot, Orange, Gelb, Gold wärmen, Blau, Weiß, Silber erfrischen, Grün und Lila wärmen oder kühlen je nach Mischung. Und: Rot gibt Power, Gelb macht glücklich und Orange hungrig, Blau weckt Sehnsucht, Grün beruhigt, Violett verzaubert.

Kleidung

Hab' ich was Schönes an, wird auch mein Fest schöner. Dabei zählt weniger, dass mein schwimmbadfarbenes T-Shirt so toll zur Poolparty passt. Ich fühl' mich darin einfach wohl wie ein Star, perfekt also, um entspannt-gespannt zu feiern. Allerdings: Die Hauptrolle spielen die Gäste, weswegen Gastgeber das Nebenrollenkostüm tragen. Kenne ich meine Leute und wissen die, wie das Fest läuft, ist das kein Problem. Will ich aber zur Hollywood-Pool-Party in der Robe empfangen, muss ich das sagen, sonst wird's krampfig. Noch blöder: Hardcore-Understatement im Achselhemd. Ganz schlimm: auf Strümpfen empfangen und »Schuhe aus« rufen – wer feiert schon gern in Unterwäsche?

Motto

Ein Motto macht das Feiern leichter und das Dekorieren auch. Da gibt es zum einen Eindeutigkeiten wie »Alles rosarot«, mit Himbeermousse und Rosé-Sekt auf lachsfarbener Tischdecke, dazu regnet es rote Rosenblättern und selbstgestanztes Konfetti in Pink. Was zeigt, dass so ein Motto auch ganz schön Mühe machen kann. Dann vielleicht eher ein »Griechisches Weinfest«: Weiße Wände haben die meisten, dazu ein paar meerblaue Segel unter die Decke und auf die Tische gespannt, weites weißes Hemd anziehen, Kerzen anzünden – fertig! Noch simpler: »Hallo Frühling« – Fenster auf, Tulpen überall, Vogelgezwitscher auflegen und was schönes leichtes Neues anziehen.

Fenster

Fenster geben tagsüber Licht, was so lange gut ist, bis es einen am umgestellten Esstisch blendet. Abends sind sie oft schwarze Löcher, wogegen Zuziehen zwar hilft, zugleich aber schnell Zellenstimmung schafft. Dagegen hilft transparenter Stoff, der an Vorhangstangen gehängt oder in Jalousien geklemmt wird. Oder ein paar Sachen passend zum Fest werden drangesteckt, Blumen in den Vorhang zum Beispiel oder buntes Papier zwischen die Lamellen. Je nach Platz und Lage kann die Fensterbank aber auch Bar, Buffet, Stehtisch, Sitzplatz oder Raucherecke sein. Dann heißt's abräumen und so einrichten, dass es jeder versteht und auch gerne dorthin geht.

Wand

Jeder darf seine vier Wände mögen. Aber das heißt jetzt nicht, dass alle beim Feiern auf die Babybilder oder den Terminkalender von jedem schauen wollen. Und wer zur Party die letzten acht Urlaubssonnenuntergänge abhängt und acht Stierkampfplakate aufhängt, zeigt gleich, dass diese Tapas-Nacht was Besonderes wird. Noch stärker ist die Wirkung, wenn die Wände Kostümfest feiern und sich hinter buntem Tuch, Folie oder Papier verbergen. Wird das zwischen Nägeln oder auf Schnüre gespannt, können dahinter auch noch ein paar Möbel versteckt werden. Perfekt ist die Illusion, wenn so ganz neue Wände, Gänge und Räume geschaffen werden – aber nur wenn Platz dafür da ist.

Decke

Wird beim Feiern erst mal zur Decke gestarrt, ist schon alles zu spät. Gute Lokalgestalter lassen es gar nicht so weit kommen und ziehen etwa eine Zwischendecke ein, wenn Dorfgemeinschaftshausflair droht. Genauso läßt sich daheim der hohe Neonflur mit einer Bahn Meterware zum kuscheligen Eck im anderen Licht umwandeln. Wird Stoff über zwei waagrecht von der Decke baumelnde Besenstiele gehängt, macht das den Wohnküchentisch zur Fürstentafel unterm Baldachin. Aufwendig, aber faszinierend: Viel Buntes, Glitzriges und Witziges wie selbstgemalte Spruchbänder oder Fliegenfänger mit Flitter von der Decke hängen lassen – aber nicht in Auge, Mund oder Teller.

Tisch

Der schönste Tisch ist der, an dem Platz ist. 50 cm sollte jeder davon haben, bei Menüs mit Brot- oder Salatteller und viel Glas dürfen es 10 cm mehr sein. Dazu braucht's noch 40 cm Platz zur Mitte, plus 10 cm Minimalabstand zum Revier des Gegenüber. Für Suppenschüsseln oder Brotkörbe ist mindestens ein doppelt so breiter Mittelstreifen nötig. Macht also für sechs einen Esstisch von minimalen 90 cm Breite und 1,50 (drei auf jeder Seite) bis 1,80 m (fürs Sitzen an den Kopfenden) Länge. Großzügig: 1,20 m breit und mindestens 1,80 m lang. Oft am besten: Runde Tische, an denen sich kreuz und quer plaudern läßt und die bei 1,50 m Durchmesser locker Platz für acht Leute haben.

Kerze

Weil auch die glanzloseste Kleinstadtpizzeria im Kerzenlicht charmanter wirkt, sollte das beim festlichen Essen nicht fehlen. Wichtig ist, dass es nicht in Augenhöhe flackert. Hohe Ständer und Kerzen verhindern das, wobei Schräglage oder Zugluft das Wachs tropfen lassen. Teelichter und kleine Kerzen zum Selberstellen verhindern wieder das, können aber die Deko entflammen oder einen beim Rüberreichen ansengen. Kerzenlicht solo mag dem Teint schmeicheln, dem Anblick des Essens schadet es aber eher, weswegen ein bisschen Glühbirne erlaubt sein muss. Bei vollem Tageslicht wirkt Kerzenschein wiederum wie Kunstlicht. Und völlig verboten sind Duftkerzen beim Essen. Mindestens.

Stoff

Ein schöner Stoff macht den Tapeziertisch zur Tafel, wenn er 30-40 cm überhängt. Noch schöner wird's mit zwei Stoffen: einem bis zu Bodenlänge, der kräftig gefärbt und gemustert sein kann, plus einem ruhigeren einfarbigem Stoff zum Drüberwerfen als Tischdecke. Die darf nun an den Kanten enden, kann aber auch an den Schmalseiten bis zum Boden gehen, kann sich sogar auf einen schmalen Läufer oder kreuz und quer laufende Bänder reduzieren. Dann ist es gut, wenn unter allem noch Filz oder dickes Tuch das Harte, Klapprige dämpft. Das gilt noch mehr bei der Solo-Lösung mit einer Decke. Ganz was anderes Schönes: dicke Stoffsets auf blankem Holztisch.

17 Sachen, die eine Party hübscher machen

Einladung

Gerade Leute, die jetzt schon in Telepathie-Aktien machen, trifft die gute alte schriftliche Einladung ins Herz. Vorausgesetzt, sie hat was Originales. Faxe und E-mails haben das nicht, weswegen sie nach Bring-Pizza-Büro-Party aussehen. Schwarze Tinte auf weißem Bütten? Ruft nach kleinem Schwarzen und weißem Steifhemd, was in Ordnung sein kann. Originell darf die Einladung auch sein, aber nur so weit man's kann, sonst ist sie kein Original mehr. Rätselhaftes? Gerne, wenn es die Vorfreude schürt. Wenn es aber die Fakten verschleiert, niemals. Die Fakten: Wer feiert. Was. Wie. Wo. Wann genau. Wer von uns kann kommen? Und wo können wir uns vorher rühren?

Speisekarte

»Was gibt's denn?« »Siehste gleich.« Nett ist das nicht. Selbstbewußt oder vielversprechend auch nicht. Wenn du zur Feier was Gutes kochst, schreib's ruhig auf. Damit die Gäste gleich was Schönes zum Lesen, Reden, Freuen haben. Muss ja nicht auf Papier sein: Schulhefte, Pappkartons, Palmenblätter, Segelwimpel, Tischdecken, Frühstücksbretter, Küchenkacheln gehen auch als Menükarten – bis zur Sechserrunde reicht eine, ab dann sollte mindestens eine für vier da sein. Für viele Gäste oder simple Speisen tut's der Bistro-Stil: Alles auf eine Tafel. Oder auf Poster, Laken, Tür, Wand, Spiegel, Fenster. Aber immer nur das Wesentliche, weil alles muss man ja auch nicht verraten.

Tischkarte

Bei Spaghetti für zwei braucht's keine Tischkarten, beim Viergang-Menü für zwölf mehr oder weniger Bekannte können sie den Genuss schon erhöhen. Kennt man sich mehr, reicht der Vorname und kann die Karte kurios bis zur Kartenlosigkeit sein. Kennt man sich weniger, steht auch der Nachname auf Karton – am besten so, dass es auch die Gäste von nebenan und gegenüber lesen können. Titel sind tabu, »Herr« und »Frau« gibt's nur, wenn man sich kaum kennt. Immer gilt, dass eine gewählte Form für alle gilt. Ob die Gastgeber sich klassisch anonym als »Hausfrau« und »Hausherr« beschreiben, entscheiden sie lieber selbst. Und dann ist da noch die mobile Platzkarte zum Anstecken für Steh- und Gehparties.

Tür

t doch schön, wenn schon an der Tür zum
st die Laune steigt. Weil auf dem Klingel-
hild statt Rieselmeier ein poppiges »Ring
our Ding« zur Seventies-Disco-Party im Dach-
eschoss lädt. Weil vor jeder Tür im Treppen-
aus eine andere bunte Birne leuchtet und die
immerspur nach oben nur noch hübscher
acht. Weil am Ziel ein wunderhübscher Tür-
eher wartet und gerne für uns das mit einem
amour-Graffiti-Poster verhängte Portal zum
udio 54 aufstößt. Weil drinnen alle Türen bis
uf die zum Klo ausgehängt sind und das
uffet tragen, während in den Türrahmen
orhänge aus blinkenden Glitterfolienstreifen
ingen. Weil über einer Tür ein silberner
istelzweig hängt. Kiss me, baby.

Stuhl

Ein Überwurf aus Stoff macht aus dem Stuhl einen Sessel und aus dem Wasserkasten mit Kissen einen Beduinenthron. Eine Bank ersetzt viele Stühle, ein Brett über Wasserkästen ist schon eine Bank, mit Kissen und Stoff sogar ein Sofa. Das wegen Esstischerweiterung in die Restwohnung versetzte Sofa macht den Flur zum Salon oder die Küche zum Kaffeehaus. Die über die Stuhllehne gefaltete Leinenserviette macht den Großstadttisch zur bäuerlichen Familientafel. Gartenstühle machen das Wohnzimmer zur Insel. Kissen statt Stühle machen die Wohnung zur Höhle. Breite Stühle machen Tische schmal. Die Bring-deinen-Lieblingsstuhl-Party macht Spaß. Zu wenige Stühle machen keinen Spaß.

Natur

Ein gutes Essen macht aus der Natur ein Stück Kultur. Blätter werden zu Salat, die Kartoffel wird zur Krokette, und der Apfel macht einen auf Kuchen. Da passt es hübsch, beim Schmuck den umgekehrten Weg zu gehen: Grasmatte statt Porzellan als Platzteller, Kürbis statt Skulptur als Blickfang, Flusskiesel statt Silberbarren als Fischmesserbänkchen. Das verwitterte Stück Unterholz an der Haustür ist ein prima Wegweiser zum Erntedankfest im 2. Stock, ein paar aufs Tischtuch gestreute Kumquats, Limetten und Chilies sind Konfetti pur für die Asia-Party. Aber Obacht: die rohe Natur immer vom Essen fernhalten. Und nur das zur Deko verwenden, was der Natur nicht fehlen wird.

Garnitur

Was auf den Teller kommt, wird gegessen. Egal, wo's liegt. Wer also Petersilienstaub lecken will, darf Tellerränder damit bestreuen. Wer gerne Thymianzweige nagt und seinen Fisch nie ohne saure Paprikastreifen mag, darf damit sein Essen garnieren. Hat so einer aber Gäste, verlässt er sich besser auf die Schönheit des guten Geschmacks. Mischt also gezupfte Petersilie im letzten Moment unter in Thymianbutter angebratenen Fischstreifen mit rot-gelben Paprikawürfeln. Häufelt das in einen tiefen Teller, umträufelt es mit Bratsaft, vollendet es mit einem Klacks Sauerrahm – dann Hände weg und auf den Tisch damit. Wetten, dass die Teller blankgeputzt zurückkommen?

Draußen

Als Deko fürs Festessen sind frische Luft und Sonnenschein unerreicht. Da schlägt selbst der Minibalkon den Grand-Hotel-Ballsaal um Längen, und für Bachgeplätscher beim Essen lässt fast jeder gerne die Glaspyramide mit Champagnerkaskade stehen. Noch besser ist es natürlich, wenn der Schampus mit dem Bach zugleich gluckert. Weil so ein bisschen Kultur einem die Natur nochmal so lieb machen kann. Etwa die Picknickdecke, die vor Kriechern schützt, Felsen zu Tischen macht oder sich als Sonnensegel aufspannen läßt. Windlichter können mit Sturm, Dunkel und sogar Mücken versöhnen, und der Korbstuhl im Grünen weckt sofort dieses herrliche Großlandgutsbesitzergefühl.

Feste machen

»Ich freu' mich schon!« Worauf? »Auf deine Käsespieße!!« Da fällt mir was ein...

Die Letzten werden die Wildesten sein. Wir meinen die letzten Tage und Stunden vorm Fest: Zettel für den Lieblingsobstmann schreiben, Bierdurst schätzen, Bier holen, Nachbarn Bescheid sagen, Kühlschrank vom Unkraut befreien, »Ach hallo Peter, klar kann's am Samstag bei dir später werden, es gibt übrigens Käsespieße zum Aperitif« am Telefon sagen.

Dann: Lieblingsobstmann wegen zu harter Mangos verwünschen, schon mal Ratatouille ansetzen, ob sich Babsi und Karl-Heinz wieder zanken werden, ich muss noch Mamas Holundersirup aus dem Keller holen, sind die Mangos jetzt nicht wunderbar, da hab' ich mir doch den ersten Drink selbst verdient.

Schließlich: »Ach Peter, bist ja doch schon da, wie schön. Ja, ja, die Letzten werden die Ersten sein. Meine Käsespieße?« Ääh...

Trinken planen

Ohne Essen lässt sich eine Zeit lang leben. Aber nichts zu trinken beim Feiern, das geht nicht. Weil damit geht's ja los. Wie gut, dass sich die Winzer, Brauer und Säftler da schon um die meiste Arbeit gekümmert haben. Wir müssen nur noch die Flaschen holen. Obwohl...

Beim Feiern wird anders getrunken als im Leben. Mehr Leute im Haus, andere Vorlieben, gute Laune, etwas zu essen, ein Wetter, die Stunde, das Fest selbst - das schmeckt nach mehr als nur Selters. Klingt aufwändig? Lässt sich aber einfach machen. Be basic, mal wieder. Treffe die wichtigsten Getränkeentscheidungen vor dem Kaufen – auch die, ab wann deine Gäste entscheiden dürfen. Und dann gib ihnen nicht zuviel zum Wählen, weil sie sind zum Feiern da. Wie bei einer guten Webpage: Wer da nach nur ein paar Ebenen und Ja-bitte-Schritten weiß, was es gibt, fühlt sich gleich gut aufgehoben. Stimmt auch der Inhalt, bleibt man gerne.

Zurück zur Party: Sicher ist, dass es was mit und was ohne Alkohol geben wird. Bei »mit« sind Wein und Bier sicher, bei Wein gibt es einen Weißen und einen Roten, beim Bier gibt es ein bis zwei Sorten – Export und je nach Region Pils, Weißbier oder sonst was. Ohne Alkohol: auf jeden Fall Wasser und noch was mit Geschmack, z.B. Saft, Limo. Das war's schon, trotzdem sind Wein-, Bier- wie Soft-Trinker gut bedient. Platz für Extras ist auch genug: Perlendes zur Begrüßung, Hoch- und Süßprozentiges für später, Basis für Cocktails, Bowle, Kaffee, Tee. Wie viel von was wofür? Steht vorne in der Umschlagklappe.

Ein Treffer für alle statt etwas für jeden

Wer clever ist, kauft früh ein und hat vor dem Fest Zeit für das, was nur dann seine Zeit hat. Kochen etwa. Nicht clever ist es, beim Wein ein Für-jeden-etwas-Sortiment aufs Buffet zu stellen. Weil das sieht nach Entsorgung aus und bringt selbst bei Treffern nur Enttäuschung, da die schnell alle sind. Besser ist es, sie vorher selbst zu finden und gleich im Dutzend zu nehmen. Wobei für Parties die süffigen die Treffer sind – weder staubtrocken noch kopfwehsüß, weder zum Niederknien noch zum Gesichtverziehen. Und: Champagner für 10 Euro kann kaum ein guter sein, Sekt für 10 Euro ist fast immer ein sehr guter. Schließlich: Alles erst mal bei Kellerkühle lagern.

Mach' es kalt

Wenn die Party näher rückt, wird es Zeit, die Flaschen trinkbar zu machen. Bei allem was schäumt, sprudelt oder perlt heißt das: kalt machen, und zwar einen Tag vor dem Fest. Was aber, wenn der Kühlschrank voll mit Partyfutter ist? Das: den netten Nachbar gegen Kühlschrankbenutzung einladen oder auf zuverlässige Bekannte ausweichen; Zweitkühlschrank bei einer Haushaltsauflösung ergattern; Balkon nehmen, wenn es nicht unter 0 und über 10 Grad hat. Oder: 2 Stunden vor Start tiefkühlen, 30 Minuten (Wecker stellen!) vor Start in den geleerten Kühlschrank räumen. Oder: Rieseneiswürfel in Boxen produzieren, 1 Stunde vor dem Fest eine Wanne handbreit hoch mit kaltem Wasser füllen, Flaschen rein, Eis dazwischen. Für Wein ist Kühlschrankkälte im Glas zu heftig – junge Trockene und gehaltvolle Liebliche kommen $^1/_2$ Stunde vor dem Servieren raus, gehaltvoll Trockene, Halbtrockene, Rosé und leichte, frische Rotweine zum Gleichtrinken 1 Stunde vorher. Gehaltvollere Rote werden 1 Stunde vor dem Start aufgemacht.

Trinken bei der Basic-Party

Skorpionsgeburtstag, 20-köpfige Basic-Party in 2-Zi-Kü-Bd mit vollem Vorratsbalkon bei 6 Grad. Im Kühlschrank Bier zur Selbstbedienung sowie Wasser und Weißwein für später. Daneben auf der Arbeitsplatte Weißer und Roter entkorkt für gleich, Wasser, Saft, 20 Wein- und 20 Trinkgläser. Für später stehen 20 Kaffeetassen und Gläschen bereit. Hinter der Schranktür. Für später eben. Der Küchentisch ist bei der Küchentür, darauf ein Terracottatopf (kühlt gut) voller eingesalzener Eiswürfel (kühlen noch besser), darin Flaschen mit Cidre, Apfelsaft, Selters. Daneben noch mal 20 Weingläser und Holundersirup - der Aperitif.

Geht's los, sind schon ein paar Gläser eingeschenkt - Kir Normand aus Cidre und Sirup, Hollerschorle (Saft, Wasser, Sirup) für die Nüchternen. Da fragt keiner nach was anderem. Falls doch, kriegt er es und die Einweisung ins wie und wo der Selbstbedienung dazu. Weitere Drinkjobs: die Balkon-Kühlschrank-Küche-Glas-Kette am Laufen halten; Gläser-Gäste-Verhältnis checken; für Kaffee und Absacker sorgen. Spülen, putzen, kehren. Viel Zeug? Wäre also gut, sich einen Vertrauensmenschen zur Seite zu stellen, der vor allem einspringt, wenn ich andere Pflichten habe.

Trinken beim Basic-Festessen

Kusinenbesuch aus Amerika, sechsköpfiges viergängiges Basic-Festessen in 2 Zi-Kü-Bd-Blk. Beim Aperitif braucht's nun keine Hauscocktailbar, dafür darf die Auswahl größer sein: Perlendes zum Standardstart (einst gab's das erst zum Nachtisch), trockener Sherry und leichter Weißwein in schöner Tradition. Nicht gut: Likörsüßes und Schnapsscharfes zu Beginn, weil das Appetit dämpft und Geschmack betäubt. Immer gut: Saft und Wasser für die Nüchternen. Am Tisch geht es dann meist mit Wein weiter. Dabei gilt weiß vor rot, leicht vor schwer, jung vor gereift, spritzig vor vollmundig. Draus folgt fürs Basic-Festessen: ein Weißer zum Schnalzen, ein Roter zum Schwärmen, basta. Die kann man wie im Lokal servieren: von rechts eingeschenkt und hintereinander; Weißweinglas weg, wenn der Rote kommt und der Gast den will.

Entspannender ist es, beide Weine zum Selbstbedienen auf den Tisch zu stellen. Dass damit die Was-trinke-ich-zu-was-Entscheidung bei den Gästen liegt, geht in Ordnung, wenn beide Weine zum Menü passen. Dabei ist weniger die Farbe von Essen und Wein entscheidend als die Machart: zu gehaltvoll gereiften Sachen wie Ragout gehaltvolle gereifte Weine; zu sahnigen Sachen buttrige, satte Weine; zu Kurzgebratenem ein junger Spritziger. Zu Sachen mit viel Säure, Frucht, Süße? Passt Bier oder Wasser besser. Nach dem Essen kommen Kaffee und Absacker zum Anregen und Wohlfühlen, weswegen beides vom besten ist: voller Espresso, fruchtiger Obstbrand, männlicher Whisk(e)y, streichelnder Brandy.

Essen machen

Jetzt werden Kellner zu Köchen, jetzt wird zu essen gemacht. Mit Liebe, mit Sorgfalt, mit Geschmack, ja klar. Aber vor allem mit Köpfchen. Weil ohne das ist alles Kochen nichts. Und ohne Essen ist alles Feiern nichts.

Menü mit Stil: Nichts wiederholt sich

Was fehlt, wenn die Gäste beim ersten Gang jauchzen, beim zweiten mich nach dem Namen fragen, beim dritten aus dem Fenster starren und zum Kaffee eingeschlafen sind? Ein bisschen mehr Planung im Menü. Und damit mehr Abwechslung, mehr Zeit für die Gäste statt in der Küche, weniger Mächtiges auf dem Teller. Wer es so macht, macht's wie die großen Köche. Die wissen, dass ihr Essen nur ein Teil des Festes ist. Der belebende.

Vier Gänge sind guter Durchschnitt fürs Festessen zu Hause: kalte Vorspeise, Suppe oder warme Vorspeise, Hauptgericht, Nachtisch; Bankette und Buffets sind ganz ähnlich aufgebaut. Ein schöner Abend bis hin zum Nachhauseweg wird daraus mit der Menüregel: »Nichts wiederholt sich«. Also keine Gerichte mit gleichen Hauptzutaten wie Geflügel, Zucchini oder Kartoffeln, auch wenn die mal frittiert und mal püriert sind. Keine Sahnesuppe plus Sahnegeschnetzeltes, keine Blue Cheese Pizza gefolgt von Soufflé Camembert.

Womit wir bei den Zubereitungsarten sind. Auch hier gilt: Nur einmal Gebackenes, Gekochtes, Geschmortes, Geschnetzeltes, Gebratenes, Pfannengerührtes, Gegrilltes, Frittiertes, Gratiniertes, Mariniertes oder Rohes als Gericht servieren. Bei drei bis vier Gängen ist das nicht schwer, beim Buffet wird es nicht so eng gesehen. Und: Auch ein Mittelmeermenü wird interessanter, wenn nicht überall Olivenöl und Knoblauch dran sind. Womit wir beim Verbindenden sind, das aus vielen Einzelteilen ein richtiges Essen macht. Eine Region kann das Motto sein oder die Jahreszeit: belebend im Frühling, erfrischend im Sommer, stärkend im Herbst, wärmend im Winter. Auch Stil kann bindend sein – rustikal oder edel, schwebend oder bodenständig. Extreme sollten es nicht sein: nur schwer, nur deftig, nur scharf. Das alles lässt sich schon auf einem Teller üben: Wer mal Spaghetti (Mehliges, gekocht) mit Pesto (Kräuter, roh) und Selleriechips (Gemüse, frittiert) gegessen hat, weiß Bescheid.

Früh Zeit nehmen spart später Zeit

Noch eine Profi-Regel: Sachen machen, die sich machen lassen. Sechs mal Hirschrücken blutig mit Preiselbeer-Hollandaise schmeckt nicht nur so furchtbar wie es klingt, sondern macht auch den Profikoch zum Choleriker. Party-Basic-Rezepte sind das Gegenmittel dafür, besonders die mit der Klausel »Vorbereiten: schon am Vortag«. Besser frisch gemacht werden Sachen die knusprig oder luftig sein sollen, empfindlich sind, verwässern oder aufweichen können, rohe Zwiebeln oder rohes Ei in sich haben, den Kühlschrank nicht mögen.

Steht die Karte, wird der Einkaufszettel geschrieben. Komplett und früh. Weil alles am Vortag zu holen ist nicht sehr clever, weil dann wird es so stressig wie beim Geschenkekauf an Heiligabend. Was, wenn der Lieblingsobstmann schwächelt und seine Mangos für meine Tarte hart wie Harry sind? Aprikosentarte machen? Muss nicht sein, wenn früh genug eingekauft wird. Alles, was im Supermarkt in den Regalen liegt – also nicht gekühlt werden muss oder austrocknen kann – darf eine Woche vorher und früher geholt werden. Robustes Gemüse und Obst wie Möhren oder Äpfel dürfen eine gute halbe Woche vorher ins Haus. Haltbares Brot und Kühlschrankware wie Braten, zartes Gemüse, Salate, Kräuter, Käse und andere Milchprodukte – 2 bis 3 Tage früher. Empfindliches wie Fisch, Geschnetzeltes, Geflügel – maximal 1 Tag. Hackfleisch, Weißbrot und Brötchen – erst am Tag X kaufen. Und dann geht's schon los mit Kochen und Feiern.

Essen machen für die Basic-Party

Zu Essen: Kaltes Buffet voller Spießchen, Dips, Brote, Gefülltem, Eingelegtem, Kompaktsalaten, kaltem Braten.

Am Vortag: Einlegen und Backen, was geht; Füllungen, Cremes, Dips vorbereiten; Robustes zum Kaltessen garen; kompakte Salate und Dessert machen.

Früher am Partytag: Zartes einlegen; Knuspriges und Luftiges backen und frittieren; Kaltes aufschneiden; Schüsseln fürs Buffet füllen und garnieren.

Letzte Stunde: Käse aus dem Kühlschrank nehmen; kalte Platten anrichten (Reserve!); Schüsseln aufs Buffet (Reserve!); Brote streichen und belegen.

Kurz vor Start: Platten aufs Buffet; geschnittenes Brot und Butter aufs Buffet.

Wenn's losgeht: Buffet eröffnen; Gästen helfen; Schüsseln und Platten immer mal auffüllen.

Essen machen fürs Basic-Festessen

Zu Essen: Viergangmenü mit Terrine und Salat, Suppe, Hauptgang mit Beilage, Dessert.

Am Vortag: Terrine machen; Salat putzen; Saucen, Brühen, robuste Suppen kochen (am besten umfüllen und kühl stellen); feste Gemüse schneiden und kurz knackig kochen und kalt abschrecken; Braten oder Ragout ansetzen; Nachtisch machen.

Früher am Festtag: Terrine aus der Form holen; Salatsauce machen; Suppeneinlage vorbereiten; Zuschneiden, was zu schneiden ist; große Braten in den Ofen; Nachtisch vollenden.

Letzte Stunde: Braten, die nur kurze Zeit brauchen, in den Ofen; Ragouts vollenden; Beilagennudeln kernig garen, kalt abspülen, Öl dran, Folie drüber; Kartoffeln schälen und ins Wasser schneiden.

Kurz vor Start: Terrine schneiden und wenn's geht, Teller damit bestücken, abdecken, kühlen. Dessert ebenso. Vorbereitete Zutaten nach Gängen gruppieren; Steaks kurz anbraten, beiseite legen; Suppe, Sauce und großen Topf mit Wasser aufkochen (darin können später im Sieb Nudeln oder Gemüse erwärmt werden); Handwerkszeug von Schneebesen bis Esslöffel in Gefäßen mit Wasser bereitstellen.

Wenn's los geht: Beim Klingeln Terrine aus dem Kühlschrank nehmen. Beim 1. Gang Kartoffeln oder Reis anstellen, Ragout langsam erhitzen; Salat anmachen. 2.Gang: Kartoffeln oder Reis abgießen, Braten rausnehmen und ruhen lassen; Einlage und Suppe heiß machen. 3. Gang: Nudeln oder Gemüse mit Sieb ins heiße Wasser tauchen, in Butter schwenken und würzen. Steaks fertig garen, Braten aufschneiden. Nachtisch: fertig machen.

Let's Party

Bis zum Läuten läuft alles auf Probe, im Theater wie auf der Party. Ab dann geht's nur noch vorwärts. Also weg jetzt mit Schminkspiegel, Spickzettel, Lampenfieber. Schweinwerfer an: Die Inszenierung beginnt. Und schön, dass ihr da seid. Weil ich bin's jetzt auch: da.

Ich bin da

Gute Gastgeber sollten nicht nur gute Regisseure sein, sondern auch reif für die wichtigste Nebenrolle. Damit treten sie an den Schlüsselstellen der Party auf und geben die Stichworte für die Handlung. Blöd ist es, dann den Text nicht drauf zu haben oder seinen Einsatz nicht zu kennen. »Ich bin da«, ist da schon besser. Also tun, was gerade zu tun ist mit dem Wissen, dass das Vorher stimmt und das Nachher laufen wird. Also erst mal gut vorbereitet sein.

Dazu gehört, vor dem Start eine Pause einzulegen, Viertelstunde Minimum. Die sollte aber nicht direkt vors Klingeln geklemmt werden, weil da gibt's andere Pflichten. Also besser gleich eine halbe Stunde und mehr schaffen. »Aber ich muss noch ...« Vergiss es. Sieh' zu, dass das Wichtigste gemacht ist inklusive Umziehen. Dann mach Pause. Sei für dich da. Entspann dich und damit die Gäste. Geht nicht? Dann gehe im Kopf die Gäste durch, spiele dein Fest in Gedanken ab und markier' dabei die kniffligen Stellen. Und: Mach' dir was zu trinken. Teste den Hauscocktail oder nippe Espresso, gehe rund und denk an was Schönes, zum Beispiel an die liebsten Gäste. Pause, oder? Klingt zu paradiesisch? Deswegen wirkt es Wunder. Weil es zur Begrüßung so aufgekratzt-entspannt macht, dass alles wie von selbst läuft.

Schön, dass ihr da seid

Klingelt's, machen erst mal die Gastgeber die Tür auf. Schön ist's, wenn der Flur zum Empfangssalon werden kann, ohne dass sich alle wie bei der Beerdigung anstellen müssen. Ist's zu eng, muss der nächstbeste Raum her, mit dem Aperitif drin als Köder. Dann sind zwei Gastgeber oder ein Vertrauensmensch gut, damit nicht dauernd gependelt wird. Bei einer kleinen Tischrunde ist es besser, die Gäste in die Nähe des Geschehens zu bringen, weil es Vorfreude weckt und das Gemeinsamkeitsgefühl erhöht.

Weiß ich nicht, wer da in der Tür steht (Gast vom Mitgastgeber, Mitbringsel eines Gastes?) und sagt es mir keiner, stell ich mich vor. Mach' auch immer die Leute den anderen bekannt, so lange wir noch Tischrundengröße haben. Höfliche Reihenfolge? Steht auf der hinteren Klappe unter »Begrüßen«. Da steht auch, dass der Reihe nach am simpelsten ist. Gut ist es, dabei außer Namen auch Basics zu liefern – woher man sich kennt, was man (Besonderes) macht. Schmeichelt den einen, interessiert die anderen, gibt Smalltalk-Stichworte.

Kennt ihr euch schon?

Bei großen Festen geht's schnell unübersichtlich zu, weil die Gastgeber sich um mehr kümmern müssen. Dabei haben sie die Tür im Blick, um schnell bei den Neuen zu sein. Entwischt ihnen jemand, holen sie das Hallo nach, sobald sie ihn sehen. So oder so folgt die Einweisung ins Trinken, Essen, Müssen und dann die Kür: »Kennst du eigentlich ...?« Und schon stehen die neuen Gäste bei für sie neuen Gästen, mit denen sie fix Gemeinsamkeiten entdecken... Ist ja toll hier, denken sie dann.

Leute zusammen zu bringen, die das dann toll finden, das ist für Gastfreunde das Höchste. Daher überlegen sie schon bei der Gästeliste, wer mit wem warum gut könnte. Laden sie oft ein, können sie sich Besetzungswechsel ohne die üblichen Bekannten erlauben. Schöne Nebenwirkung des Oft-Feierns ist, dass sich damit am besten für den Titel »Gastfreund der Saison« trainieren lässt. Bei dem kommt es neben guter Hauswirtschaft auf bestes Wissen an: dass die fröhliche Cora aus der selben Stadt wie der schüchterne Alfred kommt; dass Ernst und Eugen Fußballfans sind, aber von zwei verfeindeten Vereinen; dass der schöne Hugo Heizungstechniker ist und Nanna schon immer was über Heizungstechnik wissen wollte; dass gestern der Film anlief, von dem die Zeitungen voll sind. Kenne ich meine Gäste und weiß ich, was sie kennen, kann ich für den wichtigsten Treibstoff jeder Party sorgen: Unterhaltung.

Wir wünschen gute Unterhaltung

Von der Begrüßung zum Smalltalk über Dialoge zu Gesprächen mit Tiefgang – von so einem Fest wird lange gesprochen. Genauso wie davon, dass die Gastgeber wieder nur von sich geredet haben. Machen wir nicht. Sondern kümmern uns um die Leute, die nicht so viel sagen und mit denen wir nicht oft oder zum ersten Mal sprechen können. Der harte Kern muss warten. Ist es ein guter harter Kern, machen seine Leute mit beim Unterhaltungsspiel und werfen Gastgeber wie Fremden die Bälle zu. Dann klappt's auch mit dem Themawechsel, wenn ein Gespräch unangenehm wird. Klappt's nicht, hilft nur ein klares »Stopp«. Besser, es sind ein bis zwei Leute beleidigt, als dass die ganze Party gestört wird.

Zusammenführen und Unterhalten im Konzentrat, das regelt die Tischordnung. Die fängt bei sechs Leuten und »Setz dich ruhig mal neben mich« an und hört bei der Dutzendtafel mit Tischkarten nicht auf. Sie kann hochkompliziert werden, die Basics sind aber simpel: Leute zusammenbringen, die was gemeinsam haben, aber nicht ständig zusammen sind. Weswegen alte Kollegen, nahe Verwandte oder »Paare mit Jahren« nicht zusammen sein sollten. Letzteren können es die Gastgeber ja vormachen, damit keiner weint. Das hat noch mehr Vorteile: kein Gerangel um »Ehrenplätze«, ein weiteres Zentrum bei größeren Tafeln (ab acht Leuten bilden sich meist Gruppen). Auch nette Bekannte und Traumtischpartner können solche Zentren sein.

Macht's gut und bis bald

Ist Schluss, wenn die Letzten gehen wollen oder wenn die Ersten gähnen müssen? Besser ist es, wenn die Gastgeber das in die Hand nehmen. Sich vorher ein Limit setzen. Mit dem Essen in der Zeit bleiben und so den Gästen genug Zeit lassen, in Freude zu gehen. Wenn aber auch der »letzte Schluck auf den Weg« nicht hilft, machen wir deutlich Schluss, wenn es sein muss. Nicht hektisch, sondern mit dem Gefühl für die Gäste, dass es gut war und sie jetzt was Gutes tun. Nicht spülen und räumen. Sondern: »Lasst uns das mal machen und geht brav, damit ihr morgen was vom Tag habt.« Wer erst jetzt aufwacht oder unbedingt noch was klären muss – leider zu spät. Wer findet, dass wir uns bald treffen sollten – genau, machen wir gleich morgen was aus. Wer meint, dass es toll war und wir so was öfter machen sollten – gerne, wir freuen uns schon auf die Einladung. Also dann, bis zum nächsten Fest!

CAMPARI SODA
10% VOL.
DEUTSCHLAND

16 Festessen aus aller Welt

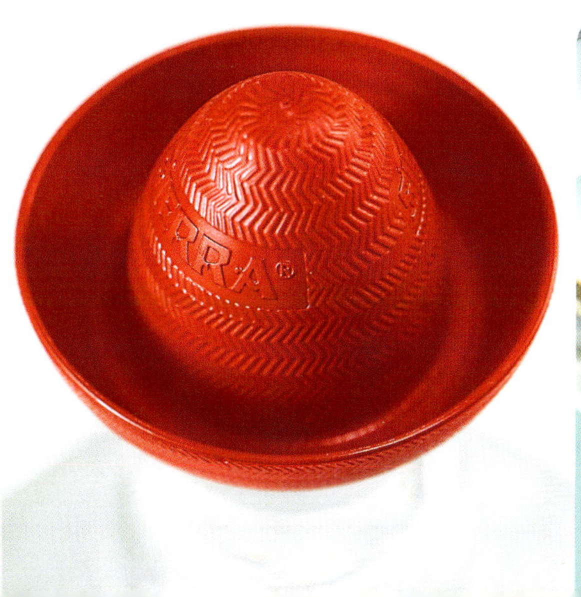

Deutschland
Kaffeetrinken

Zum echten deutschen Familienfest gehört das Kaffeetrinken, dessen Stammplatz zwischen der angenehmen Langweile nach dem Mittagessen und der angenehmen Sattheit vor dem Abendbrot liegt. Letztere kommt daher, dass in Deutschland Kaffeetrinken fast immer Kuchenessen heißt. Besonders auf dem Dorf, wo die Landfrau den Tortentisch als Laufsteg sieht und es passieren kann, dass pro Gast eine Schwarzwälder, ein Marmorkuchen oder ein Bienenstich auftreten. Kaffee mit Zucker und Milch und Schnaps danach sind eher im Süden üblich, aber die Ausnahme aus dem Norden ist sein berühmtestes Kaffeegetränk: der Pharisäer, bei dem sich unter der Sahnehaube ein Schuss Rum versteckt.

Italien
Mittagessen

Auch wenn in Rom mittwerktags immer mehr Menschen nur von Tramezzini leben sollen, die Feiertage gehören dem »pranzo«, dem italienischen Ewigmittagessen. Bei dem gibt es nach dem Aperitivo ein paar Antipasti oder Insalata. Dann kommen Pasta (oder Risotto, Polenta etc.) oder auch nur Suppe – beides gibt's selten, beides in einem (pasta in brodo) schon öfter. Nun ist Zeit für den Hauptgang, der ein Stück Fisch oder Fleisch ist, zu dem die Beilage auch danach oder gar nicht serviert werden kann – gab ja schon Pasta und Salat. Jetzt Käse oder was Süßes oder Obst und am Ende den Caffé und vielleicht noch einen Schluck hinterher - mamma mia, ist ja schon dunkel!

Australien
Barbecue

Weil das Wetter down under netter als in England ist, konnten Australiens britische Einwanderer die Picknick-Kultur erweitern und noch einen Grill auf den Rasen stellen. Heute steht der meist hinterm Haus im »backyard« oder fest an Lieblingsorten wie Strand und Kinderspielplatz. Und ob man sich nun auf die Schnelle verabredet oder ob Weihnachten ist – oft heißt es dann »let's make a barbie« (Männersache, klassisch mit Bierflasche in der Hand) und »bring a plate« (Frauensache, heißt : Machst du Salat?). Traditionell kommen aufs Barbie Rind und Lamm pur sowie Würstchen und Zwiebeln, inzwischen dürfen aber auch Seafood und asiatisch mariniertes Geflügel drauf.

Thailand
Bankett

Wie einst in Europa zeigt man im königlichen Thailand am liebsten beim Bankett, was man hat. Da es keine Gänge gibt, kommt dabei der Reichtum der Thai-Küche mehr oder weniger zusammen auf den Tisch. Zu Beginn können schon kalte Kleinigkeiten wie gefüllte Salatröllchen bereitstehen, zu denen dann Saté-Spieße mit Erdnusssauce, Fishcakes oder Garnelensuppen aller Art und Würze kommen können, begleitet von Pfannengerührtem aus dem Wok, süß-scharfen Spareribs oder Curries mit Kokosmilch, die alle dem gedämpften Reis Aroma geben. Frittierte Nudeln, Salate und Süßes wie Klebreis im Bananenblatt sowie exotische Früchte vollenden die Festtafel für Könige.

Japan
Chado

Wer hier Gast bei einer Teezeremonie sein darf, darf sich geehrt fühlen. Denn es wird ihm viel zugetraut. Beim Chado kommt es nicht auf den Tee, sondern auf den »Weg zum Tee« an. Er beginnt damit, dass die Gäste sitzend in den Teeraum rutschen (Kei: Respekt), dort nach einem festen Ritus Blumen, Geschirr und Mitrinker betrachten (Wa: Harmonie), bevor sie die festgelegte Route zum Teemeister einschlagen (Sei: reines Gewissen). Wenn der mit den rituellen Handgriffen und Geräten grünen Tee aus Matcha-Pulver schaumig gerührt und serviert hat, und wenn die Gäste ihn ebenso vorschriftsmäßig zu sich genommen haben, dann ist der Weg frei für Jaku – Gelassenheit.

Frankreich
Menü

Wie das »Restaurant« signalisiert es weltweit, dass es was Feines zu essen geben soll, und wie dieses haben es sich die Franzosen ausgedacht: das Menü. Passiert ist das im 19. Jahrhundert, als Tellergerichte mit dem ausufernden Durcheinander von Schüsseln und Platten am Bankettisc aufräumten – Gleichheit für alle! Aber was für eine: Confit von der Forelle als Amuse Gueule, Brioche-Salat mit Entenleber zum Entrée, dann Filet vom Loup de Mer gefolgt von gratinierter Lammkeule, Roquefort mit einem Schluck Süßwein und Crème brûlée mit Guadeloupe-Ingwer. Mit anderen Worten: Esprit, Bistro, Bourgeoisie, Nouvelle Cuisine, Haute Couture, o la la! (Ideal für Galadiners wie für Familiensonntage.)

England
Picknick

Ist's ein Wunder, dass ein Land mit eher wenigen Sonnentagen aus dem Draußenessen ein Fest macht? »The british picnic« ist eine Institution, bei der sich England und seine Küche von der besten Seite zeigen: stilvoll unkompliziert (auf der Karo-Decke im Grünen wirkt auch ein Earl of Something gleich viel entspannter), freundlich organisiert (ursprünglich war Picknick einfach ein Zusammenkommen, zu dem jeder was zu Essen mitbrachte), lecker (wie die Picknick-Klassiker Sandwiches, Pies und Pickles beweisen) und stets sportlich mit »Chicken & Champagne« (Hähnchen aus der Hand zum Sekt) beim Pferderennen und Erdbeeren mit Sahne in Wimbledon (nur hier ist der Rasen tabu für die Picknickdecke).

Jüdisch
Purimgebäck

Zwar liegt der Ursprung des Purimfests in Persien, doch gefeiert wird's von den Juden in aller Welt ähnlich wie Europas Karneval: mit Masken, Aufführungen, viel zu Trinken und süßem Gebäck. Dies kann dem Krapfen recht ähnlich sein, noch typischer sind Teigtaschen. In Israel sind deren Füllungen so bunt gemischt wie die Einwohner. Da gibt es die »Hamantaschen«, deren Inneres aus Pflaumenmus, Quark, Nüssen, Mandeln oder Mohn die Heimat Osteuropa zeigen. Aber auch türkische Böreks, indische Samosas und selbst Ravioli sind schon zu Purim gesehen worden. Tradition ist dabei, dass Verwandten, Freunden und den Armen was zu essen geschenkt wird – wieder am liebsten Süßes wie Gebäck und Konfekt.

Türkei
Raki-Tafel

Fürs traditionelle türkische Festmahl müssen Gäs viel Zeit und Gastgeber viel zu essen haben – und zu trinken. »Mez(z)e x Menü + Raki = Raki-Tafel« i die Formel, nach der sich hier arabischer Vorspeisenkult mit westlicher Menükultur verbinden. Und das kann dabei herauskommen: 1. kalte Meze wie eingelegte Bohnen, Gurken mit Jogurt, Tomatensa mit Minze, süße Möhren mit Nüssen, Dips; 2. warme Meze wie gefüllte Gemüse, Teigtaschen und -röllchen, pikante Fladen; 3. diverse Hauptgänge r Fisch, Fleisch, Geflügel; 4. Beilagen mit Gemüse, Nudeln, Reis; 5. Suppe zum Verdauen; 6. (sehr) Süßes; 7. Früchte; 8. Türk Kahvesi – samt Pulver und Zucker im Kupferkännchen gebrauter Mokka. Und Raki mit Wasser davor, dazu und danach.

Spanien
Tapas

Spaniens Beitrag zum Fingerfood ist heute zwar eher im Abenddunkel zu Hause, doch die Geburtsstunde der Tapas war angeblich der frühe Sonntagmittag. An dem sollen einst die Frauen nach der Kirche direkt in die Küche und die Männer in die Bars geeilt sein – die einen, um das Sonntagsessen zu kochen, die anderen, um sich bis dahin beim Wein und ein paar Happen über Wasser zu halten. Die Interessen in Kirche, Küche und Bar haben sich inzwischen geändert, doch immer noch sind Tapas der Auftakt zu Besonderem. Auch geblieben: die Aufteilung in »cosas de picar« (Sachen zum Picken wie Oliven), »pinchos« (Spießchen, Gabelbissen) und »cazuelas« (zum Löffeln oder Stippen, oft warme Bissen mit Sauce im Tontöpfchen).

Skandinavien
Brød

Brot heißt im hohen Norden Brød. Schön, aber wo bleibt das Festessen? Wir sagen nur Smørrebrød, Smørbrød, Smørgåsbord. Was dänisch, norwegisch, schwedisch ist und soviel heißt wie »Schlemmen bis zum Abwinken«. Vor allem in Norwegen und Dänemark ist dabei kräftiges Brot mit gut Butter drauf die Basis für viele Beläge, die oft aus Fisch bestehen und nicht selten ein bisschen Zucker in sich haben. In Schweden wagt man sich am weitesten über die Kruste hinaus und zählt auch Teller voller kleiner feiner kühler Vorspeisen zum Smørgåsbord, so dass es in der weiteren Welt einfach für »kaltes Buffet« steht. Denn so wird es serviert – mal mit Brot und mal mit Tellern zum Selbstbelegen.

Arabisch
Mezze

Über drei Meere und zwei Kontinente zieht sich der Nahe Osten, und die beiden Pole seiner arabisch-mediterrranen Küche sind Marokko und der Libanon. Verbunden wird alles durch »Mezze« – eigentlich Vorspeisen, aber noch eigentlicher ein Fest für sich. Ein Tisch voller Mezze zeigt, dass die Gastgeber sich in der Küche viel Mühe gemacht haben, was ihre Gäste als besondere Ehre empfinden. Die stippen dann zufrieden ihr Fladenbrot in Hummus (Kichererbsen-Dip) oder würzige Linsencreme, schieben Tabbouleh (Bulgur-Salat) auf Brotfladen und stecken sich Falafel (Kichererbsenbällchen) in den Mund – am liebsten mit den Fingern und immer mit der reinen rechten Hand.

16 Festessen aus aller Welt

Russland
Zakuska

Wir gleiten durch die Tundra, glashart stiebt der Schnee von den Schlittenkufen ins Licht des späten Nachmittags, während die Schatten der Birken langsam länger werden. Ah, da ist sie ja, die Datscha vom Doktor Ivanigor. Es blinkt hinter den Fenstern – dürfen wir hoffen? Jaaa! Mitten in der Halle steht der große Tisch mit des Doktors dampfendem Samowar darauf, umgeben von Krügen voller eingelegter Pilze, süßsauren Heringen, Kaviar löffelweise, Schalen voller Piroggen, Platten mit kaltem Braten – eine echte Zakuska-Tafel. Und als wir gar nicht warm werden wollen, holt Ivanigor seinen selbstgebrannten Wodka aus dem stromlosen Eisschrank im Garten – nun kann das Fest beginnen.

China
Dim Sum

Wenn in Chinas Straßen gefeiert wird oder die Familie den Sonntag festlich beginnen will, dann gibt's Dim Sum, an Imbissständen oder in Yum-Cha-Lokalen. Dort sitzen die Gäste an großen runden Tischen, umgeben von Tabletts voller gedämpfter Köstlichkeiten im Teigmantel: eines Schweinehack mit Pilzen und Garnelen in durchsichtiger Hülle, in Reisnudelteig eingeschlagenes Grillfleisch mit Sesam, Hefeklöße mit einer süßen Füllung aus Lotuspaste – genommen wird, was gefällt. Neben diesen Dim Sum aus dem Dämpfkorb kann es auch noch Spezialitäten wie gebratene Teigtaschen oder geschmorte Hühnerfüße geben. Und Tee!

Mexiko
Pan de Muertos

Was auf mexikanisch so rasant klingt, heißt auf deutsch schlicht Totenbrot und steht für eines der buntesten Feste Mexikos, den »Día de los Muertos« - was bei uns das graue Allerseelen ist. In Mexiko kocht da das ganze Land die Lieblingsspeisen seiner Toten, zieht damit raus zum Friedhof, vor dem oft Volksfeste mit Grilldüften und Kapellengetöse ablaufen. Am Grab wird dann in aller Ruhe gepicknickt, wozu die an diesem Tag zu Besuch kommenden Seelen der Toten herzlich eingeladen sind. Vor allem zum »Pan de Muertos«: ein gezuckerter Hefebrotlaib, der mit Knochen aus Teig oder Baiser verziert ist. Viva los muertos!

USA
Cocktailparty

Nicht dass wir uns falsch verstehen: Hier geht es nicht ums gepflegte spätnachmittägliche Herumstehen im Salon mit Sektglas und Canapé. Hier geht's um »the real thing«, um jene Dinge, mit denen die Einwanderer in der Neuen Welt den aus der Alten Welt mitgeschleiften Five-o'-clock-Tea kräftig aufmischten. Dazu mixten sie harte Sachen aus aller Welt zu ebenso heftigen wie bunten Cocktails und ließen es sich ein, zwei Stunden richtig gut gehen – happy hours. Und dazu gab's Fingerfood mit Herz, also möglichst würzig und mächtig. Alles Dinge, die heute »out« sind in den USA – weswegen jeder sofort in Feierlaune ist, wenn er es trotzdem mal bekommt.

die rezepte

basic

Finge

Herzlich willkommen in der Welt des Genießens ...

rfood

»Fingern statt füttern« sagt sich das Kind, schiebt den Breilöffel weg vom Mund und langt persönlich ins Näpfchen. »Bäh«, rufen da die schlechten Eltern, weil sie nur an sich denken. Die besseren Eltern sind dagegen wie gute Gastgeber, die anderen ihren Spaß gönnen. Gute Eltern rufen daher dem Kind nach dem ersten Fingerselbstversuch zu: »Willkommen in der Welt des Genießens!« Und lassen das Breikochen, so schnell wie's nur geht.

»Fingern statt füttern«, das heißt für uns große Kinder: Fingerfood. Deswegen fühlen wir uns auf einer Party auch gleich wie bei Muttern, wenn es zum Willkommen was in die Hand gibt. Die besseren Gastgeber sind eben wie gute Eltern. Sie wissen von Natur aus, was wir wollen, und geben es uns auch, bevor es Geschrei gibt. Und was wollen wir? Essen und spielen. Mit Spießen und Sticks, mit Chips und Wraps, mit Bällchen und Röllchen. Lustiger wäre es natürlich mit Brei - aber das ist endgültig vorbei.

Fingerkünste

Fingerfood heißt Stehparty, also Hände voller Essen und Trinken. Das geht, wenn's ein Küsschen-Küsschen-Fest ist, wobei das blinde Wegstrecken von Rotweinglas und Fleischbällchenteller in der Menge nicht ohne ist. Ärgerlich wird's, wenn man dem Außenminister die Hand schütteln könnte und es wegen der Bällchen nicht kann. Oder wenn man in die Kamera winken will und dann als »der Rotweinattentäter« in der Zeitung steht.

Lässt sich lösen mit dem linkshändigen Fünffingersteher. Dabei stecken Teller und Stielglas links, so dass die rechte frei ist fürs Grüßen und Pistole ziehen (geht auch mit Martini). Also: linke Handfläche mit ausgestreckten Fingern nach oben drehen, Glas mit dem Stiel zwischen kleinen und Ringfinger klinken, zwischen Daumenballen und den beiden Fingern fixieren. Teller auf Mittel- und Zeigefinger setzen und mit Daumen von oben festklinken. Zum Trinken das Glas aus der Fingerhalterung nehmen, nippen, zurückstecken. Nun grüßen oder schießen.

S.O.S.

»Und wer sind Sie?«

Letztens habe ich zur Hexennacht gerufen, und da hat die Walburga trotzdem ihren Typ mitgebracht, auch noch als Harry Potter verkleidet. Von »Womens only« hätte sie nix gewußt, sagte sie, und außerdem fände sie sowas eh blöd. Ist das nicht ungezogen?
Erdmute aus Berlin Mitte

Tante Ilse rät:

Du hast dich an einen Extremhexentrick gewagt: sortierte Party mit Paartrennung. Zu der bittest du nicht mit halbgaren Zaubersprüchen, sondern mit klaren Worten: »Nur für Hexen, Kerle bleiben in der Höhle«. Weil wer nur so Freunde und Familie einlädt, muss mit Anhang rechnen. Tut er's nicht, ist's ungezogen. Passt dir ein Anhängsel nicht, deute das lieber mal bei einer Tasse Kräutertee an. Gilt auch umgekehrt: Wer als Gast mit einer Einladung Probleme hat, klärt das vor dem Fest. Fragt also, ob die Schwester auf Besuch mitkommen kann. (Sollte drin sein, wenn es kein Skatabend oder Familienrat ist.) Und gibt Bescheid, wenn mit jemand Neuem im Leben gerechnet werden muss.

Kommen wir nun zu Harry dem Störenden. Wegschicken? Da ist noch Freundin Walburga. Doch da sind auch die anderen, die unter sich sein wollen. Hat Walburga nur keinen Babysitter gefunden, verzeihe ihr und setz Harry vor den Computer zum Spielen. Quengelt er, verdonner ihn zu Thekendienst und Katzentisch. Mault sie mit, jag sie zur Höhle. Und behalte Harry - für den Kaninchentrick.

small talk

»Hallo«

Einst nur als Ruf in die Menge (»Hallo, Sie da!«) oder Frage am Telefon (»Hallo, wer ist denn da?«) gebraucht, inzwischen wohl durch den Einfluss des englischen »hello« auch als lockere Begrüßung genutzt.

Englisch	Hello, Hi
Französisch	Salut
Italienisch	Ciao, Salve
Spanisch	Holá
Holländisch	Hoi
Skandinavisch	Hei, Hej
Portugiesisch	Olá
Ungarisch	Szia
Türkisch	Merhaba
Slowenisch	Zdravo
Hebräisch	Shalom
Polnisch	Cześč
Schweizerisch	Grüezi
Österreich	Habedere (»Habe die Ehre«)
Digital	Nizza zum Sehen Sie (Internet-Übersetzung von »Nice to see you«)
Bitte nicht	Bist Du aber groß geworden!

Drink des Tages

Limettenlimo

Limo kommt von »Limonade«, was französisch ist und von »limone« kommt, was auf deutsch Zitrone heißt. Was ja dann hieße, dass die Limo von der Zitrone kommt. Stimmt aber fast nie, weil fast immer nur künstliche Zitronensäure drin ist. Da empfehlen wir zum Einstieg was Hausgemachtes: Limettenlimo. Ist zwar auch nicht mit Zitrone, dafür aber mit viel Natur. So gibt's gute 3 Liter für 12 Leute:

4 Limetten heiß waschen. Schale dünn ohne das Weiße abschälen, Saft auspressen. 1 walnussgroßes Stück Ingwer schälen, in dünne Scheiben schneiden und mit der Limettenschale in ein Schälchen geben. $^1/_4$ l Wasser aufkochen und gerade so viel davon ins Schälchen geben, bis alles bedeckt ist. Über Nacht durchziehen lassen. Im Rest vom Wasser 250 g Zucker köchelnd auflösen lassen. Limettensaft in den kalten Sirup rühren.

Limetten-Ingwer-Wasser am nächsten Tag durch ein Sieb zum Sirup gießen. 4 Flaschen Mineralwasser dazugeben und in Gläser auf Eis gießen, Limettenscheibe dazu und trinken. Oder: Zerstoßene Eiswürfel ins Glas, 2 EL Sirup und 2 EL Wodka oder Rum drüber, Minzezweig reinstecken und mit Mineralwasser auffüllen. Oder: 1 EL Sirup, 2 EL Gin auf Eiswürfel mit Tonic Water. Und Zitronenlimo: 2–3 unbehandelten Zitronen nehmen, Ingwer weglassen.

5 mal was nebenbei

zum Knabbern

„Hast du nicht was zum Knabbern?« kann der Start zu einem Fest sein, das ein Leben lang in Erinnerung bleibt. Weswegen Chips, Salzstangen, Nüsse die puren Party Basics sind. Wer seine Lebenserinnerungen aber lieber nicht aus der Tüte speisen will – fünf Ideen für was Selbstgemachtes zum Knabbern (für vier):

Dukkah

Für die nordafrikanische Nuss-Samen-Mischung 150 g Sesam-, 50 g Koriander- und 50 g Kreuzkümmelsamen in trockener Pfanne rösten, bis es duftet und der Sesam Farbe bekommt. Raus. 50 g Haselnusskerne rösten, bis die Schale sich mit dem Tuch wegrubbeln läßt. Alles mit 1 TL grobem Meersalz und $^1/_2$ TL schwarzem Pfeffer im Mixer im 5-Sekunden-Takt zur groben Mischung zerkleinern – es soll aber keine Paste werden. Auf Tellerchen verteilen, Tellerchen mit Olivenöl dazustellen. Fladenbrotstücke erst ins Öl, dann in Dukkah stippen und zubeißen.

Spicy Macadamias

1 getrocknete rote Chilischote fein zerbröseln, 2 EL Fenchelsamen fein hacken. Mit je 1 EL gemahlenem Koriander und mildem Paprikapulver sowie je 2 EL braunem Zucker und Öl in einer Pfanne verrühren. 400 g ungesalzene Macadamianüsse druntermischen und bei kleiner Hitze unter Rühren 5 Minuten rösten, bis die Nüsse von der Gewürzmischung überzogen sind. Gleich oder später knabbern. Geht auch mit Cashewkernen.

Spring Chips

300 g Teigblätter für Frühlingsrollen oder Wan-Tans (aus dem Tiefkühler vom Asia-Laden) auftauen lassen. Teigblätter trockentupfen, in Stücke teilen und schwimmend in 180 Grad heißem Öl frittieren. 2 EL Curry mit 1 TL Salz mischen. Frittierte Chips abtropfen lassen und in einer Schüssel mit Curry mischen. Mit Limettenspalten, süß-scharfer Chilisauce und Sojasauce zum Träufeln, Dippen und Knabbern auf den Tisch stellen.

Welsh Smørrebrød

150 g Chesterkäse reiben, 3 EL Butter schmelzen und abkühlen lassen. Das mit 1 EL scharfem Senf, 1 TL Worcester-Sauce und 1 TL Merrettich sowie 1 Ei zur glatten Masse verrühren. 100 g geräuchertes Makrelenfilet hacken, 1 Bund Schnittlauch waschen, trockenschütteln und in Röllchen schneiden. Beides mischen. Käsemasse auf 6 Knäckebrote streichen und unterm Grill leicht bräunen. Makrele draufstreuen, Brote vierteln und gleich knabbern.

Butterpopcorn

3 EL Öl in einem weiten Topf heiß machen. 1 Körnchen getrockneten Popcorn-Mais reingeben. Sobald es zu platzen beginnt, 4 EL Popcorn-Mais nebeneinander ins Fett streuen. Deckel drauf, Topflappen schnappen und den Topf alle 10 Sekunden rütteln, bis es drinnen richtig poppt. Jetzt andauernd schütteln, bis nichts mehr poppt. Topf vom Herd ziehen und kurz warten, ob auch wirklich nichts mehr poppt. Popcorn in eine Schüssel schütten. 50 g Butter schmelzen, mit Popcorn mischen und salzen. Auch lecker mit Kräuter- oder Knoblauchbutter.

Tortillawürfel
Keine Knete? Viel Spaß!

Vorbereiten: Tortilla mittags braten, erst 1 Stunde vor dem Essen auf Spieße stecken
Aufbewahren: bei Zimmertemperatur, locker Folie drüberlegen
Kombinieren mit: Tomaten-Dip, Gefüllte Champignons, Marinierte Gemüse

Reicht solo für 4:

1 Zwiebel

600 g Kartoffeln (vorwiegend fest kochende Sorte)

3 EL Olivenöl, 6 Eier

Salz, schwarzer Pfeffer aus der Mühle

Zum Draufstecken: getrocknete, in Öl eingelegte Tomaten, Cocktailtomaten, grüne oder schwarze Oliven

1 Zwiebel schälen und fein hacken. Kartoffeln schälen, waschen und in dünne Scheiben schneiden oder hobeln. Auf ein frisches Küchentuch kippen und gut trocknen.

2 Öl in einer nicht zu breiten Pfanne warm machen. Kartoffeln und Zwiebel reinrühren und 6–8 Minuten anbraten. Bei mittlerer Hitze – und immer wieder umrühren.

3 Nebenbei schon mal die Eier mit Salz und Pfeffer mit einer Gabel verquirlen, bis sie schaumig sind. Kartoffeln einigermaßen ordentlich in der Pfanne verteilen, salzen. Eier über die Kartoffeln gießen. Hitze klein schalten, Deckel drauf und alles ca. 15 Minuten garen, bis die Kartoffeln weich sind. Zum Test mit dem Messer reinstechen!

4 Tortilla vorsichtig aus der Pfanne auf einen Teller rutschen und kalt werden lassen. In 2 cm große Würfel schneiden. Jeweils getrocknete oder frische Tomaten oder Oliven auf einen Würfel stecken. Auf eine Platte stellen.

So viel Zeit muss sein: 40 Minuten
Kalorien pro Portion: 290

Hähnchen-Saltimbocca
Springen noch schneller in den Mund

Vorbereiten: schon am Vorabend braten, vor dem Fest mit den Zutaten auf Spieße stecken
Aufbewahren: offen im Kühlschrank
Kombinieren mit: Gefüllte Tomaten, Gemüsecrostini mit Mandeln, Oktopussalat

Reicht solo für 4:

4 Hähnchenbrustfilets

10–20 Scheiben roher Schinken (je nach Größe, ca. 200 g)

1/2 Bund Salbei

Salz, schwarzer Pfeffer aus der Mühle

1 EL Butter, 1 EL Olivenöl

Zum Draufstecken: ca. 40 Cocktailtomaten (schön klein), Peperoni oder getrocknete, in Öl eingelegte Tomaten

1 Hähnchenfilets leicht schräg in knapp 1 cm dicke Scheiben schneiden. Schinken jeweils in 2–4 Stücke schneiden. Salbei waschen. Jedes Hühnerstück salzen, pfeffern und 1 Salbeiblatt drauflegen. Einmal zusammenklappen und in 1 Schinkenstück wickeln.

2 Butter und Öl in einer Pfanne zusammen warm machen. Schinkenpäckchen reinlegen und bei mittlerer Hitze ungefähr 5 Minuten braten. Umdrehen und noch mal so lang braten. Aus der Pfanne nehmen und abkühlen lassen. Tomaten waschen oder die anderen Zutaten abtropfen lassen und jeweils mit 1 Saltimbocca auf Spieße stecken.

So viel Zeit muss sein: 30 Minuten
Kalorien pro Portion: 285

Käsespieße
Gar nicht spießig

Vorbereiten: morgens
Aufbewahren: im Kühlschrank, locker mit Folie bedeckt
Kombinieren mit: Gefüllte Tomaten und Tortillawürfel von nebenan

Wenn unsere Eltern eine Party gaben, galt es als besonders schick, wenn man sich beim Plaudern ein Stück Emmentaler, mit einer Weintraube auf einen Plastikspieß gesteckt, schmecken ließ. Und wenn wir ehrlich sind, mögen wir das heute noch genauso gern. Weil es eine tolle Kombi ist.

Reicht solo für 4 (20–30 Spießchen):

Jeweils ca. 400 g Käse + 20–30 Gemüse- oder Obststückchen zum Draufspießen

Tolle Partner:

Minimozzarella, Cocktailtomate und Basilikumblatt

Roquefort oder Gorgonzola auf Feigenviertel oder Melonenstückchen

Schafkäse (Feta) mit Olive oder eingelegtem Peperoncino

Limburger oder Harzer mit Radieschen

Provolone oder Pecorino mit getrockneter Tomate

Ein bisschen mehr Arbeit

... aber echt lecker: 400 g Schafkäse in knapp 2 cm große Würfel schneiden. Zuerst in 2 EL Mehl mit Cayennepfeffer wenden, dann durch 2 Eier ziehen. In heißem Olivenöl frittieren, abtropfen lassen, mit Trauben, Oliven oder 1 kleinen Peperoncino auf Spieße stecken.

Gemüsespieße
Veggie-Sticks

Vorbereiten: frühestens morgens
Aufbewahren: zugedeckt im Kühlschrank
Kombinieren mit: Gurken-Raita, Garnelen-Dip, Marinierte Heringe

Reicht solo für 4:

2 EL Honig

4 EL Sesamöl

1 EL Chiliöl

4 EL Sojasauce

1 kleiner weißer Rettich

1 Zucchino

2 dickere Möhren

1 Honig mit Sesam- und Chiliöl und Sojasauce gründlich verrühren.

2 Gemüse schälen oder waschen, putzen und jeweils längs in hauchdünne Scheiben hobeln. Nach Sorten getrennt mit etwas Marinade mischen und mindestens 1 Stunde ziehen lassen. Dann farblich abwechselnd ziehharmonikaartig auf lange Spieße stecken

So viel Zeit muss sein:
10 Minuten (+ 1 Stunde Marinierzeit)
Kalorien pro Portion: 145

Griechische Kartoffelcreme
So was von billig

Vorbereiten: am Vorabend oder morgens
Aufbewahren: in der Schüssel abgedeckt im Kühlschrank
Kombinieren mit: Marinierte Gemüse, Käseröllchen, Tomatensuppe

Reicht solo für 4:

2 Kartoffeln (ungefähr 300 g)
2 Knoblauchzehen, 1–2 EL schwarze Oliven
1/2 kleines Bund Petersilie
2 EL Zitronensaft, 3 EL Olivenöl
Salz, schwarzer Pfeffer aus der Mühle

1 Kartoffeln waschen und in der Schale weich kochen. Kurz abkühlen lassen, pellen, fein zerdrücken (mit der Gabel).

2 Knoblauch schälen, dazupressen. Oliven fein hacken, Steine aussortieren. Petersilie waschen und fein hacken. Mit 6–8 EL heißem Wasser, Zitronensaft und Öl zum Kartoffelpüree geben, salzen, pfeffern, fertig.

So viel Zeit muss sein:
40 Minuten, davon die Hälfte aktiv
Das passt dazu: Sellerie, Fenchel, Grissini
Kalorien pro Portion: 125

Frischkäse-Dip
Crackers Liebling

Vorbereiten: max. 2 Tage vorher
Aufbewahren: in der Schüssel abgedeckt im Kühlschrank
Kombinieren mit: Rote-Bete-Dip, Fleischbällchen, Reissalat mit Granatäpfeln

Reicht solo für 4:

200 g Doppelrahm-Frischkäse
5 EL Milch
1/2 unbehandelte Zitrone
50 g grüne Oliven ohne Stein
1/2 TL Curry
Salz, schwarzer Pfeffer aus der Mühle

1 Frischkäse mit Milch schön cremig rühren. Zitronenhälfte heiß waschen und abtrocknen, Schale fein abreiben. Oliven ganz fein hacken.

2 Zitronenschale und Oliven zum Frischkäse rühren, mit Curry, Salz und Pfeffer würzen.

So viel Zeit muss sein: 15 Minuten
Das passt dazu: Paprika, Kohlrabi, Cracker
Kalorien pro Portion: 150

Roquefort-Quark-Dip
Perfekt mit Sellerie

Vorbereiten: max. 2 Tage vorher, Pistazien erst auf dem Buffet drüberstreuen
Aufbewahren: in der Schüssel abgedeckt im Kühlschrank
Kombinieren mit: Gefüllte Tomaten, Speckröllchen, Kartoffel-Gemüse-Salat

Reicht solo für 4:

100 g Roquefort
150 g Quark
2 EL Milch oder Sahne
2–3 EL Salatmayonnaise
Salz, schwarzer Pfeffer aus der Mühle
1 EL Pistazienkerne

1 Roquefort mit den Fingern ganz fein in ein Schüsselchen krümeln. Quark, Milch und Mayonnaise drunterrühren, vorsichtig mit Salz und Pfeffer abschmecken.

2 Pistazien fein hacken und drüberstreuen.

So viel Zeit muss sein: 10 Minuten
Das passt dazu: Rohkost, Baguette
Kalorien pro Portion: 170

Tahini-Dip
Gut drauf!

Vorbereiten: besser frisch machen
Aufbewahren: nur kurz im Kühlschrank
Kombinieren mit: Fleischbällchen, Auberginenkaviar, Möhrensalat mit Trauben

Reicht solo für 4:

1 Dose gegarte Kichererbsen (abgetropft 240 g)
100 g Tahin (Sesampaste, gibt's beim Türken oder Griechen), Saft von 1 großen Zitrone
2 EL Olivenöl, Salz
1 Messerspitze bis 1 TL Harissa
einige Petersilienblättchen

1 Kichererbsen abtropfen lassen, mit 50 ml Wasser fein zermusen (Pürierstab). Tahin, Zitronensaft und Öl dazu.

2 Dip mit Salz und Harissa abschmecken, in die Schüssel füllen. Petersilie waschen, klein schneiden und draufstreuen.

So viel Zeit muss sein: 10 Minuten
Das passt dazu: aufgebackenes Fladenbrot, Gemüse, kaltes Huhn, Weintrauben
Kalorien pro Portion: 270

Garnelen-Dip
Scharf auf Gemüse

Vorbereiten: max. 1 Tag vorher
Aufbewahren: abgedeckt im Kühlschrank
Kombinieren mit: Krautröllchen, Entencurry, Misosuppe

Reicht solo für 4:

2 frische rote Chilischoten
5 Knoblauchzehen
5 kleine Zwiebeln, 1 EL Öl
300 g gegarte geschälte Garnelen
3 EL Fischsauce
3 EL Zitronensaft, Salz

1 Chilischoten waschen, putzen, mit den Kernen sehr fein schneiden. Knoblauch und Zwiebeln schälen, auch ganz fein hacken.

2 Öl warm machen, gehackte Mischung darin unter Rühren 5–10 Minuten braten. Im Mörser zerstoßen. Garnelen ganz fein hacken, mit 3 EL Wasser, Fischsauce und Zitronensaft untermischen, salzen.

So viel Zeit muss sein: 35 Minuten
Das passt dazu: Rettichstücke, Weißkohl, Möhren, Gurken
Kalorien pro Portion: 105

Ingwer-Dip
Fix

Vorbereiten: max. 3 Tage vorher
Aufbewahren: in der Schüssel abgedeckt im Kühlschrank
Kombinieren mit: Fishcakes, Dim Sum, Japanische Nudelsuppe

Reicht solo für 4:

1 Stück frischer Ingwer (etwa 2 cm lang)
2 Knoblauchzehen
1/4 Bund frischer Koriander
1 frische rote Chilischote
4 EL Fischsauce
8 EL Sojasauce

1 Ingwer und Knoblauch schälen und ganz fein hacken. Koriander waschen, trockenschütteln, Blättchen abzupfen und auch hacken. Chilischote waschen und in ganz feine Ringe schneiden.

2 Fisch- und Sojasauce mischen, mit allen zerkleinerten Zutaten verrühren.

So viel Zeit muss sein: 15 Minuten
Das passt dazu: am besten gegarte Garnelen, aber auch Fleischbällchen oder gebratener Tofu
Kalorien pro Portion: 30

Avocado-Dip
Chip-Hopper

Vorbereiten: max. 1 Stunde vorher
Aufbewahren: zugedeckt im Kühlschrank, Kern mit reinlegen
Kombinieren mit: Tamarinden-Hähnchen, Reissalat mit Granatäpfeln, Chili con chicken

Reicht solo für 4:

1 Zwiebel, 2 grüne Chilischoten

$^1/_2$ Bund frischer Koriander

2 reife Avocados, 2–3 EL Zitronensaft

Salz, schwarzer Pfeffer aus der Mühle

1 Zwiebel schälen und ganz fein hacken (am besten mit dem Zwiebelhacker). Chilis waschen und mit den Kernen fein hacken (Zwiebelhacker). Koriander waschen und trockenschütteln, Blättchen abzupfen. Ein paar weglegen, Rest fein hacken.

2 Avocados der Länge nach bis zum Kern einschneiden, gegeneinander drehen, Kerne rausholen. Fleisch rauslöffeln und fein zerdrücken. Mit Zitronensaft und allen zerkleinerten Zutaten mischen, salzen, pfeffern.

So viel Zeit muss sein: 15 Minuten
Das passt dazu: Tortillachips
Kalorien pro Portion: 230

Gurken-Raita
Erfrischt Partyhänger

Vorbereiten: einige Stunden vorher
Aufbewahren: zugedeckt im Kühlschrank
Kombinieren mit: Käseröllchen, Marinierte Gemüse, Brotsalat

Reicht solo für 4:

1 kleinere Gurke, $^1/_2$ Bund frische Minze

300 g Jogurt, je $^1/_2$ TL gemahlener Kreuzkümmel und Koriander, Salz

1 Gurke schälen und der Länge nach durchschneiden. Kerne aus der Mitte mit einem Löffel rausschaben. Das, was übrig bleibt, in ganz kleine Würfel schneiden. Minze waschen und trockenschütteln. Blättchen abzupfen und fein hacken.

2 Gurke, Minze und Jogurt verrühren, mit Kreuzkümmel, Koriander und Salz würzen.

So viel Zeit muss sein: 15 Minuten
Das passt dazu: Fladenbrot, Tortillachips
Kalorien pro Portion: 55

Kräuter-Relish
Sommerlich würzig

Vorbereiten: einige Stunden vorher
Aufbewahren: zugedeckt im Kühlschrank
Kombinieren mit: Gefüllte Spitzpaprika, Jambalaya, Falafel

Reicht solo für 4:

2 Bund Petersilie, je 1 Bund Rucola, Minze und Frühlingszwiebeln

2 Nektarinen, 4-5 EL Zitronensaft

Salz, schwarzer Pfeffer aus der Mühle

4 EL Olivenöl, 2 TL Kapern

1 Kräuter waschen und trockenschütteln. Blättchen abzupfen, nicht zu fein hacken. Von den Zwiebeln die Wurzelbüschel abschneiden, die welken Teile auch. Zwiebeln waschen und in Ringe schneiden.

2 Nektarinen waschen, halbieren und klein würfeln, Zitronensaft, Salz, Pfeffer und Öl verrühren. Nektarinen, Kräuter, Zwiebeln und Kapern untermischen.

So viel Zeit muss sein: 35 Minuten
Das passt dazu: geröstetes Fladenbrot oder Toastbrot, Tomaten oder Gurken
Kalorien pro Portion: 145

Tomaten-Dip
Macht Ketchup Konkurrenz

Vorbereiten: max. 4 Tage vorher
Aufbewahren: verschlossen im Kühlschrank
Kombinieren mit: Fleischbällchen, Gurken-Raita, Truthahn mit Cajun-Salsa

Reicht solo für 4:

1 kleine Dose geschälte Tomaten, 1 Zwiebel

2 Knoblauchzehen, 1 EL Öl, Saft von 1 Limette

Salz, Chilipulver, 1 Prise Zucker

1 Tomaten abtropfen lassen, würfeln. Zwiebel und Knoblauch schälen, hacken, im Öl andünsten. Tomaten dazu, 10 Minuten köcheln lassen.

2 Tomaten pürieren, mit Limettensaft, Salz, Chili und Zucker abschmecken. Abkühlen.

So viel Zeit muss sein: 15 Minuten
Das passt dazu: Tortillachips
Kalorien pro Portion: 35

Noch'n Dip in Pink:

1 Knoblauchzehe und 1 Stück Ingwer schälen, mit 1 Glas Roten Beten (220 g Abtropfgewicht) pürieren. Mit 100 g Crème fraîche und 50 g Jogurt verrühren, mit Kreuzkümmel, Salz und Pfeffer würzen.

Gefüllte Eier mit Mango

Hit der Fifties - neu gecovered

Vorbereiten: Eier morgens kochen, max. 4 Stunden vor dem Fest füllen
Aufbewahren: mit Folie bedeckt im Kühlschrank, vor allem im Sommer erst kurz vor dem Fest aufs Buffet stellen
Kombinieren mit: Möhrensalat mit Trauben, Tomatensuppe, Tahini-Dip

Reicht solo für 4 (16 Eihälften):

8 frische Eier
1/2 Bund Basilikum
1 EL Mangochutney (aus dem Glas)
1 EL Salatmayonnaise
1 TL Currypulver
Salz, schwarzer Pfeffer aus der Mühle

1 Eier in einen Topf legen, ganz mit Wasser bedecken und heiß machen. Nach dem Aufkochen ungefähr 6 Minuten kochen, kalt abschrecken und abkühlen lassen. Basilikumblättchen von den Stielen zupfen, ganz fein hacken. Chutney auch fein schneiden.

2 Die Eier pellen und der Länge nach halbieren. Eigelbe rauslöffeln, mit der Gabel zerdrücken und mit der Mayonnaise verrühren.

3 Basilikum und Chutney unterrühren, mit Curry, Salz und Pfeffer abschmecken. Die Mischung mit einem Teelöffel wieder in die Eierhöhlungen füllen. Wer's ganz perfekt machen will, nimmt einen Spritzbeutel. Kann man übrigens auch selber machen. Masse in einen Gefrierbeutel füllen, an einer Ecke ein kleines Eck abschneiden und die Masse aus der Tüte in die Eihälfte drücken.

So viel Zeit muss sein: 40 Minuten
Kalorien pro Portion: 190

Hit-Varianten:

1 EL Tunfisch aus der Dose und 1 TL Kapern ganz fein hacken. Mit 1 Messerspitze Tomatenmark und der Mayonnaise unter die Eigelbe mischen.

1 Gewürzgurke und etwas Dill ganz fein hacken. Mit 1 EL saurer Sahne und 1 TL Sardellenpaste unter die Eigelbe mischen.

Ein paar Oliven, 1 Knoblauchzehe und 2 Frühlingszwiebeln ganz fein hacken. Mit 1 EL Sherry und etwas Orangenschale unter die Eigelbe mischen, mit wenig Zitronenschale und Cayennepfeffer abschmecken.

1 Bund Schnittlauch in Röllchen schneiden und mit 1 EL Quark und 1–2 TL scharfem Senf unter das Eigelb mischen, mit Salz und Kümmel würzen.

Gefüllte Tomaten

Per una festa sui prati

Vorbereiten: morgens Füllung zubereiten, 1–2 Stunden vorher in die Tomaten füllen
Aufbewahren: kühl und mit Folie bedeckt
Kombinieren mit: Fleischbällchen, Kartoffel-Gemüse-Salat, Rosmarin-Zwiebel-Suppe

Reicht solo für 4 (ca. 16 Tomaten):

ca. 500 g nicht zu kleine Cocktailtomaten (mit ungefähr 4 cm Durchmesser),
1 EL schwarze Oliven, 1 Knoblauchzehe
1/4 Bund Petersilie, 100 g Ricotta
2 EL frisch geriebener Parmesan
Salz, schwarzer Pfeffer aus der Mühle

1 Tomaten waschen, Deckel abschneiden. Inneres vorsichtig mit einem kleinen Löffel rauslösen, 1 EL davon fein hacken.

2 Oliven entsteinen, Knoblauch schälen, Petersilie abzupfen. Alles fein hacken, mit gehackten Tomaten, Ricotta und Parmesan verrühren, salzen und pfeffern. In die Tomaten füllen, fertig.

So viel Zeit muss sein: 15 Minuten
Kalorien pro Portion: 80

Gefüllte Champignons
Pilzköpfe, kulinarische

Vorbereiten: Füllung am Vortag oder morgens garen. Reinfüllen und backen erst 2–3 Stunden vorher
Aufbewahren: zugedeckt und kühl
Kombinieren mit: Schinken-Carpaccio, Linsensalat, Käseröllchen

Reicht solo für 4 (16 Champignons):

400 g Chorizo (spanische Paprikawurst) oder ungarische Paprikawurst
16 eher große Champignons (weiß oder braun)
1 Zwiebel, 2 Knoblauchzehen
1 Bund Petersilie
1 EL Olivenöl
2 EL trockener Sherry
1 EL Semmelbrösel
1 EL geriebener Käse
Salz, 1/2 TL mildes Paprikapulver

1 Haut von der Chorizo einritzen und abreißen. Von der Wurst 16 dünne Scheiben abschneiden, den Rest ganz fein würfeln.

2 Champignons mit einem feuchten Küchenpapier abreiben. Stiele rausschneiden, putzen und fein hacken. Zwiebel und Knoblauch schälen und auch fein hacken. Petersilie kalt abbrausen, trockenschütteln, Blättchen abzupfen und hacken.

3 Ofen auf 220 Grad vorheizen (auch schon jetzt: Umluft 200 Grad). Pilze in eine feuerfeste Form setzen. Öl in einer Pfanne warm machen. Pilzstiele, Zwiebel und Knoblauch reinrühren und ca. 5 Minuten braten. Petersilie und Wurstwürfel dazu, Sherry auch und verdampfen lassen.

4 Alles mit Semmelbröseln und Käse mischen, mit Salz und Paprika würzen und in die Champignons füllen. Für ungefähr 10 Minuten in den Ofen schieben. Falls die Füllung zu dunkel wird, Champignons locker abdecken. Abkühlen lassen. Je 1 Champignon auf 1 Wurstscheibe setzen, mit einem Spieß feststecken.

So viel Zeit muss sein: 30 Minuten
Kalorien pro Portion: 590

Gefüllte Spitzpaprika
Scheibchenweise

Vorbereiten: max. 2 Tage vorher
Aufbewahren: offen im Kühlschrank
Kombinieren mit: Provenzalische Kartoffelsuppe, Tomaten-Dip, Auberginenkaviar

Reicht solo für 4–6 (ca. 30 Stück):

100 g Schafkäse (Feta), 150 g Magerquark
1 TL Kapern, 1/2 TL Kümmelsamen
100 g weiche Butter, 1 TL Sardellenpaste
1 TL Senf, 1 EL mildes Paprikapulver
Salz, schwarzer Pfeffer aus der Mühle
4–6 größere Spitzpaprikaschoten

1 Schafkäse mit der Gabel zerdrücken. Quark abtropfen lassen. Kapern und Kümmel hacken. Käse, Quark, Butter, Kapern und Kümmel mit Sardellenpaste, Senf und Paprika gründlich verrühren, salzen und pfeffern.

2 Paprikaschoten waschen, Stiel abschneiden und das Innere rauszupfen. Käsemasse in die Schoten drücken. Über Nacht kalt stellen. In 1 cm dicke Scheiben schneiden.

So viel Zeit muss sein:
35 Minuten (+ Kühlzeit)
Kalorien pro Portion (bei 6): 340

Smørrebrød
Haben die Dänen erfunden

Vorbereiten: Heilbuttcreme, Rührei und Gemüsesalat für Schinken ein paar Stunden vorher, erst kurz vor dem Fest belegen
Aufbewahren: auf Tellern locker mit Folie bedeckt
Kombinieren mit: Blattsalate, Radieschen, Gurkenscheiben usw.

Reicht jeweils solo für 4:

Mit Heilbutt:

1 großes Ei

200 g geräucherter Heilbutt

1/2 Bund Petersilie

80 g saure Sahne

1–2 TL Curry, Salz

1 EL Butter, 4 Scheiben Mischbrot oder

8 Scheiben Knäckebrot

Mit Krabben-Rührei:

1/2 Bund Dill

1 EL Butter

4 Eier, 4 EL Milch

Salz, Pfeffer aus der Mühle

100 g Nordseekrabben (gepult!)

1 EL Butter

4 Scheiben Weiß- oder Mischbrot

Mit Schinken:

1 Möhre, 1 Stück Knollensellerie

1/2 Apfel, ein paar Weißkohlblätter

1 Gewürzgurke

2 EL Mayonnaise, Salz, Pfeffer

1 TL Zitronensaft

4 Scheiben Brot (Mischbrot oder dunkles Brot), 1 EL Butter

4 Scheiben gekochter Schinken

1 Für den Heilbutt Ei hart kochen, ordentlich kaltes Wasser drüberlaufen lassen, pellen, klein würfeln. Die Haut vom Heilbutt abzupfen, Gräten rauszupfen, Fisch mit zwei Gabeln zerpflücken. Petersilie waschen, fein hacken. Alles mit saurer Sahne und Curry mischen, mit Salz würzen, auf die gebutterten Brote verteilen. Heilbutt-Smørrebrøds in Stücke schneiden.

2 Fürs Krabbenrührei Dill waschen, fein hacken. Butter in einer Pfanne zerlaufen lassen. Eier mit Milch leicht verquirlen, salzen, pfeffern und in die Butter kippen. Auf mittlere Hitze schalten und rühren und braten, bis das Ei gestockt ist. Trocken darf es aber auf gar keinen Fall werden. Rührei abkühlen lassen, in Stücke schneiden und mit den abgetropften Krabben und dem Dill auf die gebutterten Brote legen.

3 Für den Schinkenbelag Möhre, Sellerie und Apfel schälen und fein raspeln. Kohlblätter waschen und in ganz dünne Streifen schneiden. Gewürzgurke ganz fein würfeln. Alles mit Mayonnaise mischen, mit Salz, Pfeffer und Zitronensaft würzen. Brote buttern, Schinken darauf legen, Gemüsesalat auch. In Stücke schneiden.

So viel Zeit muss sein: jeweils ca. 20 Minuten
Kalorien pro Portion mit Heilbutt: 215, mit Krabben-Rührei: 200, mit Schinken: 225

So machen's die Dänen auch:

Tomatenscheiben auf gebutterte Brote legen, mit fein gewürfelten roten Zwiebeln bestreuen, salzen, pfeffern.

Brote mit Butter und Meerrettich bestreichen, mit Käse belegen und mit eingekochten Preiselbeeren bunter machen.

Gurken und hart gekochte Eier würfeln, mit Sauerrahm mischen und auf kleine Brote streichen. Wenig Kaviar draufstreuen.

Brote mit Butter bestreichen, mit Eischeiben und Matjesstücken belegen.

Brote mit Räucherlachs belegen. Ein paar Radieschen fein hacken und mit Öl und wenig Essig anmachen. Draufstreuen.

Lachstramezzini
Ganz schön edel

Vorbereiten: mittags
Aufbewahren: mit Folie im Kühlschrank
Kombinieren mit: Marinierte Gemüse, Kartoffelterrine mit Ziegenkäse, Gefüllte Tomaten

Reicht solo für 4:

200 g Räucherlachs
1 kleiner junger Zucchino, $^{1}/_{2}$ Bund Dill
100 g Ricotta oder Frischkäse
50 g Salatmayonnaise
Salz, schwarzer Pfeffer aus der Mühle
4 Salatblätter, 8 Scheiben Sandwichbrot

1 Lachs klein würfeln. Zucchino nach dem Waschen auch. Dill abzupfen, fein schneiden.

2 Ricotta mit Mayonnaise verrühren. Lachs, Zucchini und Dill drunterrühren, mit Salz und Pfeffer würzen. Die Salatblätter waschen und abtupfen. Die dicken Rippen rausschneiden.

3 Die Hälfte der Brote mit Salat belegen, Lachsmischung drauf verstreichen. Übrige Brote drauflegen und leicht andrücken. Mit dem scharfen Messer 2 cm klein würfeln.

So viel Zeit muss sein: 25 Minuten
Kalorien pro Portion: 350

Roggenbrot mit Pilzkaviar
Kaviar für Arme? Nein, für Genießer!

Vorbereiten: Pilzkaviar max. 2 Tage vorher
Aufbewahren: in einer Schüssel zugedeckt im Kühlschrank
Kombinieren mit: Käsecocktail, Rosa Heringssalat, Ungarische Paprikasuppe

Reicht solo für 4:

400 g Egerlinge (oder gemischte Pilze)
1 Zwiebel
2 EL Butter, $^{1}/_{2}$ Bund Petersilie, eventuell ein paar Blätter frischer Majoran
100 g Quark, 50 g Frischkäse
Salz, Paprikapulver
4–6 dünne Scheiben Roggenbrot

1 Pilze mit Küchenpapier sauber abreiben, Stielenden abschneiden, Pilze fein hacken, Zwiebel schälen und auch fein hacken.

2 Butter in einer Pfanne zerlaufen lassen. Pilze und Zwiebel reinrühren, Hitze auf mittlere Stufe stellen und die Pilze etwa 10 Minuten braten. Fleißig rühren!

3 Petersilie waschen und trockenschütteln. Blättchen abzupfen und fein hacken.

4 Quark mit Frischkäse verrühren. Abgekühlte Pilze und Petersilie drunterrühren, mit Salz und Paprika abschmecken. Brote dick mit Pilzkaviar bestreichen, in Stücke schneiden und auf eine Platte legen.

So viel Zeit muss sein: 30 Minuten
Kalorien pro Portion: 190

Schnittchen mit Erdäpfelkaas
Küss die Hand!

Vorbereiten: Kaas max. 1 Tag vorher, erst vor dem Fest aufstreichen
Aufbewahren: zugedeckt und kühl
Kombinieren mit: Champignoncreme, Colombo, Käsespieße

Reicht solo für 4:

200 g Kartoffeln (mehlige Sorte)
1 Ei, 1 Zwiebel, 2 in Öl eingelegte Sardellenfilets, 1 Gewürzgurke, 1 Bund Schnittlauch
50 g weiche Butter
1 TL scharfer Senf, 2–3 EL saure Sahne, Salz
Paprikapulver, 8 Scheiben Sandwichbrot

1 Kartoffeln kochen, bis sie weich sind. Ei hart kochen, abschrecken, beides abkühlen.

2 Zwiebel schälen und mit Sardellen und Gurke ganz fein hacken. Schnittlauch waschen und in Röllchen schneiden.

3 Ei pellen, Eiweiß ablösen und fein hacken. Eigelb zerdrücken und mit der Butter und dem Senf verrühren. Kartoffeln schälen, fein zerdrücken (Kartoffelpresse oder Gabel) und mit den zerkleinerten Zutaten und der sauren Sahne unter die Butter rühren. Mit Salz und Paprika abschmecken. 4 Brote mit dem Erdäpfelkaas bestreichen, restliche Brote drauflegen, andrücken und jeweils in 4 Stücke schneiden.

So viel Zeit muss sein: 40 Minuten
Kalorien pro Portion: 255

Gurken-Sandwich
Very british

Vorbereiten: morgens Salat waschen, Käse anrühren, erst kurz vorher fertig machen
Aufbewahren: Käsecreme im Kühlschrank
Kombinieren mit: Käsespieße, Fleischbällchen, Auberginenkaviar

Reicht solo für 4:

$^1/_2$ Salatgurke

1 Avocado

2–3 EL Zitronensaft

Salz, 4 Kopfsalatblätter

150 g Doppelrahm-Frischkäse

1 EL geriebener Meerrettich (aus dem Glas)

8 Scheiben Sandwichbrot oder Toast

1 Hand voll Radieschensprossen, Alfalfasprossen oder Kresse

scharfer Curry

1 Gurkenstück schälen und schräg in $^1/_2$ cm dicke Scheiben schneiden. Avocado halbieren, entkernen, schälen und mit dem Zitronensaft mit der Gabel zerdrücken, salzen.

2 Salat waschen, trocknen, Mittelrippe rausschneiden. Frischkäse mit Meerrettich verrühren, die Brote damit bestreichen. Die Hälfte der Brote mit Gurken belegen, die anderen mit Avocadocreme bestreichen.

3 Sprossen über die Gurken streuen, mit Salz und Curry würzen. Salatblatt drauflegen, dann die anderen Brote, und zwar mit der Avocadoseite nach unten.

4 Simpel & sparsam: Jedes Sandwich der Länge nach in drei Stücke (Finger) schneiden. Britisch großzügig: Ränder glatt abschneiden und Sandwich in zwei Finger teilen. In jedem Fall: schnell servieren.

So viel Zeit muss sein: 30 Minuten
Kalorien pro Portion: 320

Käse-Cracker
Ein Blick, ein Biss

Vorbereiten: Bällchen ohne Minze 1–2 Tage. Kurz vorher in Minze wälzen
Aufbewahren: zugedeckt im Kühlschrank
Kombinieren mit: Speckröllchen, Erdnusssuppe mit Möhren, Chili con chicken

Reicht solo für 4:

2 Frühlingszwiebeln, 200 g Ziegenfrischkäse

$^1/_2$ TL Kreuzkümmel, $^1/_4$ TL Chilipulver

1 Bund frische Minze, ca. 20 Cracker

1 Von den Frühlingszwiebeln die Wurzelbüschel abschneiden und die dunkelgrünen Teile auch. Zwiebeln waschen und fein hacken. Frischkäse mit Zwiebeln, Kreuzkümmel und Chili verkneten. Stücke abstechen und mit nassen Händen (öfter unters Wasser halten) zu kleinen Bällchen formen.

2 Minze waschen und trockenschütteln. Blättchen abzupfen und ganz fein hacken. Käsebällchen drin wälzen. 1 Stunde in den Kühlschrank stellen. Bällchen einmal durchschneiden und je eine Halbkugel auf einen Cracker setzen.

So viel Zeit muss sein:
25 Minuten (+ 1 Stunde Kühlzeit)
Kalorien pro Portion: 285

Windbeutelchen mit Weincreme
Ganz schön festlich

Vorbereiten: Windbeutel nach den Backen ganz frisch einfrieren, vor dem Fest 5 Minuten aufbacken (bei 200 Grad, S. 162), Käsecreme max. 1 Tag vorher, Windbeutelchen erst kurz vor der Party füllen
Aufbewahren: Creme im Kühlschrank
Kombinieren mit: Fischterrine, Ratatouille mit Käsebaguette

Reicht solo für 8 (ca. 30 Stück):

60 g Butter, Salz

150 g Mehl, 4 Eier

Fett und Mehl fürs Backblech

$^1/_8$ l trockener Rotwein

1 EL Honig

1 Hand voll Walnusskerne

150 g Frischkäse oder Ricotta

100 g Roquefort

Pfeffer aus der Mühle

1 Erst mal geht's um den Teig: $^1/_4$ l Wasser mit Butter und Salz aufkochen. Vom Herd ziehen, Mehl auf einmal reinschütten und drunterrühren.

2 Wieder auf den Herd stellen und weitergaren, bis der Teig ein Kloß ist und auf dem Topfboden eine weißliche Schicht. Teig in eine Schüssel füllen und 1 Ei gleich gut untermischen. Teig lauwarm werden lassen, dann die anderen Eier drunterrühren.

3 Ofen auf 200 Grad heizen (auch schon jetzt: Umluft 180 Grad). Backblech fetten, Mehl drüberstreuen. Vom Teig mit zwei Teelöffeln Kugeln abstechen und mit genug Abstand (man braucht 2 Backbleche) auf das Blech setzen. Jede Portion im Backofen ungefähr 15–20 Minuten backen.

4 In der Zeit Rotwein mit Honig in einen Topf schütten und einkochen lassen, bis noch 2–3 EL übrig sind. Walnüsse zwischen den Fingern zerkrümeln. Frischkäse mit Roquefort mit einer Gabel zerdrücken. Rotwein (abgekühlt!) und Walnüsse untermischen, pfeffern.

5 Windbeutelchen aus dem Ofen holen, gleich Deckel abschneiden. Stücke abkühlen lassen. Weincreme auf den unteren Hälften verteilen, obere aufsetzen, auf eine Platte legen.

So viel Zeit muss sein: 1 $^1/_4$ Stunden
Kalorien pro Portion: 260

So geht's schneller: Creme auf leicht geröstete Toastbrotecken streichen.

Gemüsecrostini mit Mandeln
Fix fertig

Vorbereiten: Paste schon am Vortag
Aufbewahren: zugedeckt im Kühlschrank, vor dem Fest Paste draufstreichen
Kombinieren mit: Nudelsalat mit Radicchio, Griechische Kartoffelcreme, Fleischbällchen

Reicht solo für 4:

1 Tomate, 1 Knoblauchzehe

1 gelbe oder rote Paprikaschote

1 Stück Gurke, 2 EL Mandeln

ein paar Blättchen Basilikum, 4 EL Olivenöl

Salz, schwarzer Pfeffer aus der Mühle

8 Scheiben Weißbrot

1 Tomate waschen, Knoblauch schälen, Paprika und Gurke waschen und putzen. Alles mit Mandeln nicht zu fein zerkleinern (Mixer). Basilikum in Streifen schneiden, mit Öl untermischen. Salzen und pfeffern.

2 Ofen auf 250 Grad einschalten (auch schon jetzt: Umluft 230 Grad). Brotscheiben aufs Blech legen und im Ofen ca. 5 Minuten rösten. Oder im Toaster braun und knusprig backen. Gemüse drauf, fertig!

So viel Zeit muss sein: 25 Minuten
Kalorien pro Portion: 235

Polentacrostini mit Pesto

Fingerfood alla italiana

Vorbereiten: Polenta und Creme schon am Vortag
Aufbewahren: zugedeckt im Kühlschrank, vor dem Fest Polenta rösten und Paste draufstreichen
Kombinieren mit: Marinierte Gemüse, Rosmarin-Zwiebel-Suppe, Linsen mit Pancetta

Reicht solo für 4:

Salz, 125 g Polenta
3 EL Olivenöl
1 Bund Basilikum
1 Tomate
1 EL schwarze Oliven
1 EL Pesto (am besten selbst gemacht: Italian Basics, S. 61, oder fertig gekauft)
2 EL Crème fraîche
schwarzer Pfeffer aus der Mühle

1 In einen Topf 3/8 l Wasser schütten und gut salzen. Auf den Herd stellen und aufkochen. Polenta mit dem Schneebesen reinrühren. Hitze klein (!) schalten, Deckel drauf, Polenta 10 Minuten quellen lassen.

2 Eine eckige Form mit 1 EL Öl ausstreichen. Polenta reinfüllen und glatt streichen. Kalt werden lassen.

3 Basilikum abzupfen, fein hacken. Tomate waschen. Steine aus den Oliven schneiden. Tomate und Oliven ganz klein würfeln. Pesto mit Crème fraîche verrühren, Tomate, Basilikum und Oliven druntermischen. Mit Salz und Pfeffer würzen.

4 Backofengrill anheizen. Oder Ofen auf 250 Grad stellen. Polenta in knapp 1 cm dicke Scheiben schneiden. Backblech fetten, Polenta drauflegen und mit dem übrigen Öl bepinseln. Im Ofen ca. 10 Minuten goldbraun rösten. Creme draufstreichen, warm oder kalt essen.

So viel Zeit muss sein:
50 Minuten (+ Kühlzeit)
Kalorien pro Portion: 220

Croûtons mit Schinkencreme

So schnell kann's gehen

Vorbereiten: Creme am Vortag
Aufbewahren: zugedeckt im Kühlschrank
Kombinieren mit: Roquefort-Quark-Dip, Kräuter-Dip, Entenpastete

Reicht solo für 4:

1 Bund Schnittlauch
150 g gekochter Schinken
100 g Butter, 1 EL grober Senf
2 EL Sahne, 2 EL Cognac oder Brühe
1–2 TL Zitronensaft
8 Scheiben Toastbrot oder Cracker oder Gurkenscheiben

1 Schnittlauch waschen und grob hacken. Schinken in Stücke zupfen, mit Schnittlauch, Butter, Senf, Sahne und Cognac pürieren (Mixer oder Pürierstab). Mit Zitronensaft abschmecken.

2 Toast rösten, mit Creme bestreichen und achteln. Oder Creme auf Cracker oder Gurkenscheiben streichen.

So viel Zeit muss sein: 15 Minuten
Kalorien pro Portion mit Toastbrot: 400

Let's do the Wrap

Was liegt zwischen England und Japan? USA. Und was liegt zwischen Sandwich und Sushi? Genau.

Wie's gut wirkt

Denke Sonne, Wüste, weiße Wände, schweres dunkles Holz. Sehe Chilirot, Maisgelb, Limettengrün, Pazifikblau. Schicke grelle Serviette als Einladung und vergiss die Tischdecke. Lass Knoblauchzöpfe hängen, Sonnenblumen leuchten, Windlichter flackern. Fülle dicke bunte Gläser und Steingutschüsseln. Piekse Zettel an Mini-Kakteen, die sagen, was in den Schüsseln ist. Klebe Polas an die Wand, die zeigen, wie gewrappt wird. Höre fixe Gitarren – egal ob mexikanisches Kneipentrio oder Latinlover, ob ZZ Top oder Red Hot Chili Peppers. Hauptsache alle können mitsingen.

»You bloody bastard!« heißt »Du bist mein Freund.« Und wer von solchen Freunden die Wohnung voll hat, lässt diese am besten Tortillas zu Wraps rollen: verdammt gute Kreuzungen der mexikanisch-texanisch-kalifornischen Art, in denen auch Asiatisch-Mediterranes stecken kann. Weil etwas davon immer im Haus ist, sind Wraps ideal, um Spontanfeste zu verschärfen. Dazu sind sie gut fürs lockere Durcheinander, in dem Fremde schnell dicke Freunde werden und nachher kaum abgespült wird.

Was wir brauchen

Weiteres Spontanplus: Die Grundausstattung fürs Wrappen gibt's in jedem ordentlichen Haushalt – eine Pfanne und zwei Hände. Dazu noch ein paar Schüsseln und Schalen, um die Füllung parat zu haben, und Löffel zum Streichen und Streuen.

Zum Essen braucht's nur Servietten, reichlich und bunt. Damit die Edelfreunde aber nicht die Nase rümpfen, hält man noch ein paar Teller samt Besteck bereit – dezent im Hintergrund, damit der lockere Rest trotzdem die Hände nimmt.

Spätestens beim Wrappen bleibt sowieso kein Finger mehr sauber, weswegen es fein ist, Bier dazu tex-mex aus der Flasche zu trinken (mit Zitroneneck im Flaschenhals, wegen der Wüstenfliegen). Bei Wein und Tequila sieht das eher grob aus, aber zum Glück haben Weingläser Stiele und wird Tequila ex getrunken. Was noch? Einen Glaskrug fürs Limettenwasser, mit Gläsern, die auch für Mixdrinks taugen. Und die Flecken darauf? Ertragen oder russisch entsorgen: schwungvoll gegen die Wand schmeißen. He, war nur Spaß!!

Wie wir wrappen

Das ist einfach: Gastgeber macht Pfanne ohne Fett heiß, wirft Tortilla rein und röstet sie je eine halbe Minute auf jeder Seite. Ist der Gastgeber fix, kann er inzwischen schnell erklären wie es weitergeht. Besser ist es aber, wenn dafür ein Assistent bereit steht.

Ist die Tortilla heiß, kommt sie raus aus der Pfanne und mit Serviette drunter auf die Gästehand (Teller für Edelgäste). Nun kommen dünn Aufstrich drauf und ein bisschen Kräuter und Salat drüber. Rohes Gemüse, Hülsenfrüchte, Eingelegtes, Seafood, Fleisch, Käse oder Nüsse geben dem Wrap Substanz. Das wird alles nicht zu dick mit fingerbreit freiem Rand darauf verteilt, so dass es sich gut wrappen lässt, was jetzt besser auf Tisch oder Brett passiert.

Dafür gibt es zwei Arten: Entweder die Tortilla wie eine Eistüte schräg rollen. Oder professionell am unteren Rand 3 cm hochfalten, dann von der Seite her so stramm aufrollen, dass alles drinnen bleibt. Jetzt eine Serviette drumherum schlagen und wie beim Schokoriegel zubeißen. Am besten im Stehen, weil's tropfen kann und weil so der Bierflaschenschluck dazu einfach souveräner aussieht.

Damit geht's:

Auf jeden Fall: Tortillas
Zum Bestreichen: Ketchup, BBQ-Sauce, Chili-Sauce, Mayonnaise, Frischkäse, alles von Jogurt bis Crème fraîche, Guacamole (Basic cooking S. 89), Erdnussbutter, Pesto, Senf
Zum Drauf- und Drüberstreuen: Basilikum, Koriander, Schnittlauch, Petersilie gehackt; Eisberg, Romana, Rucola, Radicchio grob gehackt; Nüsse, Kerne, zerbröselte Chips, Croûtons; Reibekäse von Cheddar bis Parmesan; Eingelegtes wie Chili, Kapern, Oliven, Paprika, Sardellen, getrocknete Tomaten
Zum Füllen: feingeschnittene rohe Gemüse wie Avocado, Champignons, Möhren, Paprika, Staudensellerie, Tomaten; Dosenmais und -bohnen; Würfel von Eiern, Feta, Mozzarella; Garnelen, Dosentunfisch, Räucherfisch; Streifen von Schinken, Salami, Braten; gebratener Speck, kurzgebratene Fleischstreifen
Zum Trinken: Eiswasser mit Limettenscheiben, Fruchtmix mit und ohne Alk, helles Bier (Mexiko, USA), Power-Rotwein (Übersee, Spanien), Tequila pur oder gemixt (wer's kann), starker Kaffee
Für vorher: Sherryzwiebeln (S. 64), Käse-Spieße (S.41), Avocado-Dip (S. 44)
Für nachher: Orange in Honig (S. 150), Kokosflan (S. 147), Fruchtbällchen (S. 156)

Käseröllchen
Können süchtig machen

Vorbereiten: max. 1 Tag vorher, vor dem Fest kurz aufbacken (S. 162)
Aufbewahren: offen im Kühlschrank
Kombinieren mit: Gurken-Raita, Auberginenkaviar, Gefüllte Champignons

Reicht solo für 4 (ca. 40 Stück):
$^1/_2$ Bund Dill
1 Bund Petersilie
ein paar Blättchen Minze
1–2 eingelegte grüne Peperoni
400 g Schafkäse (Feta)
2 Eier
schwarzer Pfeffer aus der Mühle,
Paprikapulver
eventuell Salz
4–6 Blätter Yufkateig (vom türkischen Geschäft oder Filloteig vom griechischen Laden, Blätter vorsichtig rausnehmen und ein Tuch drüberdecken, Rest der Packung gleich einfrieren)
ungefähr $^1/_2$ l Öl zum Frittieren

1 Kräuter kalt abbrausen, gut trockenschütteln. Die ganz dicken Stiele abknipsen, den Rest schön fein hacken. Peperoni auch klein schneiden. Schafkäse abtropfen lassen und fein zerkrümeln. Mit den Kräutern, Peperoni und Eiern mischen, mit Pfeffer und Paprika würzen. Salz braucht man nur, wenn der Käse sehr mild ist. Und das ist er so gut wie nie.

2 Je 2 von den Teigblättern aufeinander legen und achteln. Jedes Achtel von Eck zu Eck in Dreiecke schneiden. Auf der breiteren Seite etwas von der Käsefüllung verteilen (länglich wie eine Zigarette), die beiden Ecken nach innen klappen und das Dreieck von der breiten Seite zur Spitze hin aufrollen (wie eine Zigarre).

3 Wenn alle gerollt sind, das Öl heiß machen. Zur Probe einen Holzkochlöffel reinhalten. Wenn viele kleine Bläschen dran hochsteigen, ist es heiß genug. Röllchen portionsweise (höchstens 6 auf einmal) reinlegen und 2–3 Minuten frittieren. Eine Platte doppelt mit Küchenpapier auslegen, Röllchen abtropfen lassen und auf dem Papier noch mehr abfetten.

So viel Zeit muss sein: 1 Stunde
Kalorien pro Portion: 370

Variante: Frühlingsrollen

200 g Fisch oder Garnelen (jeweils roh oder gegart), 250 g Sojasprossen und 1 Hand voll Spinat klein schneiden, mit wenig Ingwer in 1 EL Öl braten. 25 g Glasnudeln eingeweicht klein schneiden und mit 2 EL Schnittlauchröllchen, Sojasauce und 1 EL Sesamöl mischen. Frühlingsrollenteig (aus der TK-Truhe vom Asiashop) auf einer Seite damit belegen, aufrollen und in heißem Öl frittieren.

Speckröllchen
1a zu Bier und Rotwein

Vorbereiten: Am Vortag
Aufbewahren: offen und kühl
Kombinieren mit: Frischkäse-Dip, Möhrensalat mit Trauben, Brotsalat

Reicht solo für 4 (16 Stück):

1-2 getrocknete Chilischoten
2 Wacholderbeeren, 2 EL Zitronensaft
16 getrocknete Aprikosen
8–16 dünne Scheiben Frühstücksspeck
schwarzer Pfeffer aus der Mühle

1 Chilischoten mit Wacholder im Mörser zerreiben. Mit $^1/_8$ l heißem Wasser und Zitronensaft mischen, über die Aprikosen schütten. 2 Stunden einweichen.

2 Speck auf einem Brett ausbreiten, größere Scheiben halbieren. Jeweils 1 Aprikose darin einrollen, pfeffern.

3 Eine Pfanne (am besten beschichtet) warm machen. Röllchen darin rundherum ca. 5 Minuten braten. Abkühlen lassen.

So viel Zeit muss sein:
20 Minuten (ohne Einweichzeit)
Kalorien pro Portion: 310

Chinesische Krautröllchen
Echt leckel!

Vorbereiten: 2-3 Tage vorher
Aufbewahren: zugedeckt im Kühlschrank
Kombinieren mit: Misosuppe, Ingwer-Dip, Fishcakes

Reicht solo für 4 (16 Stück):

1 Weißkohlkopf (den man aber nicht ganz braucht), Salz
1 rote Paprikaschote
1 Bund Frühlingszwiebeln
2 rote Chilischoten
1 Stück frischer Ingwer
3 EL Öl
2 EL Zucker
4 EL Reisessig

1 Vom Kohl die welken Blätter abtrennen. Aus dem übrigen Kohl den Strunk wie einen Keil rausschneiden. Viel Wasser mit Salz zum Kochen bringen. Kohl reinlegen und etwa 8 Minuten kochen. Ins Sieb legen, kalt überspülen und abtropfen lassen. Ca. 16 kleine Blätter vorsichtig ablösen (oder 8 große und dann halbieren). Und dann nochmal 4.

2 Paprika und Frühlingszwiebeln waschen, putzen, in feine Streifen schneiden. Und die 4 Blätter auch. Die anderen Kohlblätter auf dem Brett ausbreiten, mit ein paar Gemüsestreifen belegen, Seiten einklappen. Fest aufrollen, Röllchen in eine Schale legen.

3 Chili waschen, in Ringe schneiden. Ingwer schälen, in Stifte schneiden. Beides mit 100 ml Wasser, Öl, Zucker, Salz und Essig aufkochen. Über die Röllchen gießen, 1–3 Tage marinieren.

So viel Zeit muss sein:
25 Minuten (+ Marinierzeit)
Kalorien pro Portion: 135

Fleischbällchen
Praktisch arabisch

Vorbereiten: max. 1 Tag vorher
Aufbewahren: zugedeckt im Kühlschrank
Kombinieren mit: Tomaten-Dip, Gurken-Raita, Kartoffel-Gemüse-Salat

Reicht solo für 4 (ca. 30 Bällchen):

1 EL Rosinen, 2 EL Pinienkerne

ein paar Zweige frische Minze

1 große Zwiebel

2–3 EL Butterschmalz

500 g Lammhackfleisch (beim Metzger vorbestellen)

1 Döschen gemahlener Safran

je 1/2 TL gemahlener Chili, Kreuzkümmel und Zimt

Salz, schwarzer Pfeffer aus der Mühle

1 Ei, 3 EL Semmelbrösel

1 Rosinen in eine Schüssel schütten, heißes Wasser drübergießen, einweichen. Pinienkerne in eine Pfanne schütten, auf den Herd stellen und unter Rühren rösten, bis sie leicht goldgelb sind. Rausschütten, hacken.

2 Minzeblättchen abspülen und trocknen, fein hacken. Zwiebel schälen und hacken, in 1 EL Butterschmalz ca. 5 Minuten dünsten.

3 Rosinen abtropfen lassen, grob hacken. Mit den zerkleinerten Zutaten, dem Hackfleisch, Gewürzen, Ei und Semmelbröseln mit den Händen gut durchkneten. Bis man spürt, dass das Ganze zusammenhält. Zu Bällchen formen.

4 Übriges Butterschmalz in einer großen Pfanne warm machen. Bällchen darin von allen Seiten schön braun braten, insgesamt ca. 8 Minuten. Abkühlen lassen.

So viel Zeit muss sein: 35 Minuten
Kalorien pro Portion: 620

Königsberger
Klöpschen!

Vorbereiten: Fleischteig und Dip am Vormittag, dann auch Klöpschen backen oder vor dem Fest
Aufbewahren: zugedeckt im Kühlschrank
Kombinieren mit: Croûtons mit Schinkencreme, Käse-Cracker, Rosa Heringssalat

Reicht solo für 4:

Für ca. 40 Klöpschen:

1 Hand voll Kerbel, 1 Zwiebel

2 in Öl eingelegte Sardellenfilets, 1 EL Öl

600 g Kalbshackfleisch, 30 g Semmelbrösel

2 EL Weinbrand, 1 TL Worcestersauce

Salz, Pfeffer aus der Mühle

Für den Dip:

100 g Mayonnaise, 200 g saure Sahne

1 EL kleine Kapern, Worcestersauce

Zitronensaft, Salz, Pfeffer aus der Mühle

1 Kerbel waschen, die dicken Stiele abknipsen, Blättchen hacken. Zwiebel schälen und würfeln, Sardellen abtropfen lassen und kleiner schneiden. Öl in der Pfanne warm machen, Zwiebel mit Sardellen drin anbraten. Kerbel dazu, kurz rühren und abkühlen lassen.

2 Ofen auf 200 Grad vorheizen (auch schon jetzt: Umluft 180 Grad), Backblech leicht ölen. Zwiebel mit den anderen Klopszutaten mischen. In der Küchenmaschine oder mit dem Pürierstab gut zerkleinern. Portionen zu einem glatten Fleischteig zerkneten, abschmecken und mit nassen Händen walnussgroße Bällchen formen. Aufs Blech damit, ca. 15 Minuten backen.

3 In der Zeit Mayonnaise und saure Sahne verrühren, Kapern untermischen, mit Worcestersauce, Zitronensaft, Salz und Pfeffer abschmecken.

4 Bällchen abkühlen lassen, auf einen Teller legen. Zahnstocher dazustellen, damit sich jeder damit Bällchen nehmen und in die Sauce stippen kann.

So viel Zeit muss sein: 1 Stunde
Kalorien pro Portion: 340

Fishcakes
Thai-Trend

Vorbereiten: morgens frittieren, vorm Fest aufbacken (S. 162)
Aufbewahren: zugedeckt und kühl
Kombinieren mit: Lauch-Tofu-Salat mit Erdnussdressing, Möhrensalat mit Trauben, Ingwer-Dip

Reicht solo für 4–6 (ca. 45 Bällchen):

1 kg Fischfilet, Salz, 250 g grüne Bohnen

1 Stange Zitronengras

$^1/_2$ Bund Koriander

3 EL Currypaste (Asienshop), 1 Ei

2 TL brauner Zucker, 100 g Mehl

$^1/_2$ l Öl zum Frittieren

1 Fischfilet in 50 ml Salzwasser zugedeckt bei mittlerer Hitze ungefähr 5 Minuten garen, abtropfen und abkühlen lassen. Bohnen waschen, putzen, in Salzwasser 5 Minuten kochen. Abschrecken, abtropfen lassen.

2 Bohnen fein hacken. Zitronengras waschen, die untere Hälfte fein hacken. Koriander abzupfen, klein schneiden. Fisch mit der Gabel sehr fein zerdrücken, Currypaste, Bohnen, Zitronengras, Koriander, Ei, Zucker, Mehl und Salz dazurühren. 1 Stunde kalt stellen.

3 Aus der Masse kleine Bällchen formen, leicht flach drücken. Öl heiß werden lassen. Fishcakes darin nach und nach in jeweils 4 Minuten goldgelb frittieren. Abtropfen und abfetten lassen.

So viel Zeit muss sein: 1 Stunde (+ Kühlzeit)
Kalorien pro Portion (bei 6): 290

Falafel
So einfach, so gut

Vorbereiten: max. 1–2 Tage vorher
Aufbewahren: auf einem Teller im Kühlschrank, vor dem Fest aufbacken (S. 162)
Kombinieren mit: Avocado-Dip, Truthahn mit Cajun-Salsa, Tamarinden-Hähnchen

Reicht solo für 4:

Für ca. 40 Bällchen:

250 g getrocknete Kichererbsen

1 Zwiebel

1 Knoblauchzehe

$^1/_2$ Bund Petersilie

je $^1/_2$ TL gemahlener Koriander, Paprikapulver und Kreuzkümmel

1 EL Zitronensaft, Salz

ca. 1 l Öl zum Frittieren

Für die Sauce:

1 EL Weintrauben (am besten blaue)

300 g Jogurt

1 EL Zitronensaft, 1 EL Sesampaste

Salz, Harissa nach Geschmack (wir finden 1 TL ziemlich passend)

1 Kichererbsen in eine Schüssel schütten, Wasser drübergießen, über Nacht einweichen.

2 Am nächsten Tag Zwiebel und Knoblauch schälen und grob hacken, Petersilie waschen, dicke Stiele abknipsen. Kichererbsen abtropfen lassen und mit den zerkleinerten Zutaten im Mixer so fein wie möglich pürieren. Mit den Gewürzen, Zitronensaft und Salz abschmecken und zu Bällchen formen – mehr drücken als rollen.

3 Öl erhitzen, Bällchen darin bei mittlerer Hitze nach und nach jeweils 4–5 Minuten frittieren. Gut abtropfen und auf Küchenpapier abfetten lassen.

4 Für die Sauce die Trauben waschen und ganz klein würfeln, die Kerne dabei rausspulen. Jogurt mit Zitronensaft und Sesam verrühren, Trauben dazu und mit Salz und Harissa abschmecken. Falafel in die Sauce tunken.

So viel Zeit muss sein:
40 Minuten (+ Einweichzeit)
Kalorien pro Portion: 340

Gabel

Wer gabelt und die Stäbchen führt, muss einfach Kultur haben ...

food

Wer gabelt, hat Kultur. Als die Germanen ihre Schweinshaxen noch mit den Händen aus dem Feuer holten, hatten die Griechen und Römer dem Bratspieß schon Zinken verpasst, mit denen sich Fische aus Töpfen und Auberginen von der Platte holen ließen. In den Mund steckte die Gabel zuerst der europäische Adel - was die Kirche nicht gut fand, weil der Dreizack für sie Teufelszeug war. (Und psssst: Die Franzosen haben das Essen mit der Gabel zwar hoffähig gemacht. Aber erst nachdem sie es von den Italienern gelernt hatten.)

Wer nicht mehr fingert, noch nicht schneidet, nur schlicht gabelt, der wirkt wie ein eleganter Degenfechter unter Faustkämpfern und Schwertschwingern. Scheint wie jemand, der nur von feinen Fischcocktails und französischer Kaninchenpastete lebt, aber auch Nudelsalat nascht, wenn der exotisch genug ist. Tritt auf wie jemand, der beim Wokken selbst das Stäbchen zu führen weiß. Ist wie jemand, der nie »Gabelfood« sagen würde. Auch wenn er tatsächlich ganz anders ist. Weil wer gabelt, muss einfach Kultur haben.

Zum Aufgabeln gut

Mag man es noch? Mochte man es mal? Mochte man es überhaupt mal nicht? Vor allem: Wer hat`s noch nie gemacht? Ok, für alle, die sich noch immer fragen, was mit dem Chemiebaukasten vom Vormieter unter der Spüle ist – das ist ein Fondueset. Zum Kochen, für Gäste. Das, was wie ein Bunsenbrenner aussieht, wird mit ein wenig Brennspiritus gefüllt und angezündet. Der Schmelztiegel kommt obendrauf und wird zu drei Vierteln gefüllt, was meist 1 1/2 bis 2 Liter sind.

Beim BrühFondue wird eine Brühe aufgekocht und über der Flamme am Simmern gehalten. Darin wird Fleisch, Fisch oder Gemüse gegart (Feuertopf-Fondue, Basic Cooking, S. 78).
Beim FettFondue kommt festes Frittierfett oder flüssiges Pflanzenöl in den Topf, in dem vor allem zartes Fleisch von Lamm, Ente, Rind, aber auch Fisch und Gemüse (meist im Teig) in 1–2 cm dicken Stücken frittiert werden. Fett auf dem Herd erhitzen. Zum Test Holzlöffelstiel reinstecken: Steigen gleich Bläschen wie im Sektglas auf, hat's die richtige Temperatur. Raucht es, ist es zu heiß. Wie lange ein Stück braucht, bis es rosa oder durchgebraten ist, findet man am besten selbst raus – ist ja genug zum Experimentieren da.
Bei beiden Fondues geschieht die eigentliche chemische Reaktion erst dann, wenn sich das aus dem Topf mit dem auf dem Teller im Mund verbindet. Wenn also das Lammfilet mit der fruchtigen Sauce Phil auf die Zunge kommt. Das muss einfach schmecken – schon der ganzen Arbeit wegen. (Wer das KäseFondue vermisst: S. 87)

Drink des Tages

Kwass

Wenn es in Russland mal richtig heiß wird, gibt es Kwass. Schön. Nur was ist Kwass? Bier aus Brot. Etwas süß, etwas hefig, etwas spritzig, etwas spritig. Und ziemlich belebend. Zu ungenau? Dann macht`s doch selber. So gibt's 4 Liter für 8-12 Leute:

250 g Schwarzbrotscheiben im 150 Grad heißen Ofen 45 Minuten trocknen lassen, ohne dass sie dunkler werden. In Stücke brechen und 5 Minuten in 4 Litern Wasser kochen. Vom Herd ziehen und mit einem Tuch drüber 4 Stunden stehen lassen.
10 g zerbröckelte Hefe mit 1/4 TL Zucker und 2 EL lauwarmem Wasser verrühren. 15 Minuten gären lassen. Brotwasser durch ein Sieb gießen, Brot ausdrücken. Schale von 1/2 unbehandelten Zitrone dünn abschälen und mit Hefelösung, 1 Zweig Minze und 120 g Zucker ins Brotwasser rühren. Tuch drüber, 8 Stunden stehen lassen.
Tuch ins Sieb geben, den Ansatz durchgießen. In heiß ausgespülte Flaschen füllen, in denen je 1 Minzeblatt, 1 Stück Zitronenschale und 5 Sultaninen stecken. Korken drauf und für 1–2 Tage in die kühle dunkle Ecke stellen, nicht in den Kühlschrank. Sind die Rosinen hochgestiegen, Kwass nochmal durchs Tuch gießen, dann wieder in die ausgespülten Flaschen und ins Eck damit.
Innerhalb von einer Woche trinken, vor dem Öffnen gut kühlen. Oder zwei bis drei Wochen im Kühlschrank aufheben.

small talk

»Wie geht's«

Weltweit übliche Frage, die nach oder anstatt der Begrüßung gestellt wird und auf die erstmal im Sinne von »Danke, gut, und selbst?« geantwortet werden sollte. Es ist nämlich so, dass jede intelligenter bis intimer gemeinte Antwort einen am Ende nur zum eingebildeten Dummkopf macht, der selbst die simpelsten Aufwärmrituale nicht kapiert. Und wer will schon mit so jemandem ein intelligentes bis intimes Gespräch riskieren?

Englisch	How are you?
Französisch	Ça va?
Italienisch	Come va?
Spanisch	¿Cómo está?
Holländisch	Hoe gaat het ermee?
Norwegisch	Hvordan har du det?
Schwedisch	Hur star det till?
Ungarisch	Hogy vagy?
Polnisch	Jak sie masz?
Slowenisch	Kakosi?
Finnisch	Mitä Kuuluu?
Hessisch	Ei gude wie? (Na, guten Tag, wie geht's?)
Bitte nicht	Alles klar?

S.O.S.

»Hilfe, ich hab das Essen vergessen!«

Immer wenn ich Leute einlade, kriege ich vor lauter Lampenfieber nichts geregelt. Klingelt's dann, ist der Wein noch warm, die Suppe noch roh und der Nachtisch noch im Laden. Auch wenn ich mich andauernd tausendmal entschuldige, so richtig gut wird es erst beim Kaffee. Warum nicht eher?
Patrick aus Nieder Mörlen

Tante Ilse rät:

Stell dir vor, du gehst essen. Kellner sagt gleich, dass heute alles schief geht. Erzählt, dass Koch was Tolles gemacht hat, das aber nicht auf der Karte steht und sowieso gerade in die Spüle gefallen ist. Kaffee ohne Milch? Milch ist leider alle. Unvergesslich. Oder? Und jetzt rate, was Freunde denken, wenn du einlädst. »Tu uns das nicht an«? Warum kommen sie dann? Sind wohl so nett wie du. Weswegen sie eher fragen: »Warum tut er sich's an?« Und nix ist für Gäste unangenehmer als zur Last zu fallen. Drum tue das:

1. Schreib's auf. Menü, Einkaufszettel, Zeitplan. Sei sparsam mit Punkten, sonst vergisst du dich darin. Notiere nach jedem Fest fürs nächste, was schiefgelaufen ist.
2. Suche Hilfe. Lass einen begabten Gast eher kommen, und wenn er nur gut im Erinnern ist. Lass einen Vertrauensgast anrufen, bevor er zu dir startet, damit er Vergessenes mitbringt.
3. Lass los. Wenn dir kurz vor Start einfällt, dass du Eisbombe machen wolltest, lass es. Schau lieber, dass der Rest stimmt, also auch du.
4. Sei findig. Mach den Salat zur Vorspeise, wenn der Braten noch Zeit braucht.
5. Mach's dir einfach. Koch nur Coq au Vin, und das am Vortag. Dann hast du schon Wein und musst ihn nicht mal kühlen.
6. Geht trotzdem was schief, mach kein Theater. Entschuldige dich einmal richtig. Geht's immer schief? Dann lade ins Lokal. Oder lass es mit dem Einladen. Freut Freunde manchmal mehr als alles andere.

5 mal was zum Fondue

»Das Schöne am Fondue ist, dass man so wenig Arbeit hat.« Ach ja, liebe Gäste? Und dass ich den ganzen Tag Fleisch geschnibbelt, Gemüse gehäckselt und Saucen gerührt habe, das ist nix? »Na ja, dafür tun wir jetzt was. Und Saucen gibt's fertig.« Mögt ihr die? »Nun ja, nein. Aber die hier. Gehen auch schnell.« Und sind für vier:

Sauce Phil

1 Knoblauchzehe und 1 Stück Ingwer (3 cm) schälen und hacken. Mango schälen und das Fruchtfleisch würfeln. Das alles mit 250 g Tomaten-Ketchup, 1 Tässchen Espresso, 1 EL Honig und 1 EL Aceto balsamico pürieren. Gut zu allem aus dem FettFondue.

Sauce Carlita

2 Scheiben Toast ohne Rinde würfeln. 1 Orange auspressen und mit dem Toast mischen. Das alles mit 250 g leichter Mayonnaise, 50 g gemahlenen Mandeln und 2 EL trockenem Sherry mischen. Gut zu Gemüse, Fisch und Geflügel aus Brühe und Öl.

Sauce Pierre

1 Frühlingszwiebel in Ringe schneiden, in 2 EL Butter andünsten. 150 g TK-Erbsen und 1/8 l Gemüsebrühe dazu und 5 Minuten kochen lassen. 5 EL Crème fraiche, 1–2 EL scharfen Senf, 1/2 TL Worcestersauce und 1 Spritzer Zitronensaft reinrühren. Abkühlen lassen und pürieren. Gut zu Fisch, Kalb- und Geflügel aus dem BrühFondue.

Sauce Madame Ho

150 g Sesam anrösten. Mit 80 ml Sojasauce, 6 EL Reisessig und 4 EL Brühe ablöschen. 1 EL braunen Zucker mitköcheln lassen, bis er gelöst ist. Abkühlen lassen. Gut zu allem aus dem BrühFondue.

Sauce Miss Ho

100 ml Sherryessig mit 120 g Zucker verkochen. 150 g Sultaninen darin kurz kochen und abkühlen lassen. Mit 2 geschälten Knoblauchzehen, 2 entkernten Chilischoten sowie der abgeriebenen Schale und dem Saft von 1 Limette pürieren. Gut zu Gemüse, Fleisch und Geflügel aus dem FettFondue.

Marinierte Gemüse
Trendy Tapas

Vorbereiten: max. 2 Tage vorher
Aufbewahren: mit Folie bedeckt im Kühlschrank
Kombinieren mit: passt zu allem

Reichen jeweils solo für 4:

Für die Sherryzwiebeln:

400 g Zwiebeln oder Schalotten (je kleiner desto besser)

2 EL Olivenöl

100 ml trockener Sherry

50 ml Sherryessig (oder Weißweinessig)

1 getrocknete Chilischote, Salz, 1 TL Zucker

Für die Zucchini:

2–3 Zucchini (etwa 400 g)

5 EL Olivenöl

Salz, schwarzer Pfeffer aus der Mühle

$^1/_2$ Bund frischer Thymian

$^1/_2$ unbehandelte Zitrone

2 Knoblauchzehen

eventuell Kapern zum Bestreuen

Für die Paprika:

je 1 große oder 2 kleine rote und gelbe Paprikaschoten

4 größere rote Chilischoten

1 EL Zitronensaft

2 EL Olivenöl

Salz, $^1/_2$ Bund Petersilie

1 Die Zwiebeln: gut schälen und in einem Topf im Öl anbraten. Sherry und Sherryessig dazu, Chilischote zerkrümeln und untermischen. $^1/_8$ l Wasser, Salz und Zucker dazu, 20 Minuten köcheln lassen. Im Sud abkühlen lassen.

2 Die Zucchini: Ofen auf 240 Grad stellen (auch schon jetzt: Umluft 220 Grad). Zucchini waschen und putzen, der Länge nach in etwa $^1/_2$ cm dicke Scheiben schneiden, nochmal teilen. Backblech mit 2 EL Öl ausstreichen, Zucchini drauf, salzen und pfeffern.

3 Thymian waschen, abstreifen und auf die Zucchini streuen. 2 EL Öl drüberträufeln. Zucchini in den Ofen (Mitte) schieben und ca. 10 Minuten backen, bis sie gebräunt sind. Dabei einmal umdrehen.

4 In der Zeit Zitrone heiß waschen, Schale fein abreiben, Saft auspressen. Knoblauch schälen und fein hacken. Zucchini in eine Schüssel umfüllen. Knoblauch auf dem Backblech mit dem Backsud mischen, Zitronensaft, Schale und übriges Öl dazu, auf die Zucchini gießen. Mindestens 4 Stunden marinieren. Wer mag, streut noch Kapern drüber.

5 Die Paprika: Hitze vom Ofen gleich noch ausnutzen. Paprika und Chili waschen, die Paprika halbieren und das Innere rauszupfen. Chili und Paprika auf ein Backblech legen. Im heißen Ofen ca. 20 Minuten backen, bis die Haut braun wird. Kurz abkühlen lassen, Haut abziehen.

6 Paprika in Streifen schneiden, Chili in 1 cm lange Stücke. Beides mit Zitronensaft, Öl und Salz mischen, 4 Stunden ziehen lassen. Vor dem Fest Petersilie waschen, fein hacken und drüberstreuen.

So viel Zeit muss sein: 20 Minuten vorbereiten (+ 20 Minuten köcheln lassen) für die Zwiebeln, 20 Minuten für die Zucchini, 35 Minuten für die Paprika
Kalorien pro Portion Sherryzwiebeln: 130, Zucchini: 130, Paprika: 55

Oktopussalat
Schmeckt nach Mittelmeer

Vorbereiten: am Vortag
Aufbewahren: in der Schüssel mit einem Teller bedeckt im Kühlschrank
Kombinieren mit: Griechische Kartoffelcreme, Nudelsalat mit Radicchio, Auberginenkaviar

Reicht solo für 4:

1 kleinerer Oktopus (etwa 500 g)
4 Rotweinkorken
2 Knoblauchzehen, 1 Bund Petersilie
2 EL Zitronensaft, 5 EL gutes Olivenöl
Salz, schwarzer Pfeffer aus der Mühle

1 Oktopus ganz gut kalt waschen, in einen Topf legen, Wasser draufschütten. Korken rein (die Gerbstoffe machen den Oktopus schön zart), erhitzen. Oktopus bei halb aufgelegtem Deckel (Kochlöffel dazwischen klemmen) ungefähr 30 Minuten köcheln lassen. Mit dem Messer einstechen, er muss weich wie Butter sein. Im Wasser abkühlen.

2 Knoblauch schälen und fein hacken. Petersilie waschen, trockenschütteln und auch fein hacken. Beides mit Zitronensaft und Olivenöl verrühren.

3 Oktopus aus dem Wasser heben, in 1 cm breite Stücke schneiden, mit der Marinade, Salz und Pfeffer mischen, mindestens 4 Stunden marinieren.

So viel Zeit muss sein:
40 Minuten (+ 4 Std. Marinierzeit)
Kalorien pro Portion: 220

Schinken-Carpaccio
Es muss nicht immer Rindfleisch sein

Vorbereiten: Vinaigrette 1–2 Stunden vorher rühren, frisch auf den Schinken verteilen
Aufbewahren: kurz im Kühlschrank
Kombinieren mit: Tortillawürfel, Gefüllte Tomaten, Champignoncreme

Reicht solo für 4:

1 Stück Honigmelone (etwa 200 g)
$^1/_2$ unbehandelte Zitrone
1 TL grüne Pfefferkörner, Salz
$^1/_2$ Bund Rucola
1 EL Pinienkerne
4–8 Scheiben roh geräucherter Schinken
2 EL gutes Olivenöl

1 Melone schälen, Kerne rauslöffeln, Melone ganz klein würfeln. Zitronenschale abreiben, Saft auspressen. Pfefferkörner grob hacken. Melone mit Pfeffer, Zitronenschale und 2–3 TL Saft mischen, leicht salzen.

2 Rucola waschen, trockenschwenken, Stiele abknipsen. Pinienkerne ohne Fett rösten.

3 Fettrand vom Schinken abschneiden. Schinken in gabelgerechte Stücke schneiden, mit dem Rucola auf kleine Teller legen. Melonenwürfel drauf, Pinienkerne auch. Olivenöl drüberträufeln.

So viel Zeit muss sein: 20 Minuten
Kalorien pro Portion: 205

Auberginen-kaviar
Fruchtig und frisch

Vorbereiten: max. 3 Tage vorher
Aufbewahren: zugedeckt im Kühlschrank
Kombinieren mit: Hähnchen-Saltimbocca, Griechische Kartoffelcreme, Gefüllte Tomaten

Reicht solo für 4:

2 mittelgroße Auberginen (ca. 500 g)

2–3 Zwiebeln, 2 Knoblauchzehen

je 1 kleine rote und gelbe Paprikaschote

2 Tomaten, 4 EL Olivenöl

1 EL Zitronensaft

1 Prise Zucker

Salz, schwarzer Pfeffer aus der Mühle

Petersilienblättchen zum Drüberstreuen

1 Erst mal den Ofen auf 230 Grad schalten (auch schon jetzt: Umluft 210 Grad). Die Auberginen aufs Blech legen und in den Ofen schieben. Ungefähr 30 Minuten drinlassen, bis sie weich sind.

2 In der Zeit schon mal Zwiebeln und Knoblauch schälen, Zwiebeln fein hacken. Paprika waschen, Deckel abschneiden und innen alles rauszupfen. Schoten würfeln.

3 Aus den Tomaten den Stielansatz rausschneiden, Tomaten mit kochendem Wasser begießen und kurz stehen lassen. Abgießen und die Haut abziehen. Tomaten klein würfeln.

4 2 EL Öl in der großen Pfanne warm werden lassen. Zwiebeln reinschütten und kurz anbraten, Paprika dazu, ca. 5 Minuten andünsten, immer wieder durchrühren. Knoblauch reinpressen.

5 Die Auberginen der Länge nach durchschneiden. Das weiche Fleisch mit dem Löffel von den Schalen abschaben und mit der Gabel zerdrücken. Mit den Tomaten und dem übrigen Öl zu den Paprika geben.

6 Hitze klein stellen, Deckel drauf und den Gemüsebrei ungefähr 1 Stunde garen. Immer mal wieder durchrühren. Wenn der Brei zum Schluss noch feucht ist, kurz offen weitergaren. Auberginenbrei mit Zitronensaft, Zucker, Salz und Pfeffer würzen, in eine Schüssel füllen, abdecken und mindestens 1 Tag kühl stellen. Mit Petersilienblättchen bestreuen.

So viel Zeit muss sein: 40 Minuten
(+ 1 Stunde Garzeit + 1 Tag Kühlzeit)
Das passt dazu: frisches Fladenbrot, Hühnerfleisch, Lamm
Kalorien pro Portion: 125

Marinierte Heringe
Mal asiatisch

Vorbereiten: max. 3–4 Tage vorher
Aufbewahren: zugedeckt im Kühlschrank
Kombinieren mit: Tamgago maki, Gefüllte Eier, Chinesische Krautröllchen

Reicht solo für 4:

500 g frische Heringe

1 Stück frischer Ingwer (etwa 4 cm lang)

4 Knoblauchzehen

1–2 getrocknete Chilischoten

1 Bund Frühlingszwiebeln

2 EL Öl, $^1/_4$ l Reisessig, 6 EL Sojasauce

1 Heringe waschen, Köpfe und Schwänze abschneiden. Heringe am Bauch aufschneiden und aufklappen. Die Mittelgräte mit der Messerspitze ablösen und abziehen.

2 Ingwer und Knoblauch schälen, in Scheiben schneiden. Chilischoten leicht andrücken. Wurzelbüschel von den Frühlingszwiebeln abschneiden. Zwiebeln waschen und alle knackigen Teile in Ringe schneiden.

3 Öl erhitzen, Heringe darin von beiden Seiten insgesamt ca. 8 Minuten braten – bei mittlerer Hitze. In eine flache Schale legen.

4 Knoblauch, Ingwer und Chili ins Öl geben, kurz anbraten. Essig, 1/8 l Wasser und Sojasauce reingießen. Kurz köcheln lassen, Frühlingszwiebeln untermischen, über die Heringe gießen. 4 Stunden marinieren.

So viel Zeit muss sein: 40 Minuten
(+ 4 Stunden zum Durchziehen)
Kalorien pro Portion: 270

Truthahn mit Cajun-Salsa
Feuriges für Faule

Vorbereiten: max. 1 Tag vorher
Aufbewahren: zugedeckt im Kühlschrank
Kombinieren mit: Marinierte Gemüse, Tortillawürfel, Roquefort-Quark-Dip

Reicht solo für 4:

3 Stangen Sellerie, 1 rote Paprikaschote
1 weiße Zwiebel, 1 Bund Petersilie
4 Zweige frischer Thymian oder 1/2 TL getrockneter
100 g Nordseekrabben (gepult!)
1 EL scharfer Senf, 1 EL heller Obstessig
Worcestersauce, Tabasco, Salz
400 g geräucherte Truthahnbrust (dünne Scheiben), 200 g saure Sahne

1 Gemüse waschen. Sellerie putzen und längs in dünne Streifen, dann in Würfel schneiden. Paprika klein würfeln. Zwiebel schälen und sehr fein hacken. Petersilie und Thymian waschen, zupfen und hacken.

2 Alle geschnittenen Zutaten mit Krabben, Senf und Essig verrühren und mit Worcester, Tabasco und Salz abschmecken. Cajun-Salsa 1 Stunde kühl stellen – mindestens.

3 Truthahnbrust zu Röllchen formen. Salsa und saure Sahne daneben stellen. Oder auf kleinen Tellern gleich zusammen anrichten.

So viel Zeit muss sein:
30 Minuten (+ 1 Stunde zum Durchziehen)
Kalorien pro Portion: 320

Tamgago maki
Eierröllchen aus Japan

Vorbereiten: 2 Tage vorher
Aufbewahren: in Folie im Kühlschrank
Kombinieren mit: Garnelen-Dip, Tamarinden-Hähnchen, Chinesische Krautröllchen

Reicht solo für 4:

500 g frischer Spinat, 3 EL Sojasauce
1–2 EL Reiswein oder Sherry
4 Eier, 1 EL Zucker, 3 EL Fischfond
2–3 EL Öl zum Braten

1 Im großen Topf reichlich Wasser heiß machen. Spinat gründlich waschen, alle welken Blätter aussortieren und ganz dicke und lange Stiele abknipsen. Spinat ins kochende Wasser werfen, 1 Minute kochen lassen. In ein Sieb schütten, kalt abbrausen und abkühlen lassen. Sehr gut auspressen und mit 1 EL Sojasauce und nach Geschmack auch 1 EL Reiswein mischen.

2 Eier mit restlicher Sojasauce, Zucker, Fischfond und 1 EL Reiswein verrühren, aber nicht schaumig schlagen. Eine Pfanne heiß werden lassen, wenig Öl drin verteilen. 1/4 von der Eiermasse reinschütten und bei mittlerer Hitze stocken lassen. Die Eiermasse soll oben noch leicht feucht sein. Wenn das so ist, Eier aus der Pfanne auf ein Brett rutschen lassen. Den Rest der Eiermasse in 3 Portionen auch so braten.

3 Spinathäufchen in 4 Portionen teilen und jeweils als längliche Rolle auf die obere Hälfte der Omeletts legen. Aufrollen, in Frischhaltefolie wickeln und ganz kühl werden lassen. In Stücke schneiden und mit Sojasauce aufs Buffet stellen.

So viel Zeit muss sein:
30 Minuten (+ Abkühlzeit)
Kalorien pro Portion: 175

Kartoffelterrine mit Ziegenkäse
Kombi für Kenner

Vorbereiten: 1–2 Tage vorher
Aufbewahren: zugedeckt im Kühlschrank
Kombinieren mit: Tomatensuppe, Kräuter-Relish, Roggenbrot mit Pilzkaviar

Lohnt nur für 8:

500 g Kartoffeln (mehlig kochende Sorte)
150 g Pinienkerne
1 Bund Basilikum
150 g Ziegenfrischkäse
50 g frisch geriebener Parmesan
50 g weiche Butter
200 g Sahne
Salz, weißer Pfeffer aus der Mühle
1 gehäufter TL Agar-Agar
Butter für die Form

1 Kartoffeln waschen und in einen Topf legen. So viel Wasser reinschütten, dass sie zur Hälfte darin liegen, Deckel drauf und weich kochen. Dauert ungefähr 25 Minuten.

2 Zeit genug, um die Pinienkerne anzurösten. Ohne Fett bei mittlerer Hitze unter Rühren. Ein Drittel davon fein reiben. Basilikum abzupfen und fein schneiden.

3 Ziegenkäse mit Parmesan und Butter verkneten. Kartoffeln abgießen, gleich schälen und zerstampfen – mit dem Kartoffelstampfer oder mit einer Gabel.

4 100 g Sahne steif schlagen. Kartoffeln mit Käsemasse, geriebenen Pinienkernen und Basilikum verrühren, mit Salz und Pfeffer gut würzen. Geschlagene Sahne unterziehen. Restliche Sahne mit Agar-Agar verrühren und 1–2 Minuten kochen. Unter die Kartoffel-Käse-Masse rühren. Eine möglichst längliche und schlanke Terrinenform (1 l Inhalt) buttern, die Pinienkerne reinstreuen und gut verteilen. Kartoffelmasse einfüllen. Mindestens 2 Stunden kühl stellen, dann mit einem Messer vorsichtig vom Rand der Form lösen, stürzen und in dünne Scheiben schneiden.

So viel Zeit muss sein: 1 Stunde (+ Kühlzeit)
Kalorien pro Portion: 365

Fischterrine mit Krabben
Star auf dem Buffet

Vorbereiten: 1–2 Tage vorher
Aufbewahren: zugedeckt im Kühlschrank
Kombinieren mit: Kräuter-Relish, Blumenkohlsalat mit Kapern, Marinierte Gemüse

Lohnt nur für 8:

600 g Fischfilet (Zander, Forelle, Lachs oder Hecht)
1 EL Zitronensaft
1 EL Grappa
Salz, weißer Pfeffer aus der Mühle
200 g Sahne
200 g Nordseekrabben (gepult!)
1 EL Butter für die Form, 1 Bund Dill

1 Fischfilet ganz fein würfeln. Mit Zitronensaft, Grappa, 2 TL Salz und Pfeffer mischen und 20 Minuten ins Gefrierfach stellen.

2 Dann mit dem Pürierstab oder in der Küchenmaschine fein pürieren, Sahne dabei nach und nach dazugießen. In eine Schüssel füllen, nochmal mit Salz und Pfeffer würzen und die Krabben unterziehen.

3 Den Ofen auf 150 Grad einschalten (Umluft 130 Grad). Eine möglichst längliche und schlanke Terrinen- oder Auflaufform (1 l Inhalt) sehr gut buttern. Dill waschen, trockenschwenken, in die Terrinenform legen. Fischmasse nach und nach vorsichtig in die Form streichen. Mit Alufolie verschließen.

4 Form in eine feuerfeste Form stellen, bis zur Hälfte der Höhe (der Terrinenform) warmes Wasser reinschütten. Form in den Ofen (unten) stellen und ungefähr 50 Minuten darin lassen. Form aus dem Wasser heben, abkühlen lassen. Dann die Terrine im Kühlschrank 1–2 Tage verstauen. Und vor dem Fest vorsichtig stürzen und in Scheiben schneiden. Falls sich Flüssigkeit gebildet hat, diese vorher vorsichtig abgießen. Wenn die Scheiben groß sind, auch nochmal durchschneiden, damit man sie auch gabeln kann.

So viel Zeit muss sein: gut 1 1/2 Stunden, davon 30 Minuten zu tun. Und Kühlzeit nicht vergessen!
Kalorien pro Portion: 215

Entenpastete
Feines für Leute, die sich gern Zeit nehmen

Vorbereiten: 2–3 Tage vorher, nach dem Backen aus der Form nehmen
Aufbewahren: zugedeckt im Kühlschrank
Kombinieren mit: frische Salate

Lohnt nur für 14:

150 g Butter, 350 g Mehl, 1 Eiweiß, Salz

1 Ente (etwa 2,2 kg), 250 g Hähnchenbrustfilets, 1 EL gemahlener Koriander

1 EL schwarzer Pfeffer aus der Mühle

3 EL Calvados, 1/2 Bund frischer Thymian

2 Eier, 200 g Sahne, 2 EL gehackte Pistazien

Zum Bestreichen: 1 Eigelb, 1 EL Milch

1 Zuerst geht's um den Teig: Butter in kleine Stücke schneiden und mit Mehl, Eiweiß und 1 TL Salz in eine Schüssel schütten. 6–8 EL kaltes Wasser dazu und alles mit den Knethaken oder mit den Händen durchkneten, bis ein glatter Teig in der Schüssel liegt. 1 Stunde kühlen oder auch länger.

2 Die Ente in Stücke schneiden, von jedem Stück die Haut mehr abritzen als schneiden. 1 Brustfilet vom Knochen schneiden, würfeln und beiseite legen. Das übrige Fleisch auch so gut wie möglich ablösen und ganz klein hacken. Hähnchen auch. Das zerkleinerte Fleisch mit Koriander, Pfeffer und Calvados mischen und 30 Minuten ins Gefrierfach stellen.

3 Dann in der Küchenmaschine oder mit dem Pürierstab pürieren. Thymian waschen, Blättchen abstreifen, mit Eiern, Sahne und Pistazien unterrühren, Brustwürfel auch untermischen und alles mit ca. 2 TL Salz gut abschmecken. Kühl stellen.

4 Jetzt braucht man eine Pasteten- oder Kastenform (30 cm). Und die muss mit Teig ausgekleidet werden. Teig also knapp 1/2 cm dick ausrollen und Stücke ausschneiden – als Schablone dient die Form. Deckel nicht vergessen. Unterteil und Seiten in die Form legen. Füllung nach und nach drin verstreichen. Immer mal wieder auf den Tisch klopfen, damit die Luft rausflutscht. Zum Schluss ein paar Löcher in den Deckel schneiden, aufsetzen. Aus den Resten Verzierungen formen und auf die Pastete legen.

5 Backofen auf 230 Grad einstellen (Umluft auch schon jetzt: 210 Grad). Pastete in der Mitte einschieben, 20 Minuten backen. Dann mit Eigelb und Milch bepinseln, auf 180 (160) Grad zurück schalten und nochmal ca. 35 Minuten backen. Garprobe machen: Mit einer langen Nadel durch ein Deckelloch stechen. Warten, bis Saft ausläuft. Und der muss klar sein. Pastete in der Form abkühlen lassen.

So viel Zeit muss sein:
2 1/2 Stunden aktiv (+ 55 Minuten Backzeit)
Kalorien pro Portion: 530

Tamarinden-Hähnchen

Lust auf Frucht und Würze?

Vorbereiten: Hähnchen max. 1–2 Tage vorher, Salat frisch machen
Aufbewahren: zugedeckt im Kühlschrank
Kombinieren mit: Tomaten-Dip, Indischer Kartoffelsalat, Colombo

Reicht solo für 4:

1 EL Tamarindenmark (aus dem Glas) oder fertige Tamarindenpaste
4 Knoblauchzehen
1 Stück frischer Ingwer (etwa 2 cm lang)
1–2 TL Sambal oelek
1 TL gemahlener Kreuzkümmel
Salz
4 Hähnchenbrustfilets
2 EL Öl
1 Mango
1 kleine Gurke
1 Tomate
3 EL Zitronensaft
5 EL Kokosmilch (aus der Dose oder dem Tetrapack)

1 Tamarindenmark in eine Schüssel legen, 100 ml heißes Wasser drübergießen. Kurz weich werden lassen. Oder die Paste mit 50 ml Wasser verrühren.

2 Knoblauch und Ingwer schälen und in eine andere Schüssel pressen. Sambal und Kreuzkümmel dazugeben. Tamarindenmark im Einweichwasser verrühren, durch ein Sieb streichen und zur Knoblauchmischung geben. Salzen. Hähnchenbrustfilets mit der Marinade mischen und mindestens 2 Stunden marinieren. Ab und und zu umdrehen.

3 Dann aus der Marinade nehmen. Öl in einer Pfanne erhitzen, Hähnchenbrustfilets reinlegen und bei mittlerer Hitze ca. 5 Minuten pro Seite braten. Marinade drangießen und einkochen lassen. Filets dabei immer wieder wenden. Abkühlen lassen.

4 Mango schälen, Fruchtfleisch vom Kern abschneiden und in dünne Schnitze schneiden. Gurke schälen, längs halbieren, Kerne mit einem Löffel rauskratzen. Gurke in Scheiben schneiden. Tomate waschen und würfeln. Hühnerfleisch in dünne Scheiben schneiden. Zitronensaft mit Kokosmilch verrühren, mit Salz würzen. Alle Salatzutaten mit der Sauce mischen. Eventuell noch leicht nachschärfen. Portionsweise in Gläser füllen.

So viel Zeit muss sein:
40 Minuten (ohne die Marinierzeit)
Kalorien pro Portion: 310

Variante: Puten-Grapefruit-Salat

500 g Putenfleisch in Geflügelfond bei schwacher Hitze zugedeckt etwa 20 Minuten garen. Abkühlen lassen und in Würfel schneiden. 1 rosa Grapefruit schälen, filetieren und auch in Würfel schneiden. 1 kleine Dose Ananasstücke abtropfen lassen. 2 EL Ananassaft mit 150 g Jogurt und 1–2 TL Currypulver verrühren, salzen. Alle Salatzutaten mischen, Dressing unterziehen. Gläser mit Eichblatt-, Eisberg- oder Friséesalat auskleiden, Putencocktail einfüllen.

Käsecocktail
Manche nennen's auch Salat

Vorbereiten: max. 6–8 Std. vorher
Aufbewahren: zugedeckt im Kühlschrank
Kombinieren mit: Stamppott, Gefüllte Eier, Roggenbrot mit Pilzkaviar

Reicht solo für 4:

1 Bund Radieschen
1 Bund Schnittlauch
1 feste Fleischtomate, 1 rote Zwiebel
400 g Käse (Gouda, Emmentaler, Harzer oder auch Schafkäse)
2–3 EL Essig, 2 TL scharfer Senf
Salz, schwarzer Pfeffer aus der Mühle
4 EL Öl, 1 Bund Rucola

1 Radieschen, Schnittlauch und Tomate waschen. Radieschen in Scheiben schneiden, Schnittlauch in Röllchen, Tomate in kleine Würfel. Zwiebel schälen und fein hacken.

2 Käse würfeln, mit den anderen geschnittenen Zutaten mischen. Essig mit Senf, Salz, Pfeffer verrühren. Öl unterschlagen, unter die Käsemischung rühren. Rucola waschen, Gläser damit auslegen. Käsecocktail einfüllen.

So viel Zeit muss sein: 20 Minuten
Kalorien pro Portion: 420

Rosa Heringssalat
Nichts einfacher als das!

Vorbereiten: 1–2 Tage vorher
Aufbewahren: zugedeckt im Kühlschrank
Kombinieren mit: Auberginenkaviar, Ungarische Paprikasuppe, Käse-Cracker

Reicht solo für 4:

1 Kartoffel (fest kochende Sorte, ca. 200 g)
1 TL Senfpulver
1 Glas gekochte Rote Bete (220 g Abtropfgewicht)
1 kleiner säuerlicher Apfel
200 g gekochter Schinken am Stück
200 g Matjesfilets (das sind 2 doppelte)
2 Essiggurken
200 g saure Sahne
Salz, schwarzer Pfeffer aus der Mühle

1 Kartoffel in der Schale kochen, abkühlen lassen. Man kann gut auch 1 gekochte Kartoffel vom Vortag nehmen. Senfpulver mit 1 EL warmem Wasser verrühren, 10 Minuten quellen lassen.

2 Rote Bete abtropfen lassen, Apfel schälen, Kernhaus rausschneiden. Kartoffel auch schälen. Die drei Zutaten mit Schinken, Matjes und Essiggurken in kleine Würfel schneiden.

3 Dann Senfpulver mit saurer Sahne verrühren, salzen, pfeffern und unter die Würfel mischen. Nochmal abschmecken, fertig!

So viel Zeit muss sein: 30 Minuten
Kalorien pro Portion: 415

Möhrensalat mit Trauben
Arabisch!

Vorbereiten: morgens oder mittags
Aufbewahren: mit Folie bedeckt im Kühlschrank
Kombinieren mit: Falafel, Tomaten-Dip, Nudelsuppe mit Kichererbsen

Reicht solo für 4:

250 g Trauben (am besten blau und grün gemischt)
500 g Möhren
2 EL Olivenöl
Salz, schwarzer Pfeffer aus der Mühle
2 Frühlingszwiebeln
2 Zweige frische Minze oder
4 Zweige Petersilie
1–2 EL Zitronensaft
je 1 Prise gemahlener Kreuzkümmel und Koriander
1/4 TL Chilipulver oder scharfes Paprikapulver

1 Trauben waschen, abzupfen und halbieren. Wer sich an den Kernen stört, muss sie mit einer Messerspitze rauspulen. Möhren schälen, putzen und in 1/2 cm dicke Scheiben schneiden.

2 1 EL Öl in einem Topf warm machen, Möhren reinrühren. 2 EL Wasser dazu, salzen, pfeffern. Deckel drauf und die Möhren bei mittlerer Hitze ungefähr 5 Minuten dünsten. Abkühlen lassen.

3 Von den Frühlingszwiebeln die Wurzelbüschel und das obere dunkelgrüne Ende abschneiden, Zwiebeln waschen und fein hacken. Minze auch.

4 Möhren, Zwiebeln, Trauben und Minze mischen. Zitronensaft mit Salz, Pfeffer, Kreuzkümmel und Koriander verrühren, übriges Öl untermischen. Unter die Salatzutaten rühren. In eine Schüssel füllen, Chili oder Paprika drüberrieseln lassen.

So viel Zeit muss sein: 25 Minuten
Kalorien pro Portion: 105

Blumenkohlsalat mit Kapern
Italienisch!

Vorbereiten: morgens oder mittags, aber das Basilikum und die Kapern erst kurz vor dem Fest untermischen
Aufbewahren: mit Folie bedeckt im Kühlschrank
Kombinieren mit: Hähnchen-Saltimbocca, Griechische Kartoffelcreme, Käseröllchen

Reicht solo für 4:

1 mittelgroßer Blumenkohl (kann auch ein grüner Romanesco sein), Salz
1 großes Bund Basilikum oder Petersilie
2 Knoblauchzehen
4 Tomaten
2–3 EL Rotweinessig
4–5 EL Olivenöl
schwarzer Pfeffer aus der Mühle
2 EL Kapern

1 Blumenkohl waschen, Blätter und Stiel abschneiden. Die einzelnen Röschen abschneiden. Reichlich Salzwasser im Topf zum Kochen bringen. Wenn's richtig sprudelt, Röschen 5–7 Minuten drin kochen lassen. Aber nicht zu lang (zwischendurch mal eins rausfischen und probieren), sonst werden sie zu weich und der Salat wird matschig.

2 Blumenkohl vorsichtig ins Sieb schütten und reichlich kaltes Wasser drüberlaufen lassen. Abkühlen.

3 Basilikum nicht waschen, höchstens mit Küchenpapier abwischen. Knoblauch schälen und ganz fein schneiden. Tomaten waschen, Stielansatz rausschneiden, Tomaten klein würfeln.

4 Essig mit Öl, Salz und Pfeffer verrühren, mit den anderen Zutaten mischen. Salat in eine Schüssel füllen. Erst kurz vor dem Fest die Kapern draufstreuen.

So viel Zeit muss sein:
20 Minuten (ohne Abkühlzeit)
Kalorien pro Portion: 135

Lauch-Tofu-Salat mit Erdnussdressing

Indonesisch!

Vorbereiten: am Vortag Lauch blanchieren, Dressing rühren, vorm Fest mischen
Aufbewahren: jeweils zugedeckt im Kühlschrank
Kombinieren mit: Misosuppe, Entencurry, Gemüsespieße

Reicht solo für 4:

2–3 Stangen Lauch, Salz
1/2 Eisbergsalat
1 rote Paprikaschote
1 Packung Räuchertofu (250 g)
150 g feine Erdnusscreme (Glas)
200 ml Gemüsebrühe
1 TL Chiliöl oder Sambal oelek
2 Knoblauchzehen
2 EL Sojasauce
1 EL Zitronensaft

1 Wurzelbüschel vom Lauch abschneiden und die oberen ganz dunklen Teile auch. Lauch der Länge nach aufschlitzen und gut waschen, dann in ca. 10 cm lange Stücke schneiden. Und die der Länge nach in 1/2 cm breite Streifen.

2 Salzwasser aufkochen lassen. Lauchstreifen reinwerfen und ca. 2 Minuten kochen, bis sie bissfest sind. Ins Sieb abschütten, kaltes Wasser drüberlaufen und abtropfen lassen.

3 Eisbergsalat waschen, in Streifen schneiden. Paprika waschen, Deckel abschneiden und das Innere rauszupfen. Schote in kleine Würfel oder auch in Streifen schneiden. Eisberg auf eine Platte legen, Paprika drauf, Lauch auch.

4 Tofu klein würfeln und drüberstreuen. Erdnusscreme mit Gemüsebrühe und Chiliöl fein verrühren (Pürierstab!). Knoblauch schälen und dazupressen. Mit Sojasauce und Zitronensaft verrühren, eventuell salzen. Erst zum Schluss über alle Zutaten träufeln.

So viel Zeit muss sein: 25 Minuten
Kalorien pro Portion: 310

Nudelsalat mit Radicchio

Kein Fest ohne Partyschreck!

Vorbereiten: morgens
Aufbewahren: mit Folie bedeckt im Kühlschrank
Kombinieren mit: Schweinerollbraten, Gefüllte Tomaten, Lachstramezzini

Reicht solo für 4:

250 g kurze Nudeln (Penne, Spiralen oder Orecchiette), Salz
2 Stangen Sellerie
1 kleiner Kopf Radicchio
100 g roh geräucherter Schinken
4 EL Olivenöl
2 Tomaten
2 EL Pinienkerne
3 EL Rotweinessig
schwarzer Pfeffer aus der Mühle

1 Für die Nudeln in einem Topf mindestens 3 l Wasser zum Kochen bringen. Salzen, Nudeln reinwerfen und ca. 8 Minuten kochen lassen, bis sie bissfest sind. Manche brauchen auch länger, also einfach eine rausfischen und probieren. Nudeln in ein Sieb schütten, viel kaltes Wasser drüberlaufen lassen, abtropfen lassen.

2 Sellerie waschen und die Enden abschneiden. Stangen in $^1/_2$ cm breite Scheiben schneiden. Die äußeren Blätter vom Radicchio ablösen. Radicchio durch den Stielansatz halbieren, die Hälften in schmale Streifen schneiden. Schinken ebenfalls in schmale Streifen schneiden.

3 In einer Pfanne 1 EL Olivenöl heiß machen. Schinkenstreifen reinschütten und unter Rühren gut knusprig braten. Rausfischen, Radicchio und Sellerie im Schinkenfett ca. 2 Minuten braten. Auf einen Teller umfüllen.

4 Tomaten waschen und klein würfeln. Pinienkerne in der Pfanne unter Rühren kurz braten, bis sie leicht bräunlich werden.

5 Essig mit Salz, Pfeffer und dem übrigen Öl mischen. Alle Salatzutaten in einer Schüssel verrühren, Sauce untermischen. Eventuell nachwürzen.

So viel Zeit muss sein: 30 Minuten
Kalorien pro Portion: 480

Noch mehr Nudeln: Thaisalat mit Mango

2 Knoblauchzehen schälen und würfeln. 1–2 Chilischoten waschen, entkernen und klein schneiden. Mit 2 EL Sojasauce und 300 g Schweinehack mischen, 15 Minuten ziehen lassen. 1 Mango schälen und würfeln. Mit 5 EL Limettensaft, 2 EL Fischsauce und 2 TL (braunem) Zucker mischen. Im Wok 2 EL Öl heiß machen. Fleisch drin anbraten. Gut rühren, bis es krümelig ist. Abkühlen lassen. 150 g dünne Reisnudeln (als Ersatz gehen auch Linguine) in Salzwasser kochen, wie es auf der Packung steht. Abschrecken und abtropfen lassen. Blätter von 1 Bund Basilikum abzupfen, mit Nudeln, Hack und Mangos mischen, 30 Minuten ziehen lassen.

Kartoffel-Gemüse-Salat
Sommerlich & frisch

Vorbereiten: morgens Kartoffel-Gemüse-Salat. Sardellen, Tunfisch und Oliven vor dem Fest draufstreuen
Aufbewahren: zugedeckt im Kühlschrank
Kombinieren mit: Entenpastete, Rote-Bete-Dip, Rosmarin-Zwiebel-Suppe

Reicht solo für 4:

500 g Kartoffeln (fest kochende Sorte und möglichst gleich groß)
500 g grüne Bohnen
Salz
500 g Tomaten
4–8 in Öl eingelegte Sardellenfilets
1 Dose Tunfisch im eigenen Saft
1 Bund Basilikum
2–3 EL Weißweinessig
schwarzer Pfeffer aus der Mühle
5 EL bestes Olivenöl
1 EL schwarze Oliven

1 Kartoffeln unterm Wasserstrahl abbürsten, mit der Schale in den Topf legen und halb mit Wasser bedecken. Zum Kochen bringen. Deckel drauf und bei mittlerer Hitze gar kochen. Aber nicht zu weich!

2 In der Zeit Bohnen waschen, Enden abknipsen. Und falls die Bohnen Fäden haben – merkt man beim Endenabknipsen - die auch abziehen. Salzwasser zum Kochen bringen, Bohnen drin ca. 12 Minuten garen, bis sie bissfest sind. Ins Sieb schütten und kalt abschrecken, größere Bohnen halbieren.

3 Aus den Tomaten den Stielansatz rausschneiden. Kochendes Wasser über die Tomaten schütten, kurz warten, abgießen und kalt abschrecken. Tomaten häuten und in Achtel schneiden. Sardellen abtropfen lassen, halbieren. Tunfisch abtropfen lassen und mit zwei Gabeln auseinander zupfen. Basilikum abzupfen. Größere Blätter in Stücke reißen.

4 Essig mit Salz und Pfeffer verrühren. Olivenöl unterschlagen. Kartoffeln schälen und in Scheiben schneiden. Mit Bohnen und Tomaten mischen, Dressing und Basilikum untermischen. In eine Schüssel füllen, Sardellen, Tunfisch und Oliven draufstreuen.

So viel Zeit muss sein: 40 Minuten
Kalorien pro Portion: 300

Indischer Kartoffelsalat
Würzig & gut

Vorbereiten: Kartoffeln und Blumenkohl max. 1 Tag vorher, morgens alles schneiden und mischen
Aufbewahren: in der Schüssel zugedeckt im Kühlschrank, Minze frisch draufstreuen
Kombinieren mit: Fleischbällchen, Gurken-Raita, Auberginenkaviar

Reicht solo für 4:

500 g Kartoffeln (fest kochende Sorte)
1 kleinerer Blumenkohl
Salz
1 Tomate
1 Bund frische Minze
250 g Jogurt
je 1 TL gemahlener Kreuzkümmel und Koriander
je 1/2 TL Chilipulver und Kurkuma
1 EL Zitronensaft
1 EL neutrales Öl

1 Kartoffeln abbürsten, in Wasser in der Schale weich, aber nicht zu weich kochen. Abkühlen lassen.

2 Blumenkohl waschen, Blätter ablösen, Kohl in die einzelnen Röschen zerschneiden. Salzwasser in einem größeren Topf warm machen. Blumenkohlröschen reinwerfen und 4–6 Minuten drin garen, bis sie bissfest sind. Gleich ins Sieb schütten und gut kaltes Wasser drüberlaufen, dann abtropfen lassen.

3 Tomate waschen und würfeln. Minze kalt abbrausen und trockenschütteln. Blätter abzupfen, ein paar für später weglegen, die anderen ganz fein hacken – so fein, dass es fast ein Mus wird. Und das mit dem Jogurt verrühren und mit den Gewürzen, dem Zitronensaft und dem Öl. Salz nicht vergessen!

4 Kartoffeln schälen und würfeln. Mit dem Blumenkohl, der Tomate und der Jogurtsauce mischen. Abschmecken, die Minzblättchen draufstreuen.

So viel Zeit muss sein: 40 Minuten
Kalorien pro Portion: 160

Reissalat mit Granatäpfeln

Cool & trendy

Vorbereiten: Reis max. 1 Tag vorher kochen, Salat 2–3 Stunden vor dem Fest mischen
Aufbewahren: zugedeckt im Kühlschrank
Kombinieren mit: Tortillawürfel, Chicken wings, Avocado-Dip

Reicht solo für 4:

2 Knoblauchzehen

2 EL Öl

200 g Langkornreis

400 ml Gemüsebrühe

2 Fleischtomaten

1 Granatapfel

1 rote Chilischote

1/2 Bund frischer Koriander

1 Frühlingszwiebel

2–3 EL Limetten- oder Zitronensaft

Salz

1 Knoblauch schälen und fein würfeln. In einem Topf im Öl andünsten. Reis unterrühren, Brühe dazu schütten, einmal aufkochen. Deckel drauf und Hitze auf schwache Stufe schalten. Reis 20–30 Minuten garen, bis er bissfest ist und schön körnig.

2 Tomaten waschen und ganz klein würfeln. Noch feiner: Tomaten vorher häuten. Granatapfel durchschneiden – quer. Die roten Kernchen mit einem Löffel rauslösen. Chilischote waschen, Stielansatz abschneiden. Schote längs aufschneiden, quer in feine Streifen schneiden. Koriander kalt abbrausen, trockenschütteln, Blättchen abzupfen. Von der Frühlingszwiebel die Wurzelbüschel und alles Welke abschneiden. Zwiebel fein hacken.

3 Reis abkühlen lassen. Mit Tomaten, Chili, Frühlingszwiebel und Granatapfelkernen mischen. Limettensaft untermischen, mit Salz würzen. Koriander draufstreuen.

So viel Zeit muss sein: 30 Minuten
(ohne die Abkühlzeit für den Reis)
Kalorien pro Portion: 170

Auch gut:

Avocadowürfel oder Bananenscheiben mit unter den Reis mischen oder Garnelen. Und schön sieht er aus, wenn man ihn auf Salatblättern anrichtet. Auf solchen, die nicht gleich schlapp machen, also auf Eisberg oder Endivien oder Romana.

Brotsalat
Schmeckt auch am Tag danach

Vorbereiten: morgens oder mittags
Aufbewahren: mit Folie bedeckt im Kühlschrank
Kombinieren mit: Marinierte Gemüse, Oktopussalat, Tomatensuppe

Reicht solo für 4:

4 Tomaten
1 mittelgroße Gurke
3–4 Knoblauchzehen,
$^1/_2$ Bund Minze
ein paar grüne Salatblätter
$^1/_2$ Fladenbrot (ungefähr 250 g; am besten vom Vortag)
3 EL Zitronensaft
Salz, 1–2 TL Paprikaflocken (ersatzweise $^1/_2$–1 TL Harissa)
1 TL gemahlener Koriander
5 EL Olivenöl
schwarze Oliven zum Bestreuen

1 Tomaten und Gurke waschen und ganz fein hacken. Knoblauch schälen und auch ganz fein schneiden. Minze waschen, trockenschütteln, Blättchen abzupfen und in Streifen schneiden. Salatblätter waschen, trocknen, grob zerschneiden.

2 Fladenbrot in 1 cm große Würfel schneiden, in einer Pfanne (am besten beschichtet) unter Rühren braten, bis es leicht knusprig wird.

3 Zitronensaft mit Salz, Paprikaflocken und Koriander mischen, Olivenöl drunterrühren. Alle Zutaten mischen, mindestens 2 Stunden ziehen lassen. Vor dem Fest Oliven draufstreuen.

So viel Zeit muss sein:
20 Minuten (+ 2 Std. Marinierzeit)
Kalorien pro Portion: 280

Variante: Bulgursalat
Statt Brot 250 g Bulgur mit $^3/_8$ l kaltem Wasser mischen und ungefähr 1 Stunde stehen lassen, bis er weich ist. Rest wie gehabt. Zum Schluss passt da noch zerkrümelter Schafkäse drauf.

Linsensalat
Kost' fast nix

Vorbereiten: max. 1 Tag vorher
Aufbewahren: Salat zugedeckt im Kühlschrank, Chicorée extra
Kombinieren mit: Chicken wings, Frischkäse-Dip, Ratatouille mit Käsebaguette

Reicht solo für 4:

200 g schwarze oder grüne Linsen (gibt's im Naturkostladen)
2 Knoblauchzehen, $^1/_2$ Bund Thymian
1 getrocknete Chilischote
1 Bund Frühlingszwiebeln
1 EL grobkörniger Senf
2 EL Weißweinessig
Salz, schwarzer Pfeffer aus der Mühle
4 EL Olivenöl, 1 Chicorée

1 Linsen in einen Topf schütten, gut mit Wasser bedecken. Knoblauch schälen, Thymian waschen, beides zu den Linsen in den Topf werfen. Chilischote auch. Zum Kochen bringen. Deckel drauf, Hitze auf mittlere Stufe schalten und die Linsen ungefähr 35 Minuten kochen, bis sie bissfest sind (vorher schon mal probieren). Abtropfen und abkühlen lassen.

2 Die Wurzelbüschel und die dunkelgrünen Teile von den Zwiebeln abschneiden, Zwiebeln waschen und in Ringe schneiden. Senf mit Essig, Salz und Pfeffer verrühren. Öl kräftig mit der Gabel drunterschlagen.

3 Thymianzweige, Knoblauch und Chili aus den Linsen fischen. Linsen mit Dressing und Zwiebelringen verrühren und nochmal abschmecken.

4 Chicorée waschen, Blätter abtrennen und an den Rand einer kleineren Schüssel lehnen. Linsensalat reinfüllen.

So viel Zeit muss sein: 1 Stunde, davon ungefähr 15 Minuten aktiv
Kalorien pro Portion: 270

Variante: Bohnen mit Pancetta

1/4 Kopf Wirsing waschen, putzen und in schmale Streifen schneiden. In kochendem Salzwasser ungefähr 5 Minuten kochen. Ins Sieb schütten, kaltes Wasser drüberlaufen lassen. 150 g Pancetta in schmale Streifen schneiden, in einer Pfanne ohne Fett knusprig ausbraten. Beides mit 2 Dosen weißen Bohnen (vorher gut abspülen) und 1 Hand voll zerkrümelter Walnüsse mischen. 3 EL Essig mit 5 EL Olivenöl, Salz und Pfeffer mischen, unterrühren, abschmecken.

Gnocchisalat mit Mandelsauce

Macht Eindruck

Vorbereiten: Sauce schon am Vortag, alles andere morgens kochen oder schneiden, Gnocchi, Sauce, Tomaten und Kräuter erst 1–2 Stunden vorher mischen
Aufbewahren: zugedeckt im Kühlschrank
Kombinieren mit: Schinken-Carpaccio, Marinierte Gemüse, Käsespieße

Reicht solo für 4:

3 große rote Paprikaschoten

2 getrocknete Chilischoten

3 Knoblauchzehen, 50 g Mandeln ohne Haut

5 EL Olivenöl, 1–2 EL Zitronensaft

Salz, 500 g Kartoffelgnocchi (aus der Kühltheke)

3 Tomaten, 1 Bund Basilikum

1 Bund Frühlingszwiebeln

1 Zuerst Ofen auf 250 Grad vorheizen (Umluft auch schon jetzt: 230 Grad). Paprikaschoten waschen, halbieren und die Kerne und die Trennwände aus dem Inneren rauszupfen. Schoten mit der Haut nach oben auf ein Backblech legen und ca. 20 Minuten in den Ofen schieben, bis die Haut dunkle Blasen hat.

2 Die Schoten aus dem Ofen holen, abkühlen lassen, bis man sie anfassen kann. Dann die Haut abziehen. Wenn ein paar kleine Stücke dranbleiben, ist das nicht wild. 1 Schote klein würfeln und beiseite legen.

3 Die anderen beiden Schoten grob zerschneiden und in den Mixer werfen. Chili dazu, Knoblauch schälen und auch rein werfen. Jetzt noch Mandeln und Öl hinein und alles fein mixen. Mit Zitronensaft und Salz abschmecken.

4 Für die Gnocchi in einem großen Topf Salzwasser aufkochen. Gnocchi nach Packungsaufschrift drin garen, vorsichtig ins Sieb abschütten und kalt abschrecken.

5 Tomaten waschen und ganz klein würfeln. Basilikumblättchen abzupfen und in Streifen schneiden. Von den Frühlingszwiebeln die Wurzelbüschel und die oberen welken Teile abschneiden. Zwiebeln waschen und in feine Ringe schneiden.

6 Alles, was man jetzt so schön klein geschnitten, püriert oder gekocht hat, locker miteinander mischen. Nochmal abschmecken und in eine Schüssel damit. Am besten in eine flache.

So viel Zeit muss sein: 45 Minuten
Kalorien pro Portion: 300

Let's do the Wok

Wenn's viele sind. Wenn's zischen und riechen statt blubbern und duften soll. Und wenn's sowieso in der Küche enden wird.

Duftreis kochen

Langkornreis - am besten Jasminreis - wird fürs Stäbchenessen nicht zu körnig gekocht. Für 12 Leute 45 Minuten vor dem Wokken 2 l Wasser aufkochen, 1 kg Reis reinschütten, 1 Minute kochen lassen. Deckel drauf, Herd auf Minimum und Reis 10 Minuten quellen lassen. In größeren Topf 5 cm hoch Wasser aufkochen. Angegarten Reis da reinsetzen, auf Mini-Hitze 15 Minuten quellen lassen. Dann bleibt er für 1 Stunde heiß und bissfest.

Wie's gut wirkt

Denke Nachtmarkt in Pukhet und die Straßen von Shanghai. Sehe Lagunentürkis, Palmengrün, Königslila, Neonpink, Kaisergold. Schicke Essstäbchen, Schilfmatte, Gummibaumblatt als Einladung. Lasse bunte Stoffbahnen mit goldenen Schriftzeichen von der Decke und über Tische hängen. Lege Kiesel als Wegweiser aufs Buffet. Lasse Lampions und Goldfischgläser leuchten. Höre Bali Beat, Jungle Jive, Singapore Swing, Taiwan Trance – Hauptsache exotisch. Nur bitte nichts zum Meditieren.

Das größte Mysterium des Westen? Der Tischwok. Weil der ein Essen lang bewegungslos bleiben kann, was der asiatische Straßenwok nie schafft, auch wenn sein Meister noch so »yin« ist. Echtes Wokken ist »yang«: Feuer, Action, Kreativität. Prima für Feste, bei denen es zischen statt blubbern soll und bei denen es zugeht wie in den Straßen von Shanghai. Mit dem Küchentisch als Marktplatz und dem Herd als Garküche, in der das Ausgesuchte durch den Wok direkt ins Schälchen mit Reis saust. Genuss garantiert, Geruch und Geräusch inklusive.

Was wir brauchen

Fangen wir mit der Hitze an. Die sollte stark und direkt sein, was für den Gasherd spricht, ohne den elektrischen zu verdammen. Je nach dem ist der Wok unten rund (Gas) oder flach (Strom) sowie fürs Schnellgaren dünn und leicht. Blechwoks aus dem Asia-Laden sind dafür ok, zumal dann noch ein zweiter drin ist. Ohne den kommt's ab zehn Leuten zu Staus in der Garküche. Gerührt wird mit Wokschaufel, Holzlöffel oder Pfannenheber.

Gemüse, Fleisch, Fisch und Tofu werden auf divers geformte und gefärbte Schalen und Teller verteilt, wie's in Asien üblich ist und was die Wahl im Geschirrschrank erleichtert. Das alles kommt in der Küche oder davor aufs Buffet. Plus Teller zum »Einkaufen«. Beim Wok stehen Reisschalen, in die 400 ml passen sollten. Gibt's im Asia-Laden, Müslischalen gehen auch. Stäbchen nicht vergessen, plus Notfallgabeln. Jetzt noch Teetassen, so fein und klein wie's geht, und Trinkgläser.

Wie wir wokken

Am Buffet sammeln sich die Gäste die Teller voll, jede Zutat für sich. Damit geht's in die Garküche zum Wokker. Der macht sein Blech heiß, lässt 1 EL Öl durchsausen und dann erst mal unter Rühren Fleisch oder Fisch, falls gewünscht. Sobald nichts mehr roh aussieht, kommt es ins Schälchen. Jetzt 2 EL Knoblauch-Ingwer-Frühlingszwiebel-Mischung (rechte Seite) in den Wok, Chili, Zitrusschale oder Zitronengras nach Gusto. Das kurz anbraten, dann kommt Gemüse: Festes wie Aubergine, Fenchel, Möhre, 30 Sekunden später Zartes wie Paprika, Pilze, Zucchini, 30 Sekunden später Blattgemüse. Und immer rühren.
Nun Flüssiges: Für Trocken-Würziges reichen 2–3 EL Sauce, mit denen alles 1 Minute durchdünstet. Mit Brühe oder Kokosmilch – nicht mehr als $^1/_8$ l – schmort's in 2–3 Minuten suppig-mild. Da kann beim Ansatz noch Zucker oder Currypaste rein. Am Ende kommen wieder Fleisch und Fisch sowie Kräuter dazu, alles wird ohne viel Kochen heiß geschwenkt und kommt in die nun halb mit Reis gefüllte Schale. Beim Essen wird die unter den Mund gehalten, damit sich das Ganze leichter mit den Stäbchen reinschaufeln lässt. Kein Pardon, machen alle so in Asien.

Damit es mit Garzeiten und Würzen klappt, sollten die Wokker etwas Erfahrung haben – ein bisschen Üben mit den Produkten vor der Party wäre also gut. Wer Sorge vor Chaos hat, lässt das mit dem Buffet, holt alle Zutaten zum Wok und bietet drei, vier Kombi-Gerichte an – in den Richtungen Fisch, Fleisch, Vegetarisch oder Scharf zum Beispiel.

Damit geht's für zwölf

Auf jeden Fall: 250 ml Pflanzenöl; Gemisch aus 100 g gehacktem Knoblauch, 100 g geriebenem Ingwer, 200 g Frühlingszwiebelstreifen; Quellreis aus 1 kg Reis
Zum Abschmecken (nach Gusto): Chili, Zitronengras, Zitronenschale feingehackt; Basilikum, Koriander, Minze, Petersilie; Currypulver & -paste, Fünfgewürz, Salz, Zucker
Wok-Gemüse (insgesamt 3 kg): feine Streifen, Scheiben, Würfel von Auberginen, Chinakohl, Fenchel, Bohnen, Lauch, Frühlingszwiebeln, Kohl, Möhren, Paprika, Pilzen, Spargel, Zucchini, Zuckerschoten; Mangold, Spinat; Vorgegartes wie Blumenkohl, Brokkoli; Wasserkastanien, Bambussprossen (Dose); Sojasprossen, Tofu
Wokfisch, Wokfleisch (1,5 kg): Garnelen, Fischfilet, Muscheln; Streifen von Geflügel und Steak von Schwein, Rind, Lamm, Kalb
Zum Vollenden ($^1/_2$ l Sauce, 1 $^1/_2$ l Flüssigkeit): Soja-, Fisch- & Austernsauce; Chilisauce; Hühner- & Gemüsebrühe, Kokosmilch; Reiswein, Sherry; Reisessig, Zitrussaft; Honig
Zum Trinken: grüner Tee, Pils, Reiswein, fruchtige Rote und würzige Weiße
Für vorher: Gemüsespieße (S. 41), Marinierte Heringe (S. 66), Garnelen-Dip (S. 43)
Für nachher: Melone in Kokosmilch (S. 151), Orangensorbet (S. 161)

Dim Sum aus dem Ofen

Gleich für viele, damit sich's auch lohnt

Vorbereiten: bis zu 1 Woche vorher
Aufbewahren: im Tiefkühlfach
Kombinieren mit: Chinesische Krautröllchen, Ingwer-Dip, Garnelen-Dip

Reicht solo für 8–10 (ca. 75 Stück):

Für den Teig:

500 g Mehl
1/2 Würfel frische Hefe (20 g)
Öl zum Bepinseln

Lauchfüllung:

400 g junger Lauch
1 Stück frischer Ingwer
100 g Austernpilze, 1 EL Öl
1 EL Sojasauce
1 EL Sesamöl (geröstet), Salz

Garnelenfüllung:

250 g rohe geschälte Garnelen
1 Handvoll Sojasprossen
1 Stück frischer Ingwer
$^1/_4$ Bund frischer Koriander
2 EL süß-sauer-scharfe Sauce

Rettich-Spinat-Füllung:

ca. 120 g TK-Blattspinat
1 Stück weißer Rettich (ca. 100 g)
50 g gekochter Schinken
1 Stück frischer Ingwer
1 EL Zucker, 1 EL Essig
1 EL Sojasauce, 1 Ei
Außerdem: Backpapier

1 Erst mal kurz an die Rettich-Spinat-Füllung denken und Spinat aus dem Tiefkühler nehmen und auftauen lassen. Für den Hefeteig Mehl in eine Schüssel schütten. Hefe in $^1/_4$ l lauwarmem Wasser auflösen, dazu schütten und alles verkneten. 1 Stunde ruhen lassen.

2 Lauchfüllung: Lauch waschen, putzen, fein hacken. Ingwer schälen und reiben. Pilze abreiben, klein würfeln. Alles in 1 EL Öl anbraten. Mit Sojasauce, Sesamöl und Salz mischen.

3 Garnelenfüllung: Garnelen klein würfeln. Soja waschen, hacken, Ingwer schälen, hacken. Koriander kalt abbrausen und trockenschütteln. Blättchen abzupfen, hacken, mit der süß-sauer-scharfen Sauce zu den Garnelen geben, alles mischen.

4 Rettich-Spinat-Füllung: Aufgetauten Spinat ausdrücken und fein hacken, Rettich schälen, erst in Scheiben, dann in Stifte schneiden. Schinken klein würfeln. Ingwer schälen, fein hacken. Alles mit Zucker, Essig, Sojasauce und Ei mischen.

5 Vom Hefeteig walnussgroße Stücke wegnehmen. Stücke jeweils zu Kugeln rollen, dann dünn und rund ausrollen. Jeweils gut 6 TL Füllung auf ein Teigstück legen und verschließen. Backofen auf 250 Grad vorheizen (auch schon jetzt: Umluft 220 Grad). Backpapier in Größe des Gitterrosts zuschneiden, mit einem Zahnstocher häufig einstechen, dann mit Öl einpinseln. Backpapier auf den Gitterrost legen, Dim Sum draufsetzen und mit Alufolie gut zudecken. In die Fettpfanne kochendes Wasser schütten. Dim Sum über der Fettpfanne in den Ofen schieben, in ca. 10 Minuten gar dämpfen.

So viel Zeit muss sein: 2 $^1/_2$ Stunden
Dazu passt: außer den Dips beim Kombi-Tipp fertig gekaufte süß-sauer-scharfe Sauce oder einfach nur Sojasauce
Kalorien pro Portion (bei 10): 270

Basic Tipp

So eine Dim-Sum-Party ist 'ne feine Sache. Gastgeber haben zwei Möglichkeiten: Entweder alle Gäste helfen mit, und die gefüllten und gedrehten kleinen Bällchen werden gleich gedämpft. Oder man macht das Ganze bereits ein bis zwei Wochen vorher und friert die Bällchen ein: Erst nebeneinander auf einem Tablett oder ähnlichem mindestens 30 Minuten vorfrieren lassen. (Damit sie später im Beutel nicht zusammen kleben.) Danach umfüllen und beschriften.

Zum Fest holt man die Teilchen aus dem Gefrierer und legt sie steinhart gefroren auf den Rost. Sie brauchen vielleicht 1 Minute länger, mehr nicht. Wer übrigens viele Asien-Fans unter seinen Freunden hat, kann es auch so machen: Jeder bringt sein Dämpfkörbchen mit und gedämpft wird nach traditioneller Methode im Topf auf dem Herd (in mehreren gleichzeitig).

Löffel

Nichts verbindet mehr als das gemeinsame Schlürfen ...

food

Vergesst die Lagerfeuergeschichten, die Männer am Grill erzählen. Etwa darüber, dass das erste Rezept der Welt entstand, als ein Stück Fleisch in die Glut fiel. Ein Brocken in Kohle ohne Wasser und Würze – so soll die Esskultur begonnen haben? Glaubt mir, so wie alles Leben aus dem Meer kommt, so stammt alles Kochen von der Suppe ab. Ursuppe, sage ich nur.

Nichts kann eine Tischrunde mehr verzaubern als ein Kessel voll Unerschöpflichem in ihrer Mitte. Nichts verbindet sie mehr als das gemeinsame Lecken und Schlürfen, das dem Löffel seinen Namen gegeben hat. Und kaum was Warmes mit Substanz lässt sich leichter vorbereiten und servieren als ein Topf Brühe, Suppe, Eintopf, Ragout, Curry, Jambalaya.

So ist es keine Überraschung, dass eine gute Suppe in ihrer Wirkung nur einen Löffel weit von einem guten Schluck entfernt ist. Und wenn mal wieder gefragt wird, was »Gemütlichkeit« in anderen Sprachen heißt, übersetzt einfach »Suppe«. Und wenn ihr euch immer noch fragt, was »comfort food« auf deutsch heißt, esst einfach Suppe.

Zum Aufstippen gut

Die Immer-eine-gute-Suppe ist nur dann richtig gut, wenn ihre Esser die Löffel weglegen und Brot in sie stippen, bis alles blank ist. Demnach ist Käsefondue allerbestes Löffelfood, weil seine Genießer gleich beim Stippen starten und erst dann Ruhe geben, wenn der Topf ausgekratzt ist. Wie wird es aber richtig gut?

Als erstes zählt der Schmelz, weil Fondue heißt »Geschmolzenes«. Damit das stimmt, sollte der Käse nicht zu mager (45 % Fett in der Trockenmasse aufwärts) und nicht zu hart sein. Um sich gut stippen zu lassen, muss er sich mit Flüssigkeit verbinden. Und um dabei weder zu klumpen noch zu flocken, muss in der genug Säure sein. Weine aus den Schweizer Bergen haben die von selbst, ansonsten hilft ein Spritzer Zitrone. Damit die Bindung auf Dauer hält, kommt noch Stärke in den Topf.

So kommt alles zusammen: Käse je nach Festigkeit würfeln, raspeln oder reiben. Flüssigkeit samt Säure auf dem Herd erhitzen und den Käse darin nach und nach unter Rühren sanft schmelzen lassen – nicht kochen! Inzwischen die Stärke mit etwas kalter Flüssigkeit – oft Schnaps – verquirlen und ins Fondue rühren. Vorsichtig aufkochen. Ist es zu dünn, noch angerührte Stärke zugeben. Ist es zu dick, fehlt Flüssigkeit. Klumpt es, fehlt Säure und hilft Zitrone. Ganz sicher: Flüssigkeit, Säure und Käse 2 Stunden vor dem Essen mischen, dann zusammen schmelzen.

Jetzt alles in den mit Knoblauch ausgeriebenen Fonduetopf geben und aufs Rechaud setzen. Damit kann gestippt werden: Weißbrot oder anderes Gebäck von Brezel bis Tortilla; Eingelegtes von Gürkchen bis Oliven; zartes rohes oder gekochtes festes Gemüse. Und je nach Aroma können auch mal Seafood, gekochtes Fleisch, Wurst oder Schinken, käsefreundliches Obst wie Trauben oder Trockenfrüchte getunkt werden. Dabei ist es gut, jedesmal durchs Fondue zu rühren, damit es glatt bleibt. Und am Ende das Krustenkratzen nicht vergessen!

S.O.S.

»Ist die Party schon rum?«

Wie ist das mit Leuten, die zu spät kommen? Nix gegen ein paar Minuten, aber manche schauen immer erst eine halbe Stunde später rein und sind dann sauer, weil sich keiner ihre Entschuldigungen anhören will. Bin ich da nicht locker genug?
Laura aus Hamburg

Tante Ilse rät:

Erstmal Glückwunsch, Laura, deine Freunde entschuldigen sich noch. Was aber auf Dauer genauso nerven kann wie jedes Jahr Spaghetti am Geburtstag. Da würde ich auch nur noch später kommen. Womit wir da angelangt sind, wo gute Gastgeber zuerst nach Fehlern suchen – bei uns.

Was ist zu spät? Eine Viertelstunde nie, auch nicht beim Galamenü. Gerade da sollte ein Puffer für Begrüßung usw. eingebaut werden, bei mehr Gästen darf das eine halbe Stunde sein: »Ab halb acht geht's los, Soufflé gibt's um acht!« (nie »ab acht«!). Wer nicht da ist, ist selbst Schuld - wie Gastgeber, die diesen Puffer nicht einrechnen.

Bei einem musst du aber so streng sein wie Eltern am Samstag Abend: Wird's wirklich spät, wird Bescheid gesagt. Immer und so früh wie's geht. Wer nicht bis acht durchgerufen hat, bekommt keinen Nachtisch. Waschmaschine explodiert? Telefon geht doch noch. Taxifahrer gibt mir kein Handy? An die Zelle und sein Trinkgeld reinstecken. Liebe des Lebens getroffen? Hat bestimmt ein Handy. Du musst erst ihr Leben retten? Ok, aber vergiss nicht zu fragen. Und sag uns dann, wie spät es wird.

Sag nie zu Serientätern: »Wirst dich nie ändern, alter Hallodri!« Sondern »Wenn du eh Zeit hast, kannst du noch Bier holen.« Lade sie beim nächsten Mal früher ein und beim übernächsten Mal so spät, dass alle schon wieder weg sind, wenn sie noch später kommen. Wer trotz Zusage gar nicht kommt und nichts dazu sagt, braucht gar nicht mehr zu kommen. Und: Leute, die zu spät sind, sind besser als Leute, die zu früh sind oder zu spät gehen.

Drink des Tages

Rieslingpunsch

Auch wenn er nach kalter Brise schmeckt, tatsächlich haben die Briten den „punch" aus dem heißen Indien mitgebracht und ihn nach dem Hindi-Ausdruck für „fünf" benannt. Gemeint sind die fünf Grundzutaten: Wasser, Tee, Rum oder Arrak, Zucker, Zitrone. Wir haben aus Wasser Wein gemacht und schwören, dass das Ergebnis auch was für Sommerabende ist (gibt gut 3,5 Liter):

1 unbehandelte Zitrone heiß waschen. Schale dünn abreiben und den Saft auspressen, beides mit 350 g Zucker und $^{1}/_{4}$ l Arrak oder Rum verrühren. 5 TL Assam-Tee und $^{1}/_{2}$ TL Anissamen mit 1 l kochendem Wasser aufbrühen und 3 Minuten ziehen lassen. 3 Flaschen trockenen Riesling erhitzen und mit der Zuckerlösung und dem abgegossenen Tee mischen. Sieht schön in orientalischen Teegläsern mit einem Stück Zitronenschale drin aus.

5 mal

Käsefondue

Seit über 30 Jahren blubbert der Käse auf Partys in aller Welt. Wie weit es mit dem Fondue dabei gekommen ist, zeigen diese Fünf für vier:

Heidi Fondue

400 g Greyerzer und 200 g Raclette grob reiben, mit 300 ml trockenem Weißwein und 1 TL Zitronensaft mischen. Nach 2 Stunden unter Rühren sanft verschmelzen.
3 TL Stärke mit 2 EL Kirschwasser verquirlen, einrühren, aufkochen. In mit Knoblauch ausgeriebenen Fonduetopf füllen, mit Weißbrot stippen.

Viktualia Fondue

300 g Bergkäse und 200 g Emmentaler grob raspeln, 100 g Rotschmierkäse entrinden und würfeln. 1 Zwiebel schälen, würfeln, mit 1 TL Kümmel in 1 EL Butter braten. 200 ml Bier und 100 ml Buttermilch darin erhitzen, Käse darin schmelzen. 2 TL Stärke mit 2 EL Obstler verquirlen, einrühren, aufkochen. Mit Brezen, Gürkchen und Radieschen stippen.

Fonduta Xaver

400 g Fontina und 100 g Provolone würfeln, 100 g Parmesan reiben. In 200 ml Milch über Nacht kühl stellen. 100 ml Weißwein erhitzen. 1 EL Mehl mit 1 EL Butter verkneten, in den Wein rühren, zur Paste kochen. Käse samt Milch darin schmelzen. Aufkochen, vom Herd ziehen. 1 Ei und 2 Eigelbe reinrühren, aufs Rechaud damit. Mit Pellkartoffeln und Pilzen stippen.

Fondue Jeanne

400 g Roquefort und 200 g Butterkäse entrinden, würfeln. Je 150 ml Sahne und 150 ml Milch erhitzen, Roquefort darin schmelzen. 2 TL Zitronensaft reinrühren, Butterkäse darin schmelzen. 3 EL Süßwein mit 3 TL Stärke verquirlen, einrühren, aufkochen. Auf dem Rechaud mit Baguette, Birne, Staudensellerie stippen.

Fondue Los Alamos

300 g Chester und 300 g Ziegenfrischkäse entrinden und würfeln. 2 gewürfelte Knoblauchzehen und 3 gehackte Chilischoten in 1 EL Öl anbraten. Mit $^{1}/_{8}$ l Weißwein aufkochen, 150 g Sahnejoghurt und 1 TL Limettensaft reinrühren. Käse darin schmelzen. 2 TL Speisestärke mit 2 EL Tequila verquirlen, einrühren und aufkochen. Mit Paprikastreifen, Knoblauchwurst, Tortillas stippen.

small talk

»Prost«

Kurzform des lateinischen »prosit«, dessen Übersetzung, »es möge nützen«, bescheiden und bekömmlich klingt. Draußen in der Welt steht es aber eher fürs exzessive Trinken Made in Germany, so dass sich im australischen Outback wie in der U-Bahn von Tokio jederzeit jemand finden lässt, der fehlerlos »Ein Prooosit, ein Pro-ho-sit der Gemueeeet-lieeech-keit« aufsingen kann.

Englisch	Cheers!
Französisch	Santé!
Italienisch	Salute!
Spanisch	¡Salud!
Holländisch	Proost!
Schwedisch, Norwegisch	Skål!
Finnisch	Kippis!
Russisch	Nazdaravije!
Ungarisch	Egészségére!
Japanisch	Kanpai!
Polnisch	Na zdrowie!
Oktoberfestlich	Oans, zwoa, gsuffa!
Bitte nicht	Prösterchen! (Klingt ungesund)

Tomatensuppe
...mal mit O-Saft

Ein kleines Problem: Im Sommer gibt's gute Tomaten, im Winter gute Orangen. Wir lösen das so: Im Winter gibt's gute Orangen und Tomaten aus der Dose, im Sommer gute Tomaten und Saft aus der Flasche.

Vorbereiten: Suppe schon am Vortag kochen, aber ohne Jogurt
Aufbewahren: zugedeckt im Kühlschrank, aber nicht im Kochtopf. Kurz vorm Fest aufwärmen, Jogurt druntermischen
Kombinieren mit: Fleischbällchen, Reissalat mit Granatäpfeln, Avocado-Dip

Reicht solo für 4:

1 kg reife Tomaten (oder 1 große Dose)
1 Zwiebel, 2 Knoblauchzehen
1 TL Fenchelsamen, 1 EL Öl
3/4 l Gemüsebrühe
1/4 l Orangensaft (im Winter frisch gepresst)
Salz, schwarzer Pfeffer aus der Mühle
1 Prise Zucker, 100 g Jogurt
1/2 Bund Koriander

1 Aus den frischen Tomaten den Stielansatz rausschneiden. Tomaten in eine Schüssel legen, kochendes Wasser drüberschütten. Abschrecken, häuten und würfeln.

2 Zwiebel und Knoblauch schälen und ganz fein würfeln. Mit den Fenchelsamen im Öl andünsten. Tomaten dazu, Brühe auch. Aufkochen und ca. 15 Minuten kochen lassen. Mit dem Pürierstab durchmixen.

3 Orangensaft dazu, Salz, Pfeffer und Zucker und den Jogurt. Korianderblättchen abzupfen und draufstreuen.

So viel Zeit muss sein: 30 Minuten
Kalorien pro Portion: 140

Champignoncreme
So fein wie beim Franzosen

Vorbereiten: Suppe morgens kochen
Aufbewahren: zugedeckt im Kühlschrank, aber nicht im Kochtopf. Kurz vorm Fest kräftig aufkochen
Kombinieren mit: Entenpastete, Kräuter-Relish, Gefüllte Tomaten

Reicht solo für 4:

1 EL getrocknete Steinpilze (die geben noch mehr Geschmack)
250 g Champignons oder Egerlinge
1 kleine Zwiebel
2 EL Butter
1 EL Mehl
$^3/_4$ l Gemüsebrühe
Salz, schwarzer Pfeffer aus der Mühle
2–3 TL Zitronensaft
2 EL Crème fraîche
1 Kästchen Kresse

1 Steinpilze in eine kleine Schüssel schütten, $^1/_4$ l lauwarmes Wasser drübergießen und die Pilze weich werden lassen – dauert ungefähr 30 Minuten.

2 In der Zeit schon mal die frischen Pilze mit Küchenpapier abreiben, Stielenden abschneiden. Pilze in kleine Würfel schneiden. Zwiebel schälen und fein hacken. Getrocknete Pilze abtropfen lassen und auch klein schneiden. Das Einweichwasser durch eine Kaffee- oder Teefiltertüte laufen lassen.

3 Butter im Suppentopf warm werden lassen. Zwiebel und die Pilze darin andünsten. Das Mehl drüberstreuen und kurz anbraten. Brühe und Pilzwasser dazuschütten, Deckel drauf und 15 Minuten kochen lassen.

4 Suppe im Topf kurz durchpürieren. Ganz fein wird sie ohnehin nicht. Mit Salz, Pfeffer und Zitronensaft abschmecken, Crème fraîche reinrühren. Kresse abschneiden und draufstreuen.

So viel Zeit muss sein:
50 Minuten, davon 20 aktiv
Kalorien pro Portion: 110

Misosuppe
Weckt müde Gäste

Vorbereiten: Gemüse und Tofu schneiden
Aufbewahren: ein paar Stunden zugedeckt im Kühlschrank
Kombinieren mit: Dim Sum aus dem Ofen

Reicht solo für 4:

1–2 Frühlingszwiebeln
4 frische Shiitake-Pilze
200 g weicher Tofu (heißt auch Seidentofu)
1 l leichte Instant-Dashi (Brühe aus dem Asienshop)
70 g Misopaste (im Asienshop gibt's eine speziell für Suppe, sonst milde nehmen)

1 Wurzelbüschel und welke Stellen von den Frühlingszwiebeln abschneiden. Zwiebeln waschen und in feine Ringe schneiden. Shiitake mit Küchenpapier abwischen, entstielen und in feine Scheiben schneiden. Tofu in 1 cm große Würfel schneiden. Alles schon mal auf Suppenschalen verteilen.

2 Instant-Dashi aufkochen und vom Herd ziehen. Misopaste in ein Sieb geben und damit langsam in die heiße Dashi senken, dabei mit einem Kochlöffel die Misopaste sanft durchs Sieb rühren.

3 Misosuppe wieder erhitzen. Bevor sie kocht, auf die Suppenschalen verteilen.

So viel Zeit muss sein: 15 Minuten
Kalorien pro Portion: 115

Blitzversion:
Dashi aufkochen, einen Schöpfer davon in der Suppenschale mit dem Miso verrühren. Alle Einlagen in die übrige Brühe geben. Miso durch ein Sieb dazuschütten. 5 Minuten ziehen lassen, essen.

Rosmarin-Zwiebel-Suppe
...à l'italienne

Vorbereiten: max. 1 Tag vorher, Mascarpone erst nach dem Aufwärmen reinrühren
Aufbewahren: im Kühlschrank, aber nicht im Kochtopf
Kombinieren mit: Marinierte Gemüse, Lachstramezzini, Roquefort-Quark-Dip

Reicht solo für 4:

1/2 Bund Rosmarin
500 g Zwiebeln
2 Knoblauchzehen
2 EL Olivenöl
1 l Brühe
1/2 unbehandelte Zitrone
2 EL schwarze Oliven
1 EL Mascarpone (oder Crème fraîche)
Salz, schwarzer Pfeffer aus der Mühle

1 Rosmarin waschen und trockenschütteln. Nadeln abzupfen, fein hacken. Zwiebeln und Knoblauch schälen und fein würfeln.

2 Zwiebeln im großen Topf im Öl unter Rühren ca. 10 Minuten braten, bei mittlerer Hitze. Knoblauch und Rosmarin dazu, kurz mitbraten. Brühe dazuschütten, Deckel drauf, Suppe 10 Minuten köcheln lassen.

3 Zitrone heiß waschen, Schale fein abreiben. Oliven klein würfeln, Steine wegwerfen. Zitronenschale, Oliven und Mascarpone unter die Suppe rühren, salzen und pfeffern.

So viel Zeit muss sein: 40 Minuten
Kalorien pro Portion: 130

Ungarische Paprikasuppe
Rösten macht Arbeit, aber auch Aroma

Vorbereiten: max. 2 Tage vorher kochen, ohne saure Sahne
Aufbewahren: zugedeckt im Kühlschrank, aber nicht im Kochtopf
Kombinieren mit: Rosa Heringssalat, Roggenbrot mit Pilzkaviar, Schnittchen mit Erdäpfelkaas

Reicht solo für 4:

3 rote Paprikaschoten
1 Zwiebel, 2 Knoblauchzehen
1 Kartoffel (mehlig kochende Sorte)
2 EL Butter
1 TL scharfes, 2 TL mildes Paprikapulver
1/4 l Weißwein, 3/4–1 l Brühe
Salz, schwarzer Pfeffer aus der Mühle
200 g saure Sahne

1 Den Backofen auf 250 Grad schalten (auch schon jetzt: Umluft 230 Grad). Paprikaschoten waschen, halbieren und alles aus dem Inneren rauszupfen. Schoten mit der Haut nach oben aufs Blech legen und ca. 20 Minuten in den Ofen schieben, bis die Haut dunkle Blasen bekommt. Kurz abkühlen lassen, häuten und würfeln.

2 Zwiebel und Knoblauch schälen und fein hacken. Kartoffel schälen, waschen und fein raspeln.

3 Butter im großen Topf zerlaufen lassen. Zwiebel und Knoblauch reinrühren und kurz anschwitzen. Scharfes und mildes Paprikapulver drüberstäuben, kurz mitbraten.

4 Kartoffel reinrühren, Weißwein und Brühe auch. Deckel drauf und die Suppe etwa 10 Minuten kochen. Dann Paprikawürfel dazu, mit Salz und Pfeffer abschmecken und nochmal 10 Minuten kochen. Saure Sahne drunter, abschmecken, fertig.

So viel Zeit muss sein:
1 Stunde, davon die Hälfte aktiv
Kalorien pro Portion: 220

Erdnusssuppe mit Möhren
Low budget soup

Vorbereiten: max. 1 Tag vorher, Kresse erst nach dem Aufwärmen draufstreuen
Aufbewahren: zugedeckt im Kühlschrank
Kombinieren mit: Spareribs, Frischkäse-Dip, Tortillawürfel

Reicht solo für 4:

1 Zwiebel, 200 g Möhren
1 EL Öl, 3/4 l Brühe
120 g Erdnusscreme
Salz, schwarzer Pfeffer aus der Mühle
Cayennepfeffer, 1 Kästchen Kresse

1 Zwiebel schälen und fein schneiden. Möhren schälen und raspeln.

2 Öl im großen Topf erhitzen. Zwiebel und Möhren reinrühren und andünsten. Brühe drangießen, Deckel drauf, Suppe 20 Minuten kochen.

3 Pürieren, Erdnusscreme untermischen, mit Salz, Pfeffer und Cayenne abschmecken. Kresse abschneiden, draufstreuen.

So viel Zeit muss sein: 35 Minuten
Kalorien pro Portion: 250

Russische Rote-Bete-Suppe
Mit und ohne Fleisch ein Hit

Vorbereiten: max. 2 Tage vorher
Aufbewahren: im Kühlschrank, aber nicht im Kochtopf
Kombinieren mit: Kartoffelterrine mit Ziegenkäse, Gefüllte Spitzpaprika, Auberginenkaviar

Reicht solo für 4 :

200 g Lamm, Rind oder Schwein (man kann das Fleisch aber auch weglassen)
1 Zwiebel
500 g Rote Beten
1 Möhre
250 g Weißkohl
2 EL Butterschmalz
1 1/4 l Brühe
2 Lorbeerblätter
1 TL Kümmel
4–5 EL Rotweinessig
1 TL Zucker
Salz, schwarzer Pfeffer aus der Mühle
je 1/2 Bund Dill und Petersilie
200 g saure Sahne

1 Fleisch in ganz kleine Würfel schneiden. Zwiebel schälen und fein würfeln. Rote Beten und Möhre schälen und würfeln. Kohl waschen und in Streifen schneiden.

2 Schmalz im großen Topf erhitzen. Fleisch reinrühren und anbraten. Alles Gemüse dazu und andünsten. Brühe mit Lorbeer und Kümmel drangießen, Deckel drauf, Hitze auf mittlere Stufe schalten, die Suppe 30 Minuten kochen.

3 Essig, Zucker, Salz und Pfeffer drangeben, noch mal 30 Minuten kochen.

4 Kräuter waschen und trockenschütteln. Abzupfen und ganz fein hacken. Mit der sauren Sahne mischen. Kräuter-Sahne neben den Suppentopf stellen.

So viel Zeit muss sein:
30 Minuten schnippeln, 1 Stunde kochen
Kalorien pro Portion: 460

Japanische Nudelsuppe mit Huhn

Macht Gäste glücklich

Vorbereiten: am Vortag Huhn kochen, Nudeln kochen, Spinat auftauen
Aufbewahren: Huhn im Sud, Nudeln und Spinat zugedeckt im Kühlschrank, vor dem Fest warm machen, auf dem Buffet Eier und Zwiebelringe dazustellen
Kombinieren mit: Chinesische Krautröllchen, Tamgago maki, Fishcakes

Reicht solo für 4–6:

150 g TK-Blattspinat

1 Stück frischer Ingwer (ca. 2 cm lang)

1 Knoblauchzehe

150 ml Sojasauce

5 EL Reiswein oder Sherry

1 Sternanis oder 10 Anissamen

1 TL Zucker

4 Hähnchenbrustfilets

2 Eier

300 g japanische Ramen-Nudeln oder nicht zu feine Suppennudeln

2 Frühlingszwiebeln

1 Spinat aus der Packung nehmen, in ein Sieb legen und auftauen lassen. Ingwer und Knoblauch schälen und in Scheiben schneiden. 2 EL Sojasauce in ein Schälchen schütten, den Rest mit Ingwer, Knoblauch, Reiswein, Anis und Zucker verrühren.

2 Hähnchenfilets nebeneinander in einen weiten Topf oder in eine hohe Pfanne legen. Sojasaucenmischung drübergießen und dann so viel Wasser, dass das Fleisch davon bedeckt ist. Langsam warm machen, Deckel drauf und Hähnchenfilets bei schwacher Hitze 15 Minuten mehr sieden als kochen lassen. Im Sud abkühlen lassen.

3 Inzwischen Eier hart kochen, abschrecken. Nudeln kochen, wie es auf der Packung steht, ins Sieb schütten, gut abschrecken und abtropfen lassen. Frühlingszwiebeln waschen, Wurzelbüschel und alles Welke abschneiden. Zwiebeln in feine Ringe schneiden. Eier pellen und in Scheiben schneiden. Gegartes Hähnchenfleisch aus dem Sud nehmen und ebenfalls in Scheiben schneiden.

4 Die Brühe vom Hähnchen wieder heiß machen. Hähnchenscheiben, Spinat und Nudeln einlegen und warm werden lassen. Aber nicht heftig aufkochen. Mit der restlichen Sojasauce abschmecken und in Suppenschälchen füllen. Mit Ei und Zwiebelringen garnieren.

So viel Zeit muss sein:
45 Minuten (ohne Abkühlzeit)
Kalorien pro Portion (bei 6): 370

Basic Tipp

In Japan heißt der Reiswein Sake und wird aus Reis und Wasser fermentiert. Das tradionelle Getränk hat ungefähr 15 Prozent Alkohol und wird kühl und warm getrunken und eben auch viel zum Kochen verwendet. Wer ihn zu der Suppe trinken möchte, sollte ihn anwärmen. Im Wasserbad geht das am besten.

Nudelsuppe mit Bärlauchpesto

Bär- statt Knoblauch

Vorbereiten: Pesto 2–3 Tage vorher, Suppe frisch kochen
Aufbewahren: Pesto im Schraubglas im Kühlschrank
Kombinieren mit: Marinierte Gemüse, Käseröllchen, Fischterrine

Reicht solo für 4:

1 Bund Suppengrün, 1 Zwiebel

1 Dose geschälte Tomaten (400 g)

1 EL Olivenöl, $^3/_4$ l Brühe

150 g kleine Nudeln (Fusilli oder Orecchiette oder so)

Salz, schwarzer Pfeffer aus der Mühle

Für den Pesto:

100 g frischer Bärlauch

50 g Pinienkerne oder Mandeln ohne Haut

7 EL Olivenöl, 2 EL geriebener Parmesan (oder pro Person 1 EL gekauften Bärlauchpesto aus dem Glas), Salz

1 Suppengrün und Zwiebel schälen oder putzen und ganz klein würfeln. Tomaten abtropfen lassen und fein würfeln (Saft für was anderes verwenden oder wegschütten).

2 Öl im großen Topf warm machen, klein Gewürfeltes drin anbraten. Tomaten und Brühe dazu, aufkochen. Nudeln reinwerfen, auf mittlere Stufe schalten und alles 8–10 Minuten kochen.

3 Für den Pesto Bärlauch waschen, mit Pinienkernen oder Mandeln und Öl im Mixer pürieren. Käse druntermischen, salzen.

4 Suppe mit Salz und Pfeffer abschmecken, in eine Schüssel füllen, Pesto daneben stellen.

So viel Zeit muss sein: 30 Minuten
Kalorien pro Portion: 490

Nudelsuppe mit Kichererbsen

Scharfes Doppel

Vorbereiten: max. 2 Tage vorher machen, vor dem Fest noch etwas Brühe dazugeben und Petersilie frisch drüberstreuen. (Die Nudeln saugen Flüssigkeit auf). Oder Brühe vorbereiten, Nudeln erst beim Aufwärmen drin garen
Aufbewahren: Brühe zugedeckt im Kühlschrank, aber nicht im Kochtopf
Kombinieren mit: Tortillawürfel, Avocado-Dip, Tomaten-Dip

Reicht solo für 4:

1 Bund Petersilie

1 Zwiebel, 3 Stangen Sellerie

2 EL Olivenöl, 1 l Brühe

1 EL Tomatenmark

$^1/_2$–1 TL Harissa

je $^1/_2$ TL gemahlener Koriander und Kreuzkümmel

150 g Reisnudeln (Nudeln, die wie Reiskörner aussehen), 1 Dose gegarte Kichererbsen

1 EL Zitronensaft

Salz, schwarzer Pfeffer

1 Petersilie waschen, Blättchen abknipsen, Stiele fein hacken. Zwiebel schälen und hacken. Sellerie waschen und würfeln.

2 Öl im großen Topf warm machen, Petersilienstiele, Zwiebel und Sellerie drin anbraten. Brühe reinschütten, mit Tomatenmark und Harissa verrühren, mit Koriander und Kreuzkümmel würzen, aufkochen. Nudeln mit abgetropften Kichererbsen reinwerfen und 8–10 Minuten kochen.

3 Petersilienblättchen fein hacken, Suppe mit Zitronensaft, Salz und Pfeffer abschmecken, Petersilie draufstreuen.

So viel Zeit muss sein: 35 Minuten
Kalorien pro Portion: 520

Spinat-Reis-Suppe
Multi-Kulti im Suppentopf

Vorbereiten: am Vortag ohne Jogurtmischung
Aufbewahren: im Kühlschrank, aber nicht im Kochtopf
Kombinieren mit: Käseröllchen, Möhrensalat mit Trauben, Tahini-Dip

Reicht solo für 4:

450 g TK-Blattspinat

2 Knoblauchzehen

500 g Jogurt (am besten griechischer)

1 TL Kurkuma, 2 Stangen Lauch

2 EL Olivenöl

100 g Langkornreis

1 l Gemüsebrühe

Salz, schwarzer Pfeffer aus der Mühle

1 EL Zitronensaft

1 Spinat aus der Packung nehmen, im Sieb auftauen lassen. Knoblauch schälen, zum Jogurt pressen, Kurkuma untermischen.

2 Vom Lauch die Wurzelbüschel und die dunkelgrünen Teile abschneiden, Lauch längs halbieren, gut waschen und quer in Streifen schneiden. Spinat ausdrücken und hacken.

3 Öl im Topf erhitzen. Lauch, Spinat und Reis reinrühren, kurz andünsten, Brühe reinschütten. Deckel drauf, alles ca. 20 Minuten kochen. Mit Salz, Pfeffer und Zitronensaft abschmecken. Jogurtmischung unterrühren. Gut erhitzen, aber nicht kochen.

So viel Zeit muss sein: 35 Minuten
Kalorien pro Portion: 265

Provenzalische Kartoffelsuppe
Suuupi!

Vorbereiten: morgens oder mittags
Aufbewahren: im Kühlschrank, aber nicht im Kochtopf
Kombinieren mit: Fischterrine, Windbeutelchen mit Weincreme, Gefüllte Champignons

Reicht solo für 4:

500 g Kartoffeln (fest kochende Sorte)

1 mittelgroße Fenchelknolle

2 Schalotten oder kleine Zwiebeln

2 Knoblauchzehen

$^1/_2$ Bund frischer Thymian

eventuell ein bisschen frischer Lavendel

1 EL Olivenöl

1 TL Fenchelsamen

$^3/_4$ l Brühe

1 Döschen gemahlener Safran

1 kleine Dose geschälte Tomaten (400 g)

$^1/_4$ l trockener Weißwein

Salz, schwarzer Pfeffer aus der Mühle

1 Kartoffeln schälen und waschen, der Länge nach halbieren, quer in dünne Scheiben schneiden. Fenchel putzen, waschen und vierteln. In schmale Streifen schneiden. Schalotten und Knoblauch schälen und hacken. Thymian waschen, Blättchen abstreifen, Lavendel hacken.

2 Öl im Topf erhitzen. Schalotten, Knoblauch, Fenchel und Kartoffeln reinrühren und kurz anbraten. Fenchelsamen und Kräuter dazu, Brühe und Safran auch. Deckel drauf, alles ca. 10 Minuten kochen, bis die Kartoffeln bissfest sind.

3 Tomaten ohne Saft fein hacken, mit dem Wein dazuschütten, nochmal 5–10 Minuten köcheln. Mit Salz und Pfeffer abschmecken.

So viel Zeit muss sein: 35 Minuten
Kalorien pro Portion: 210

Auch gut an der Suppe: Abgeriebene Orangenschale drüberstreuen. Oder in die Teller geröstete Brotscheiben legen.

Let's do the Soup

Acht sind geladen, zehn sind gekommen? Gieß' Brühe zur Suppe, heiß' alle willkommen. Weil Suppenfeste sind freundliche Feste.

Suppe kochen

Für acht knapp 3 kg vorwiegend festkochende Kartoffeln schälen und vierteln. 1 große Zwiebel und 2–3 Knoblauchzehen schälen, 2 Bund Suppengrün waschen, schälen, putzen und grob würfeln. Das in 2 EL Öl langsam anbraten. Kartoffeln darin in knapp 4 l Gemüsebrühe in 20–30 Minuten weich kochen. Suppe durch ein Sieb in einen Topf gießen, Kartoffeln zurück in alten Topf und stampfen. Durchs Sieb drücken, Suppe mit Salz und Muskat abschmecken.

Wie's gut wirkt

Denk' Kirchweih, Halloween, Kartoffelfeuer. Sehe Strohgelb, Kürbisorange, Abendrot, Pellkartoffelbraun, Apfelgrün, Zwetschgenblau. Sende Kartoffeldrucke auf Packpapier als Einladung. Nimm nach Großfamilienart die Küchentür als Tisch und bastle Filz-Sets mit Namen drauf zum Mitnehmen. Werfe dekorativ mit Obst und Gemüse um dich. Lass Maiskolben hängen, Kürbisse leuchten, Laternen strahlen. Höre Blasmusik, irische Trinklieder, Country und Blues - solange es sich abwechselt.

Jetzt wird's Zeit, sich an den Tisch zu setzen. Weil echte Freunde kommen, mit denen wir richtig reden können. Schwestern, mit denen wir Suppenbrüderschaft essen wollen, und Brüder ... Ihr wisst schon. Denn kaum was vereint so sehr wie das gemeinsame Löffeln aus einem Topf, und kaum was wärmt die Sinne so wie Kartoffelsuppe auf dem Feuer. Damit's dabei nicht allzu erdig zugeht, streut, kleckst und träufelt jeder noch was Persönliches bei. Und schon geht's los mit den Lagerfeuergeschichten. Aber nicht den Handtuchreim vergessen: »Acht sind geladen, zehn sind gekommen, gieß' Brühe zur Suppe, heiß' alle willkommen.« Weil es mehr Leute zum richtigen Reden gibt, als man denkt.

Was wir brauchen

Damit alle inklusive dem Gastgeber in Ruhe löffeln können, ist ein Fondue-Set ideal fürs Kartoffelsuppenfest. Besser noch sind zwei Sets, weil so genug für alle da ist. Die Fonduetöpfe sind für die Suppe, die Schälchen für die Einlagen, die unterteilten Teller können gut für Zutatengruppen genommen werden – verschiedene Kräuter oder Käse zum Beispiel. Einlagen und Garnituren werden geschickt und großzügig auf dem Esstisch verteilt, so dass keiner lange suchen muss. Die Fonduegabeln? Bleiben in der Kiste. Dafür gibt es zwei Schöpfkellen, die nicht gleich in den Töpfen untertauchen, wenn man sie loslässt.

Geschöpft wird in möglichst große Suppentassen oder -schalen, Asia- oder Müslischalen sind auch gut, selbst große Kaffeetassen. Suppenteller sind zweite Wahl, weil darin die Einlage nicht so richtig warm werden könnte, bevor die Suppe kalt wird. Am Platz steht ein flacher Teller, weil's einfach schöner aussieht, daneben liegen der Suppenlöffel und wieder mal die Notfallgabel. Dazu noch Basic-Trinkgläser, in denen Bier normal und Rotwein schön rustikal wirkt, Wasser aber auch nicht stört. Und Gläschen fürs Danach, wie beim Käsefondue.

Wie wir löffeln

Wenn alle sitzen, kommen die Fonduetöpfe dreiviertel voll mit heißer Suppe aufs Rechaud, dessen Flamme ganz klein ist. Jetzt löffeln sich alle Gemüse, Fleisch, Fisch in die Schalen, mehr als 3 EL voll sollten es nicht sein. Darüber können noch Gewürze oder Kräuter gestreut und Würzsaucen gespritzt werden. Das passiert alles am besten am Platz, schon wegen des »Kannst du mir mal die Pilze geben?« Jetzt mit der Schale zum Topf und zwei, drei ordentliche Kellen Suppe hinein, alles einmal durchgerührt und vollendet: Mit einem Klecks Crème fraîche, mit einem Spritzer Aceto balsamico, mit einem Streuer Erdnüsse zum Beispiel.

Dann geht es weiter nach dem Motto »Iss Gutes und rede darüber«. Also weitersagen, wenn Räucherforelle, Kürbiskernöl, Meerrettich das Nonplusultra sind. Und ausprobieren, wenn einer berichtet, dass Avocado, Kaviar, Zitronensaft mindestens genauso gut sind. Was auch heißt: lieber kleine Portionen machen, damit mehr Platz für neue Kreationen bleibt.

Damit geht's für acht

Auf jeden Fall:
6–8 l Kartoffelsuppe (Rezept links)
Zum Abschmecken (nach Gusto):
Curry, Muskat, Pfeffer, Salz; Basilikum, Dill, Estragon, Kerbel, Kresse, Petersilie, Schnittlauch; Maggi, Senf, Sojasauce, Tabasco, Worcester-Sauce; Limetten- und Zitronensaft
Gemüse als Einlage (gut 800 g):
feine Streifen, Scheiben oder Würfel von Rohem wie Avocado, Champignons, Frühlingszwiebeln, Paprika, Spinat, Tomaten; Vorgegartes wie Broccoli, Erbsen, Kürbis, Lauch, Mais; Kapern, Oliven, getrocknete Tomaten.
Fleisch & Fisch als Einlage (400 g):
Streifen oder Würfel von Braten, Putenbrust, Wurst, Schinken, gebratenem Speck, Kochwürstchen sowie von Räucherfischen, rohem Lachs, Tunfisch; Garnelen, Kaviar, Sardellen
Zum Vollenden (nach Gusto):
Olivenöl, Kürbiskernöl, Aceto balsamico; Crème fraîche, Jogurt, Pesto; Nüsse & Kerne, geröstete Brotwürfel, geriebener Parmesan, Würfel von Blauschimmel-, Rotschmier- oder Schafkäse zum Streuen.
Zum Trinken: Wasser, Buttermilch, Bier, Rotwein, Schnäpse, Obstbrände
Für vorher: Marinierte Gemüse (S. 64), Kräuter-Relish (S. 44)
Für nachher: Apfel-Charlotte (S. 151), Pochierte Birnen (S. 148)

Ratatouille mit Käsebaguette

Ein klassischer Südfranzose

Vorbereiten: max. 2 Tage vorher
Aufbewahren: in einer Schüssel zugedeckt im Kühlschrank, Brote frisch machen
Kombinieren mit: Kräuter-Relish, Fischterrine, Linsensalat

Reicht solo für 4:

2 Auberginen, 2 Zucchini
je 1 rote und gelbe Paprikaschote
1 große Zwiebel, 2–4 Knoblauchzehen
5 EL Olivenöl
1 Dose geschälte Tomaten (400 g)
$^1/_8$ l trockener Rotwein (oder Wasser)
$^1/_2$ TL getrocknete Kräuter der Provence
Salz, schwarzer Pfeffer aus der Mühle
8–12 Scheiben Baguette
1 Ziegen-Camembert

1 Auberginen und Zucchini waschen, putzen und würfeln. Paprikaschoten waschen und den Deckel abschneiden. Aus dem Inneren alles rauszupfen. Schoten vierteln und in Streifen schneiden. Zwiebel und Knoblauch schälen und klein würfeln.

2 Gut die Hälfte vom Öl in einem Schmortopf warm machen. Auberginen reinwerfen und rundherum gut anbraten, wieder rauslöffeln. Übriges Öl in den Topf schütten, Zucchini und Paprikaschoten drin anbraten. Zwiebel und Knoblauch dazu. Tomaten in der Dose klein schneiden und mit dem Wein dranschütten. Auberginen wieder untermischen. Kräuter, Salz und Pfeffer auch.

3 Deckel drauf, Hitze klein schalten und das Gemüse ca. 30 Minuten schmoren. Und wenn das anschließend gleich gegessen wird, nach ungefähr 20 Minuten den Backofen auf 220 Grad (Umluft auch schon jetzt: 200 Grad) schalten. Die Brotscheiben aufs Backblech legen. Den Ziegen-Camembert in ca. $^1/_2$ cm dicke Scheiben schneiden und auf die Brotscheiben legen. In den Ofen in die Mitte schieben und ungefähr 10 Minuten backen, bis der Käse leicht zerläuft. Knusprige Käsebaguettes mit heißer oder lauwarmer Ratatouille servieren.

So viel Zeit muss sein:
1 Stunde, davon 30 Minuten zu tun
Kalorien pro Portion: 400

Linsen mit Pancetta

Ein vielseitiger Italiener

Vorbereiten: max. 2 Tage vorher, Tomaten frisch beim Aufwärmen untermischen
Aufbewahren: im Kühlschrank, nicht im Topf
Kombinieren mit: Crostini mit Mandeln, Marinierte Gemüse, Käseröllchen

Reicht solo für 4:

150 g Pancetta (oder durchwachsener Speck)
2 Knoblauchzehen
je ein paar Zweige frischer Thymian und Salbei (ersatzweise getrockneter Thymian – Salbei dann weglassen)
2 EL Olivenöl
400 g braune oder grünliche Linsen (am besten kleinere)
ca. $^1/_2$ l Rotwein und Brühe gemischt oder nur Brühe
600 g Tomaten
1 Bund Basilikum
Salz, schwarzer Pfeffer aus der Mühle
eventuell 1 Schuss Essig

1 Pancetta in kleine Würfel schneiden. Knoblauch schälen und fein hacken. Frische Kräuter waschen. Thymian abstreifen, Salbei abzupfen und in Streifen schneiden.

2 Öl in den Schmortopf oder die hohe Pfanne schütten. Speck reinwerfen und knusprig ausbraten, immer wieder umrühren. Ungefähr $^1/_3$ für später rauslöffeln. Knoblauch, Kräuter und Linsen zum Rest rühren, kurz braten.

3 Rotwein und Brühe dazuschütten, Deckel drauf, Hitze auf mittlere Stufe schalten und die Linsen 30–50 Minuten garen – bis sie noch nicht ganz, aber fast weich sind.

4 In der Zeit Stielansatz aus den Tomaten rausschneiden. Kochendes Wasser über die Tomaten gießen, Tomaten abschrecken, häuten und klein würfeln. Basilikum abzupfen und in Streifen schneiden. Tomaten unter die Linsen mischen, noch ca. 10 Minuten weiter garen. Mit Salz, Pfeffer und eventuell Essig abschmecken, Basilikum und Pancetta draufstreuen.

So viel Zeit muss sein: 1–1 $^1/_4$ Stunden, mit 20–40 Minuten Arbeitspause
Kalorien pro Portion: 520

Stamppott

Ein echter Holländer – aufgewärmt noch besser

Vorbereiten: max. 1 Tag zuvor
Aufbewahren: zugedeckt im Kühlschrank, Speck extra, damit er knusprig bleibt
Kombinieren mit: Smørrebrød

Reicht solo für 4–6:

150 g getrocknete weiße Bohnen
500 g frische grüne Bohnen
500 g Kartoffeln (fest kochende Sorte)
4 säuerliche Äpfel (z.B. Boskoop)
$^1/_2$ unbehandelte Zitrone
1 Stück Zimtstange (ungefähr 5 cm lang)
1 EL Zucker, Salz
250 g durchwachsener Speck

1 Weiße Bohnen mit Wasser bedecken und über Nacht quellen lassen. Dann abschütten, mit frischem Wasser in einen Topf füllen und aufkochen. Deckel drauf und die Bohnen bei mittlerer Hitze in ca. 1 Stunde weich kochen.

2 Inzwischen grüne Bohnen waschen, Enden abknipsen. Bohnen in 3–4 cm lange Stücke schneiden. Kartoffeln und Äpfel schälen, Äpfel entkernen und mit den Kartoffeln grob würfeln. Zitrone waschen, in Scheiben schneiden.

3 Grüne Bohnen, Äpfel und Kartoffeln mit Zimt, Zucker, Salz und Zitronenscheiben in einen Topf füllen. Knapp mit Wasser bedecken und heiß machen. Deckel drauf, alles bei mittlerer Hitze ungefähr 15 Minuten kochen, bis Bohnen und Kartoffeln weich sind.

4 Speck in Würfel schneiden und in einer Pfanne bei mittlerer Hitze knusprig braten. Zimt und Zitronenscheiben aus dem Topf fischen, Kartoffelmischung mit dem Kartoffelstampfer grob zerkleinern. Weiße Bohnen (ohne Wasser) und das ausgebratene Speckfett unterrühren. Der Eintopf soll flüssiger sein als Kartoffelpüree, aber trotzdem nicht fließend. Wenn er zu trocken ist, etwas Bohnenwasser untermischen. Stamppott abschmecken, in eine Schüssel füllen und die Speckwürfel drüberstreuen.

So viel Zeit muss sein:
1 $^1/_4$ Stunden, davon 50 Minuten zu tun
Kalorien pro Portion (bei 6): 410

Jambalaya
Nicht nur für Cajun-Fans

In den Eintopf kann so ziemlich alles, was man gerne mag: Huhn, Wurst, gekochter Schinken oder Bratwurst. Mit oder ohne Fisch – ein Topf für alles eben.

Vorbereiten: max. 1 Tag vorher, aber ohne Fisch und Garnelen. Vor dem Servieren alles nochmal aufkochen und eventuell Brühe dazuschütten (falls der Reis zuviel geschluckt hat). Dann Fisch und Garnelen garen, Frühlingszwiebeln und Petersilie drauf
Aufbewahren: zugedeckt im Kühlschrank, aber nicht im Topf
Kombinieren mit: Truthahn mit Cajun-Salsa, Falafel, Möhrensalat mit Trauben

Reicht solo für 4–6:

3 Stangen Sellerie
2 grüne oder rote Paprikaschoten
2 Zwiebeln, 2 Knoblauchzehen
1/2 Bund frischer Thymian (ersatzweise 1 TL getrockneter)
150 g roher Schinken
2 EL Öl
250 g Langkornreis
1 kleine Dose geschälte Tomaten (400 g)
1/2 l Hühnerbrühe (darf auch Gemüsebrühe sein)
400 g Fischfilet (z.B. Kabeljau), Salz
250 g rohe Garnelen
schwarzer Pfeffer aus der Mühle
Cayennepfeffer, Tabascosauce
1 Bund Frühlingszwiebeln
1 Bund Petersilie

1 Sellerie und Paprika waschen und putzen. Sellerie in Scheiben, Paprika in Würfel schneiden. Zwiebeln und Knoblauch schälen und fein schneiden. Thymian waschen und trockenschwenken, Blättchen abstreifen – am besten geht das gegen die Richtung, in die sie wachsen.

2 Schinken in kleine Würfel schneiden. Öl im großen Topf warm machen. Zwiebeln und Knoblauch mit Schinken drin anrösten. Gemüse und Thymian dazu, dann den Reis.

3 Tomaten in der Dose klein schneiden, mit der Hühnerbrühe dazuschütten. Deckel drauf, Hitze klein schalten und alles ca. 20 Minuten köcheln lassen.

4 Inzwischen den Fisch in löffelbare Stücke schneiden, salzen. Garnelen aus den Schalen pulen, am Rücken leicht einschneiden und den schwarzen Darm rausziehen.

5 Tomatenmischung mit Salz, Pfeffer, Cayennepfeffer und Tabasco abschmecken. Fisch und Garnelen drauflegen, Deckel wieder drauf und alles noch mal 5 Minuten garen.

6 Inzwischen von den Frühlingszwiebeln Wurzelbüschel und die welken Teile abschneiden. Zwiebeln waschen und in feine Ringe schneiden. Petersilie waschen, trockenschütteln und auch fein schneiden. Fisch mit Frühlingszwiebeln vorsichtig unter die Reismischung rühren. Noch mehr Tabasco dran? Auf jeden Fall Petersilie drauf und aufs Buffet damit.

So viel Zeit muss sein: 1 Stunde
Kalorien pro Portion (bei 6): 400

Noch'n Fischpott

Der schnelle Fischtopfbruder aus Italien und Frankreich geht so: Zwiebeln und Knoblauch andünsten, mit Fenchelsamen oder Kräutern der Provence würzen. 1 gewürfelten Fenchel oder Stangensellerie dazu, mit Tomaten aus der (großen!) Dose aufschütten, 1 Glas Fischfond dran, mit Salz, Pfeffer und eventuell Safran würzen. 700 g gemischte Fischfilets (ruhig billige nehmen!) in Würfel schneiden und rein legen. Deckel drauf, Fisch 10 Minuten ziehen lassen. Dazu gibt's Mayo mit frisch gepresstem Knoblauch und geröstetes (Toast-)brot.

Entencurry
Zum Reinsetzen gut

Vorbereiten: 1 Tag vorher Ente marinieren und braten, Rest 1 Stunde vor dem Fest
Aufbewahren: Marinierte Ente auf einem Teller im Kühlschrank
Kombinieren mit: Chinesische Krautröllchen, Fishcakes, Misosuppe

Reicht solo für 4:

1/2 Bund Koriander, 5 Knoblauchzehen
2 EL Honig, 2 EL Sojasauce
Salz, schwarzer Pfeffer aus der Mühle
2 Entenbrustfilets (ca. 700 g), 5 EL Öl
200 g Cocktailtomaten
1 kleine Dose Ananasstücke
2 EL rote Currypaste
1 Dose Kokosmilch (400 g)
3 EL Fischsauce (aus dem Asia-Shop)
1 Bund Basilikum

1 Koriander waschen, trockenschütteln, Blättchen abzupfen. Knoblauch schälen, beides erst hacken, dann im Mörser zerdrücken. Mit Honig, Sojasauce, Salz und Pfeffer verrühren. Entenbrüste damit einreiben und mindestens 2 Stunden ziehen lassen.

2 In einer Pfanne 2 EL Öl warm machen. Entenbrüste zuerst auf der Hautseite, dann auf der Fleischseite jeweils ca. 5 Minuten braten – bei mittlerer Hitze. In der Pfanne abkühlen lassen.

3 Tomaten waschen, Ananas abtropfen lassen (Saft trinken oder wegschütten). Entenfilets in Scheiben schneiden.

4 Wok heiß machen, übriges Öl reinschütten. Currypaste einrühren, dann die Kokosmilch. Kurz köcheln lassen. Ente, Tomaten, Ananas und Fischsauce dazuschütten, kurz köcheln lassen. Basilikum abzupfen. Untermischen, servieren.

So viel Zeit muss sein:
40 Minuten (+ 2 Stunden Marinierzeit)
Kalorien pro Portion: 520

Tipp:
Neben das Entencurry gut eingeweichte und abgetropfte Glasnudeln oder nach Packungsaufschrift gekochte Reisnudeln stellen. Jeder füllt sich ein paar Nudeln ins Schälchen und schöpft heißes Entencurry drüber. Die Nudeln werden mindestens lauwarm und alles schmeckt wunderbar!

Colombo
Kein Krimi! Keine Stadt! Schweinsragout! Und zwar karibisch!

Vorbereiten: max. 1 Tag vorher
Aufbewahren: im Kühlschrank, aber nicht im Kochtopf
Kombinieren mit: Avocado-Dip, Reissalat mit Granatäpfeln, Gurken-Raita

Reicht solo für 4:

800 g Schweineschulter
6 Knoblauchzehen
1 rote Chilischote
2 unbehandelte Zitronen
2 Zwiebeln
1 Salatgurke
1 Mango (möglichst unreif)
2 EL Öl, 1 EL getrockneter Thymian
4 EL Currypulver, 1 EL Mehl
Salz, 1 Bund Petersilie

1 Fleisch würfeln, in löffelbare Stücke. 4 Knoblauchzehen schälen, würfeln. Chilischote waschen, mit den Kernen klein schneiden. 1 Zitrone waschen und die Schale abreiben, auspressen. Dies alles mischen und über Nacht ziehen lassen.

2 Dann Zwiebeln und den übrigen Knoblauch schälen und würfeln. Gurke schälen und der Länge nach vierteln. In 1 cm dicke Stückchen schneiden. Mango schälen, Fruchtfleisch vom Kern schneiden und ungefähr so groß wie die Gurkenstückchen würfeln.

3 Fleisch trockentupfen. Öl heiß machen, Fleisch in 2 Portionen kräftig drin anbraten. Rausnehmen, Zwiebeln, Knoblauch und Thymian ins Fett rühren. Fleisch, Curry und Mehl dazu, nochmal kurz andünsten. Marinade dazuschütten und so viel Wasser, dass das Fleisch gerade bedeckt ist. Salzen, Deckel drauf und alles ca. 15 Minuten köcheln lassen.

4 Gurke und Mango dazu, alles nochmal 30 Minuten garen. In der Zeit die zweite Zitrone wie eine Orange schälen, halbieren, entkernen und in Stücke schneiden. Petersilie waschen, abzupfen und fein hacken.

5 Wenn das Fleisch weich ist, Zitrone und Petersilie unterrühren, abschmecken und in eine Schüssel füllen.

So viel Zeit muss sein: 1 1/4 Stunden (+ 1 Nacht zum Durchziehen)
Das schmeckt dazu: Reis
Kalorien pro Portion: 345

Chili con chicken

Mindestens so fein wie der berühmte Bruder

Vorbereiten: max. 2 Tage vorher, Kräuter erst nach dem Aufwärmen draufstreuen
Aufbewahren: zugedeckt im Kühlschrank, aber nicht im Kochtopf
Kombinieren mit: Tomatensuppe, Avocado-Dip, Käseröllchen

Reicht solo für 4:

500 g Hähnchenbrustfilet
2–3 Zucchini
1 rote Paprikaschote
1 Zwiebel
2 Knoblauchzehen
1 Dose Maiskörner (285 g Abtropfgewicht)
2 EL Öl
1 kleine Dose geschälte Tomaten (400 g)
1/8 l Hühnerbrühe
Salz
1 TL getrockneter Oregano
1/2 TL gemahlener Kreuzkümmel
1 TL Chilipulver (oder mehr)
Tabasco nach Geschmack
1/2 Bund Koriander oder 1 Bund Petersilie

1 Hühnerfleisch erst in dünne Scheiben, dann in Streifen, dann in kleine Würfel schneiden. Zucchini und Paprika waschen, putzen und würfeln. Zwiebel und Knoblauch schälen und fein schneiden. Mais in ein Sieb schütten, kaltes Wasser drüberlaufen lassen.

2 Öl im Topf warm machen, darin Zwiebel, Knoblauch und Fleisch anbraten, bis das Fleisch nicht mehr rosa ist. Gemüse und Mais dazu. Tomaten in der Dose klein schneiden, mit dem Saft und der Brühe dazuschütten. Alles mit Salz, Oregano (vorher zwischen den Fingern leicht zerreiben), Kreuzkümmel und Chili würzen.

3 Deckel drauf, Hitze klein schalten und alles ca. 20 Minuten schmoren. Mit Tabasco abschmecken. Und eventuell auch noch leicht salzen. Koriander oder Petersilie waschen, trockenschütteln und klein schneiden. Draufstreuen. Dazu gibt's Brot, am besten kräftiges.

So viel Zeit muss sein:
1 Stunde, davon 40 Minuten aktiv
Kalorien pro Portion: 465

Rettet Mittag

das essen

Jetzt mal Klarwort statt Prosa: Was ist nur aus dem Mittagessen geworden? Hinter Fast-Food-Ketten weggesperrt? Von Kantinenköchen vergiftet? Am Tastatur-Tramezzini erstickt? Oder wegen zu vieler mieser Sonntagsbrunchs einfach verhungert? MITTAGESSEN, WO BIST DUUUUUU? Los, alle mitsuchen jetzt!

Wie, keine Zeit, zu viel Arbeit, musst was schreiben? Schreib' erst mal so viel wie Goethe, und bei dem gab es täglich Mittagessen für Freund und Familie. Ach was, früher war nicht alles anders. Nur schwieriger, weswegen du jetzt in deiner Astronautenküche doch fix mal ein Schnitzel machen können solltest. Kannst du nicht? Weil du's nicht kannst?? Mensch, das ist das vierte Basic hier, da wird sich doch ... ???

Ok, ok, war ja nicht so gemeint. Aber weißt du, ich finde Mittagessen so toll, dass ich jeden Tag zwölf Leute dazu haben könnte. Dann sitzen alle an einem Tisch, essen alle das gleiche, und nachher will jeder Kaffee. Aaaaaach, wäre das mal wieder schön. He, das machen wir! Ab jetzt täglich für zwölf: Sahnelachs, Lammbraten, Käsesoufflé. Ja, von mir aus auch abends für sechs. Hauptsache jeder hat seinen Platz, einen Teller und viel Zeit. Aber Sonntag muss es mittags sein! Und dann sehen wir mal, wie lange es dieses Brunch-Zeugs noch gibt.

10 gute Gründe fürs Mittagessen

Alles was gegen die schnelle Schnitte im Stehen spricht.*

1. Ich kann mich gleich nach dem Frühstück schon wieder auf was Gutes freuen.

2. Ein gutes Mittagessen kann einen miesen Tag in einen guten verwandeln. Das beste Abendessen kann nur die miesen Reste retten.

3. Wer schon beim Mittagessen statt beim Abendbrot sagt, dass heute nichts mehr gearbeitet wird, hat länger was davon.

4. Wer mittags gut gegessen hat, kann abends was Besseres machen.

5. Wer mittags was Richtiges isst, schlappt ab, wenn der Biorythmus sowieso abschlappt. Wer mittags nichts Richtiges isst, schlappt später ab, wenn Kopf und Körper wieder nach oben wollen.

6. Mittags was Richtiges zu essen hat was von Kinderzeit und Wochenende. Mittags richtig essen zu gehen hat was von Ausflug und Urlaub.

7. Eine Einladung zum Mittagessen hat was Alltägliches und Luxuriöses zugleich.

8. In Frankreich und Italien liebt man Mittagessen.

9. Viele Lieblingsgerichte sind typische Mittagessen - Pasta, Sauerbraten, grüne Sauce, Wiener Schnitzel.

10. Hunger! Und der Kaffee danach.

*Dass ein gutes Essen zu Mittag gesünder ist als am Abend, ist da eher Nebensache.

Drink des Tages

Lassi

Lassi ist indisch, wirkt wie eine Kreuzung aus Ice Cream Soda und Jogurt-Shake und ist nicht nur nach einem scharfen Mittagscurry ziemlich erfrischend. Je nach Gusto wird er gesalzen oder gesüßt getrunken.

Für 4 Gläser würzigen Basic-Lassi werden 300 g Jogurt mit $^{1}/_{2}$ l eiskaltem Wasser oder Mineralwasser (schäumt mehr), $^{1}/_{4}$ TL Salz und 1 Messerspitze geröstetem Kreuzkümmel für ein paar Sekunden gemixt, bis es schäumt, und dann auf Eis serviert (das kann auch mitgemixt werden, dann aber nicht zu fein werden lassen).

Für würzig süßen Lassi zehn Fäden Safran in 1 EL heißer Milch einweichen. 1 Mango und 1 kleine Banane schälen, Fruchtfleisch würfeln und mit 300 g Jogurt, 300 ml eiskaltem Mineralwasser, Safran samt Milch, $^{1}/_{2}$ TL gemahlenem Kardamom, 1 EL Honig und 1 TL Zitronensaft pürieren. Etwa 200 g Eiswürfel (ein Behälter voll) so lange mitmixen, bis es grob zerstoßen ist. Gleich trinken.

small talk

»Guten Appetit«

»Hunger ist der beste Koch« sagt der Dorfälteste. Und wenn er uns dann einen guten Appetit wünscht, fragen wir uns: Ist das jetzt nötig? Ist das so mies, dass jetzt der gute alte Appetit ran muss, damit wir es runterkriegen? Oder meinte er eher: »Sattheit ist der schlechteste Koch«. Was heißen kann: Das ist so lecker hier, da hoffe ich nur, dass ihr jetzt auch richtig Lust drauf habt. Verlangen, Appetit eben. Gutes Hinlangen also. Denn wer weiß, wann es uns wieder so gut geht.

Englisch	Enjoy your meal
Italienisch	Buon appetito
Französisch	Bon appetit
Spanisch	Buen provecho
Holländisch	Eet smakelijk
Norwegisch	God appetit
Schwedisch	Smaklig maltid
Finnisch	Hyvää Ruokahalua
Polnisch	Smacznego
Kantinesisch	Mahlzeit!
Bitte nicht	Darf man hier rauchen?

S.O.S.

»War das nötig?«

Geburtstage sind ja eine gute Gelegenheit, mal wieder Freunde einzuladen. Wenn nur die Geschenke nicht wären! Ob ich sage, dass ich keine will, oder ob ich nicht sage, dass ich Geburtstag habe – ein paar haben immer was dabei. Ich weiß nicht, was ich da machen soll.
Marga aus Fritzlar

Tante Ilse rät:

Sag »danke« und freu dich. Denn es gibt offenbar Menschen, die dich mögen und dir gerne was schenken. Verdirb's ihnen nicht, indem du wie ein Millionär »bitte keine Geschenke« wünschst. Den Geburtstag verschweigen ist auch nichts, weil jemand weiß es (hoffentlich) trotzdem, und schon steht der Rest blöd da. Magst du keine Geburtstagsgeschenke, feier nicht Geburtstag. Es gibt noch andere Gründe, Freunde einzuladen ...

Die könnten dann Blumen dabei haben. Macht nichts, so lange nicht alle welche haben. Weil dann brauchst du Hilfe. Ansonsten danken, freuen, wässern. Wein? Kniffliger. Ist er für jetzt? Der warme Weiße nicht, der kalte Sekt schon. Bringt der Kenner eine rote Granate zur wilden Party mit, bettest du sie mit einem Augenzwinkern zur Ruhe, das sagt: »Den feiern wir zwei wann anders.« Brave Gäste sagen ohnehin, wie es gemeint ist.

Trinkwein stört nie. Aber was machen, wenn er nicht ins Menü passt? »Ich hab' uns zu den Nudeln Nebbiolo besorgt. Wer es provenzalisch mag, für den hat Hans was«, etwa. Nützt auch, um sich mitgebrachte Plempe zu ersparen. Weswegen es nie gut ist, sich auf mitgebrachte Getränke zu verlassen.

Und wenn es doch ein Päckchen ist? »Das war doch nicht nötig!« hieße: »Bist umsonst durch die Stadt gerannt.« Kommt's im Papier auf die Seite, heißt das: »Was drin ist, ist mir auch egal«. Also danke sagen, so bald wie möglich auspacken und sich freundlich freuen. Immer. Nicht murmeln, wenn es wieder die Billigpralinen von der Nachttankstelle oder der Protzfresskorb sind. Und nicht ewig jubeln, wenn's das ewige Lieblingsstück ist – da sind noch andere Gäste und Geschenke.

5 mal was als Beilage

»Rettet das Mittagessen« heißt auch »Rettet die Beilage«. Fünf Kombi-Rezepte:

Pilzschmarren

250 g Pilze putzen, würfeln. 3 Eier mit 80 g Mehl, 250 g Magerquark, 4 EL Milch verrühren, salzen. Pilze in 2 EL Butter 1 Minute braten. Salzen, pfeffern, Quarkteig draufgeben. Goldgelb braten, wenden, fertigbraten. Zum Schmarren zerreißen, mit 1 EL Butter knusprig braten. Gut zu Braten.

Gurkengeschmor

1 Gurke schälen, halbieren, entkernen, in $^1/_2$ cm dicke Scheiben teilen. 1 Zwiebel schälen, würfeln. 100 g Räucherspeck ebenso. 300 g Kartoffeln schälen, vierteln und wie die Gurke teilen. Speck und Zwiebeln in 1 EL Öl braten. Gurke 1 Minute mitdünsten. Mit $^1/_2$ TL Paprika, Salz, Zucker würzen. Mit Kartoffeln in 150 ml Brühe und 1 EL Rotweinessig 15 Minuten schmoren. 1 EL Dill und 100 g saure Sahne einrühren. Zu Fisch und Geflügel.

Nouilles au fenouil

1 Fenchelknolle waschen, vierteln und in feine Streifen teilen. 2 Schalotten schälen, halbieren und in Streifen schneiden. Beides mit $^1/_2$ TL Anissamen und 1 Prise Zucker in 4 EL Olivenöl 5 Minuten sanft schmoren. 250 g dünne Bandnudeln bissfest kochen, samt Saft von $^1/_2$ Zitrone unter den Fenchel schwenken. Gut zu hellen Ragouts.

Cornfritters

150 g Dosenmais mit 3 EL Crème fraîche und 2 Eiern pürieren. Mit 50 g Mehl, $^1/_2$ TL Backpulver, 150 g Maiskörnern verrühren. Mit Salz und Cayenne würzen. Teigkleckse in 2 EL heißes Öl setzen, glattstreichen und auf beiden Seiten goldgelb braten. Gut zu Steaks und Bratwurst.

Panzanella al forno

1 Bund Rucola, 1 Radicchio und 1 Bund Basilikum waschen, putzen, grob hacken. 1 Knoblauchzehe schälen und hacken. 3 Scheiben Weißbrot entrindet würfeln. 300 ml Milch mit Knoblauch und 100 g geriebenem Parmesan aufkochen, übers Brot gießen. Abgekühlt mit Salat, Basilikum, 1 EL Kapern und 4 Eiern mischen. In geölter Gratinform 25-30 Minuten im 150 Grad heißen Ofen backen. Gut zu Schmorgerichten.

Backhendl mit Kartoffel-Gurken-Salat
Ohne Schmäh

Davor: Marinierte Gemüse
Danach: Gelbe Grütze

Für 4:

Für den Salat:

1 kg Kartoffeln (fest kochende Sorte)

1 Zwiebel

$^1/_4$ l Gemüse- oder Fleischbrühe (und die soll kräftig sein, also in jedem Fall aus Würfeln oder gekörnt machen)

ungefähr $^1/_2$ EL scharfer Senf

2 EL Essig (heller)

Salz, schwarzer Pfeffer aus der Mühle

4 EL Öl (am besten eins, das nicht zu intensiv schmeckt)

1 Gurke

Für das Hendl:

1 Hähnchen (ungefähr 1,2 kg schwer)

Salz, 2 Eier

50 g Mehl, 130–150 g Semmelbrösel

gut $^1/_4$ l Öl zum Frittieren

Zitronenschnitze

1 Erst mal das machen, was man vorbereiten kann, nämlich den Salat. Also die Kartoffeln unter dem Wasserstrahl abbürsten und mit der Schale in einen Topf legen. Wasser reinlaufen lassen – ungefähr so viel, dass sie halb bedeckt sind. Heiß machen und die Kartoffeln kochen, bis sie weich sind, aber nicht zu weich. Einfach nach 20 Minuten mal mit einem Messer reinstechen.

2 Inzwischen schon mal die Zwiebel schälen und fein hacken. Mit der Brühe einmal aufkochen. Senf, Essig, Salz, Pfeffer und Öl dazurühren.

3 Die gekochten Kartoffeln in ein Sieb schütten und ein paar Minuten warten, bis sie nicht mehr allzu heiß sind. Dann schälen und in schön dünne Scheiben schneiden. Gleich mit der Sauce mischen. Gurke schälen und hobeln, leicht salzen und stehen lassen.

4 Und jetzt das Hendl. Wer einen freundlichen Geflügelhändler hat, bittet den, das Tier in 8–10 Stücke zu schneiden. Alle anderen müssen es selber machen. Mit dem Messer und der Geflügelschere – und zwar immer am besten an einem Gelenk teilen.

5 Und jetzt kommt auch die Haut weg. An einer Stelle drunterfahren – mit dem Finger oder mit einem Löffelstiel – und Haut ablösen, dann abziehen. Hähnchen salzen.

6 Eier in einen Teller aufschlagen und leicht verquirlen. Mehl und Semmelbrösel jeweils in andere Teller füllen. Das Öl in einer tiefen Pfanne heiß werden lassen. Und den Backofen auf 100 Grad einstellen.

7 Jedes Hähnchenstück erst im Mehl wenden. (Wenn zu viel dran hängt, abklopfen.) Dann durchs Ei, zum Schluss durch die Brösel ziehen. Die Stücke portionsweise ins heiße Öl legen und bei mittlerer Hitze 15–20 Minuten (je nach Dicke) backen. Dabei mehrmals umdrehen. Jeweils rausholen, auf Küchenpapier legen zum Abfetten und in den Backofen zum Warmhalten. Wenn alle Teile schön knusprig sind, Zitronenschnitze dazulegen und auf den Tisch damit. Gurken unter den Salat mischen. Abschmecken und schmecken lassen.

So viel Zeit muss sein: 1 1/4 Stunden
Kalorien pro Portion: 780

Coq au vin

Für Huhn und Mensch den gleichen Wein nehmen

Davor: Provenzalische Kartoffelsuppe
Danach: Orangensorbet

Für 4–6:

1 großes Hähnchen (etwa 1,6 kg)

100 g durchwachsener Speck

1 Zwiebel

2 EL Butter, 2 EL Öl

Salz, schwarzer Pfeffer aus der Mühle

1/2 EL Mehl

1/2 l trockener Rotwein

1/2 Bund Petersilie

1/2 Bund Thymian

2 Lorbeerblätter

2 Bund Frühlingszwiebeln

500 g kleine Champignons

Für die Croutons:

1 großes Bund Petersilie

2–3 Knoblauchzehen

4 EL Olivenöl

12 Scheiben Weißbrot

1 Auch dieses Huhn soll in 8–12 Stücke geschnitten werden: 2 Keulen, 2 Flügel, jeweils 2–3 Hälften von Brust und Rücken.

2 Der Speck wird gewürfelt. Und die Zwiebel nach dem Schälen auch.

3 Weil Coq au vin ein typisches Schmorgericht ist, braucht es dafür am besten auch einen Schmortopf. Und zwar einen nicht zu kleinen. In den kommt jetzt die Hälfte von der Butter und vom Öl. Die Hähnchenstücke mit Salz und Pfeffer bestreuen und dann nach und nach im Fett schön anbraten und wieder rausholen.

4 Wenn alle gebraten sind, im übrigen Fett den Speck auslassen und auch die Zwiebel kurz mitbraten. Mehl drüberstäuben und kurz braten. Das gibt der Sauce nachher den nötigen Halt. Wein dran und aufkochen, Kräuter waschen und mit in den Topf. Huhn wieder reinlegen, Deckel drauf und alles bei mittlerer Hitze ca. 30 Minuten schmoren.

5 In der Zeit von den Frühlingszwiebeln die Wurzelbüschel und die ganz dunkelgrünen Teile abschneiden. Die Zwiebeln waschen und in Stücke schneiden. Die Pilze mit feuchtem Küchenpapier sauber reiben, die Stielansätze abschneiden. Übriges Öl und übrige Butter warm machen. Pilze und Zwiebeln darin bei mittlerer Hitze etwa 5 Minuten anbraten, dann zum Huhn mischen und alles nochmal ungefähr 30 Minuten schmoren.

6 Inzwischen schon mal die Petersilie waschen und trockenschütteln. Die Blättchen ganz fein hacken. Knoblauch schälen und fein hacken. Beides mit dem Öl verrühren und auf die Brotscheiben träufeln. Den Backofen auf 240 Grad (Umluft 220 Grad) vorheizen. Kurz vor dem Essen Brote aufs Backblech legen und im heißen Ofen ungefähr 5 Minuten rösten. Zum Coq essen.

So viel Zeit muss sein: 1 1/2 Stunden, davon 40 Minuten aktiv
Kalorien pro Portion (bei 6): 750

Pfeffer-Entenbrust mit Möhren

Finesse ohne Stress

Davor: Gemüsecrostini mit Mandeln
Danach: Mohr im Hemd

Für 4:

2 Entenbrustfilets

2–3 TL mittelgrob gemahlener schwarzer Pfeffer, Salz

400 g Schalotten, 600 g junge Möhren

1 EL Butter, 1 EL kleine Kapern

$^1/_8$ l trockener Marsala oder Vin santo

1 kleines Bund Petersilie

1 TL Zitronensaft

1 Den Backofen auf 80 Grad einschalten. Wer kein ganz neues Modell in seiner Küche hat, sollte das mit einem Backofenthermometer überprüfen. Damit's auch wirklich klappt. Die Entenfilets mit der Haut nach oben aufs Brett legen und die Haut mit einem Messer einschneiden, so dass sie wie ein Gitter aussieht. Aber nicht ins Fleisch reinschneiden. Den Pfeffer mit Salz mischen und die Entenfilets auf beiden Seiten damit einreiben.

2 Die Schalotten schälen. Eine ofenfeste Pfanne (Stiel?) auf den Herd stellen und heiß werden lassen. Die Entenfilets mit der Fettseite nach unten reinlegen und gut anbraten. Umdrehen und auch kurz braten. Die Filets aus der Pfanne nehmen, die Schalotten im Entenfett kurz braten.

3 Entenfilets wieder reinlegen, mit der Fettseite nach oben. Pfanne in den Ofen schieben und ca. 40 Minuten drinlassen.

4 Zeit genug für die Möhren: schälen, putzen und der Länge nach vierteln. Wenn sie sehr lang sind, einmal durchschneiden. Ungefähr 15 Minuten, bevor das Fleisch fertig ist, Butter im Topf zerlaufen lassen. Möhren rein und andünsten. Kapern und Marsala dazu, salzen, pfeffern und Deckel drauf. Möhren in ungefähr 8 Minuten bei mittlerer Hitze bissfest dünsten.

5 Petersilie waschen, trockenschütteln und fein hacken. Möhren mit Zitronensaft abschmecken, mit der Petersilie mischen. Entenbrust in Scheiben schneiden und mit den Möhren auf den Tisch stellen.

So viel Zeit muss sein:
1 Stunde, davon nur 30 Minuten zu tun
Das passt dazu: frisches Weißbrot und ein leichter Rotwein
Kalorien pro Portion: 575

Kaninchentopf

Schicht für Schicht ein Gedicht

Davor: Kräuter-Relish
Danach: Zitronen-Schoko-Tiramisu

Für 4:

1 Kaninchen (am besten schon vom Händler in 8 Stücke teilen lassen)

Salz, schwarzer Pfeffer aus der Mühle

2 Stangen Lauch

700 g Kartoffeln (mehlig kochende Sorte)

500 g Tomaten, 2–3 Knoblauchzehen

1–2 getrocknete Chilischoten

$^1/_2$ Bund frischer Rosmarin

4 EL Olivenöl

2–3 Lorbeerblätter

400 ml Gemüse- oder Fleischbrühe

$^1/_8$ l trockener Weißwein

1 Kaninchenteile kalt abspülen, damit später keine Knochensplitter im Essen sind. Mit Küchenpapier abtupfen, salzen und pfeffern. Vom Lauch die Wurzelbüschel und das ganz Dunkelgrüne abschneiden. Lauch waschen und in 1 cm große Ringe schneiden.

2 Kartoffeln schälen, waschen und in dünne Scheiben schneiden. Tomaten waschen und in Scheiben schneiden. Knoblauch schälen und hacken. Chili zerkrümeln. Rosmarin waschen, Nadeln abzupfen.

3 Backofen auf 180 Grad einschalten (Umluft erst später einstellen: 160 Grad). Einen großen Schmortopf auf den Herd stellen und heiß werden lassen.

4 Die Hälfte vom Öl reinschütten und die Kaninchenteile in zwei Portionen darin anbraten. Wieder rausholen. Jetzt nacheinander Lauch und Kartoffeln jeweils 3–5 Minuten mit etwas Öl braten. Auch wieder rausholen.

5 Alles wieder in den Topf zurück und zwar lagenweise. Dazwischen kommen immer etwas Knoblauch und Chili und Rosmarin und hie und da ein Lorbeerblatt. Gemüse salzen. Obendrauf die Tomaten schichten, ebenfalls salzen und pfeffern. Zum Schluss Brühe und Wein mischen, drangießen. Deckel drauf und das Ganze ungefähr 45 Minuten in den Ofen stellen. Deckel ab und noch 15–20 Minuten garen, bis die Oberfläche ein bisschen braun wird.

So viel Zeit muss sein:
Aktiv sein: 50 Minuten, relaxen: 1 Stunde
Das passt dazu: frisches Weißbrot
Kalorien pro Portion: 570

Griechischer Hackbraten

Urlaubslust ohne Küchenfrust

Davor: Auberginenkaviar
Danach: Orangen in Honig

Für 4–6:

1 altbackenes Brötchen
1 Bund Frühlingszwiebeln
1 Zucchino, 1 rote Paprikaschote
1–2 eingelegte Peperoni
6 Knoblauchzehen
1/2 Bund frischer Thymian, ersatzweise
1 TL getrockneter
200 g Schafkäse (Feta)
500 g Hackfleisch (Schwein, gemischt oder vom Lamm)
2 Eier, 1 EL Tomatenmark
Salz, schwarzer Pfeffer aus der Mühle
Paprikapulver
8 kleinere Tomaten, 6 EL Olivenöl
800 g Kartoffeln (mehlig kochende Sorte)

1 Das Brötchen in eine Schüssel legen und lauwarmes Wasser drübergießen. Weich werden lassen.

2 Von den Frühlingszwiebeln die Wurzelbüschel und die welken dunklen Teile wegschneiden. Zwiebeln waschen und sehr fein schneiden. Zucchino und Paprika waschen, putzen und klein würfeln. Peperoni und 4 geschälte Knoblauchzehen fein hacken. Thymian waschen und abstreifen. Den Ofen auf 200 Grad vorheizen (auch schon jetzt: Umluft 180 Grad).

3 Feta in kleine Würfel schneiden. Brötchen ausdrücken und zerpflücken. Beides mit Gemüse, Knoblauch und Kräutern zum Hackfleisch geben. Eier und Tomatenmark auch dazu. Mit Salz, Pfeffer und Paprika kräftig würzen. Und jetzt alles verkneten. So lang, bis es gut zusammenhält. In einer feuerfesten Form ein längliches Brot draus formen. Tomaten waschen und daneben legen.

4 2 EL Öl über den Braten gießen, in den Ofen schieben und ungefähr 1 Stunde braten.

5 Ungefähr nach der Hälfte der Zeit die Kartoffeln schälen, waschen und würfeln. In Salzwasser weich kochen. Wasser wegschütten, Kartoffeln zerstampfen und mit ca. 1/8 l heißem Wasser mischen. Salzen. Übrigen Knoblauch schälen, pressen und mit dem restlichen Öl leicht erwärmen. Unter das Püree mischen, zum Braten servieren.

So viel Zeit muss sein: 1 3/4 Stunden, davon 40 Minuten aktiv
Kalorien pro Portion (bei 6): 710

Sauerbraten vom Lamm

Mit selbst gemachtem Serviettenknödel

Davor: Feldsalat mit Walnusskernen (ohne Rezept)
Danach: Apfelkompott

Für 4–6:

Für den Braten:

$^{1}/_{4}$ l Rotweinessig
1 TL Pfefferkörner, 2 Gewürznelken
1 TL Wacholderbeeren, 2 Lorbeerblätter
1 kg Lammkeule ohne Knochen
Salz, schwarzer Pfeffer aus der Mühle
2 Zwiebeln, 2 Bund Suppengrün
2 EL Butterschmalz
$^{1}/_{8}$ l trockener Rotwein
2 EL Rosinen
1 EL Johannisbeer-, Quitten- oder Himbeergelee

Für den Knödel:

8 Brötchen (vom Vortag oder sogar älter)
$^{3}/_{8}$ l Milch
1 Zwiebel
1 Bund Petersilie
1 EL + 60 g Butter
5 Eier
Salz, 50 g Mehl

Außerdem:

1 große Serviette oder
1 Küchentuch

1 Essig mit $^{3}/_{8}$ l Wasser, Pfeffer, Nelken, Wacholder und Lorbeer aufkochen, lauwarm abkühlen lassen.

2 Fleisch in eine Porzellanschüssel legen, Sud drübergießen. Das Fleisch an einem kühlen Ort (notfalls auch im Kühlschrank) 3 Tage marinieren. Immer mal wieder wenden.

3 Dann abtropfen lassen, trockentupfen, salzen und pfeffern. Zwiebeln und Suppengrün schälen oder waschen, klein würfeln.

4 Butterschmalz in einem Schmortopf zerlaufen lassen. Fleisch darin rundherum gut anbraten. Wieder rausholen. Zwiebeln und Gemüse im verbliebenen Fett andünsten. Marinade sieben, $^{1}/_{4}$ l abmessen. Wein und Marinade in den Topf gießen. Fleisch wieder einlegen. Deckel drauf und das Fleisch bei schwacher Hitze so um die 2 Stunden schmoren.

5 Nach ungefähr 30 Minuten den Knödel die Brötchen in kleine Würfel schneiden. Milch lauwarm erhitzen und drübergießen. Zwiebel schälen, Petersilie waschen, beides fein hacken. In 1 EL Butter kurz andünsten.

6 Die Eier trennen. 60 g Butter schaumig rühren. Eigelb nach und nach untermischen. Salz, Mehl, Zwiebelmischung und Brotwürfel untermischen. Salzen. Eiweiße steif schlagen und mit dem Schneebesen unterheben.

7 Serviette oder Küchentuch unter warmes Wasser halten und gut auswringen. Auf dem Tisch ausbreiten. Knödelmasse in der Mitte vom Tuch wie ein kurzes, dickes Baguette formen. Locker in das Tuch einwickeln, die Enden jeweils mit einer Schnur binden – wie ein Bonbon. Einen Kochlöffel über einen großen Kochtopf legen – ideal ist ein länglicher Fischtopf, aber die Knödelrolle lässt sich auch biegen. Serviette mit beiden Schnüren so dranbinden, dass die Knödelmasse im Topf hängt. Wieder rausheben. Wasser in den Topf füllen und erhitzen. Es soll nicht kochen, höchstens kleine Bläschen dürfen drin aufsteigen. Knödel reinhängen, einfach den Kochlöffel über den Topf legen. Knödel im Wasser ziehen lassen, ungefähr 1 Stunde lang.

8 Braten aus dem Topf heben, Sauce sieben, wieder in den Topf schütten. Rosinen drin warm machen. Sauce mit Salz und Gelee abschmecken. Braten in dünne Scheiben schneiden, wieder in die Sauce legen. Knödel auswickeln und auch in Scheiben schneiden. Beides zusammen essen.

So viel Zeit muss sein: 2 $^{1}/_{2}$ Stunden, davon 50 Minuten aktiv und die 3 Tage Marinierzeit
Das schmeckt dazu: der Rotwein, der auch in der Sauce ist
Kalorien pro Portion (bei 6): 850

Basic Tip

Hauptsache sauer!

Welches Fleisch man für den festlichen Braten nimmt, spielt gar nicht so die große Rolle. Wichtig ist, was man mag und vor allem auch, was der Metzger gerade hat. Am besten kauft man natürlich Fleisch von Tieren, die ein glückliches Leben auf einem Biohof führen durften. Rind und Kalb brauchen genauso lang wie das Lamm, Pute nur knapp 1 Stunde.

Sahnelachs mit Dillnudeln
Ganz schön üppig

Davor: Kartoffel-Gemüse-Salat oder Möhrensalat mit Trauben
Danach: Gefüllte Pfirsiche

Für 4:

500 g Zwiebeln
3 EL Butter
1/8 l Whiskey (ersatzweise Calvados oder Marsala oder Wasser)
1/2 unbehandelte Zitrone
4 Lachskoteletts (jedes ungefähr 150 g)
Salz, schwarzer Pfeffer aus der Mühle
einige Zweige Petersilie
1 großes Bund Dill
200 g Sahne
300 g Bandnudeln

1 Die Zwiebeln schälen. Auf dem Brett halbieren, in Streifen schneiden und dann klein würfeln. Die Hälfte von der Butter in einem Topf zerlaufen lassen. Bei mittlerer Hitze, damit die Butter nicht gleich verbrennt. Zwiebeln rein und ungefähr 10 Minuten andünsten. Möglichst oft umrühren. Whiskey dranschütten und nochmal ungefähr 10 Minuten köcheln lassen.

2 Inzwischen schon mal den Ofen auf 200 Grad vorheizen (auch schon jetzt: Umluft 180 Grad). Die Zitronenhälfte heiß waschen, abtrocknen und die Schale abreiben. Saft auspressen. Lachskoteletts mit Salz und Pfeffer würzen und mit dem Zitronensaft beträufeln.

3 Zwiebeln mit Salz und Pfeffer würzen und in eine feuerfeste Form legen. Die so groß sein muss, dass die Fische darin nebeneinander Platz haben. Und die kommen jetzt auch in die Form.

4 Kräuter waschen und trocknen. Petersilie und die Hälfte vom Dill klein schneiden, auf den Lachs streuen. Sahne draufschütten und alles für 15 Minuten in den Ofen stellen.

5 In der Zeit die Nudeln in viel kochendem Salzwasser bissfest kochen, abtropfen lassen. Übrigen Dill fein hacken und mit der Zitronenschale und der restlichen Butter unter die heißen Nudeln mischen. Und jetzt Sahnelachs mit Dillnudeln und vielleicht einem kühlen Weißwein schmecken lassen.

So viel Zeit muss sein: 1 Stunde
Das passt außerdem dazu: Gurkensalat oder grüner Salat
Kalorien pro Portion: 800

Jiddischer Nussfisch
Ganz schön ungewöhnlich

Davor: Champignoncreme
Danach: Schokowürfel

Für 4:

600 g Lachsforellenfilet (ohne Haut)
3 Möhren
2 Petersilienwurzeln oder 1 Stück Knollensellerie (ungefähr 150 g)
3 Frühlingszwiebeln
1 Knoblauchzehe
Salz
1 EL Butter
1 EL Zucker
100 g gemahlene Haselnüsse
4 EL saure Sahne

1 Fisch in 8 Stücke schneiden. Möhren und Petersilienwurzeln oder Sellerie schälen und grob raspeln (Rohkostreibe). Von den Zwiebeln die Wurzelbüschel und die welken Teile abschneiden. Zwiebeln waschen, in Ringe schneiden. Knoblauch schälen und hacken, mit Salz im Mörser zerreiben, mit dem Gemüse mischen.

2 Gemüse in eine weite Pfanne schütten, knapp mit Wasser bedecken und aufkochen. Zudecken, bei mittlerer Hitze ca. 5 Minuten dünsten.

3 Zur gleichen Zeit in einer anderen Pfanne Butter und Zucker verrühren und erhitzen, bis der Zucker schmilzt und ein bisschen braun wird. Nüsse reinrühren und leicht anrösten.

4 Fischstücke salzen und auf das Gemüse legen, nebeneinander. Hitze auf kleine Stufe stellen, Deckel wieder auflegen und alles noch 3–4 Minuten garen.

5 Fisch vorsichtig rausheben und zwischen zwei Tellern warm halten, Nussmischung zum Gemüse rühren und einmal aufkochen. Abschmecken. Fisch auf vorgewärmte Teller verteilen, Gemüse drübergießen und je 1 EL saure Sahne drauflöffeln.

So viel Zeit muss sein: 45 Minuten
Das schmeckt dazu: Kartoffeln oder auch Reis oder auch Nudeln (kleine, kurze)
Kalorien pro Portion: 390

Salatteller mit Grillfisch

Ganz schön edel

Davor: Tomatensuppe
Danach: Apfel-Charlotte

Für 4:

Für den Fisch:

1 Bund Petersilie, 2–3 Knoblauchzehen
1 EL Zitronensaft, 1 TL Zitronenschale
4 EL Olivenöl
Salz, schwarzer Pfeffer aus der Mühle
4 Fischfilets (Seeteufel, Kabeljau oder Viktoriabarsch, jedes etwa 200 g)

Für den Salat:

500 g grüner Spargel
250 g Zuckerschoten, Salz
1 Romanasalat, 250 g Cocktailtomaten
1 Bund Rucola, 2 EL schwarze Oliven
2 EL milder Essig (z.B. Balsamico bianco)
schwarzer Pfeffer aus der Mühle
4 EL Olivenöl

1 Petersilie waschen und trockenschütteln, Blättchen abzupfen. Knoblauch schälen, beides zusammen fein hacken und mit Zitronensaft und der Schale, Öl, Salz und Pfeffer verrühren.

2 Fisch kalt abspülen und abtupfen. In eine flache Schale legen und die Knoblauchmischung drauf verteilen. Etwa 2 Stunden ziehen lassen. Oder auch länger.

3 Dann für den Salat den Spargel waschen, nur die unteren Enden abschneiden, 3–4 cm etwa. Zuckerschoten waschen, Enden abschneiden. Salzwasser aufkochen. Erst den Spargel reinwerfen und 3–5 Minuten kochen. Mit dem Schaumlöffel rausfischen und im gleichen Kochwasser die Zuckerschoten 2–3 Minuten kochen lassen. Beides in einem Sieb kalt abschrecken.

4 Backofengrill anschalten. Romanasalat auseinander lösen und waschen. Gut trockenschütteln und in Streifen schneiden. Tomaten waschen und halbieren. Rucola waschen und trockenschwenken, dicke Stiele abknipsen. Oliven in Streifen schneiden und dabei entsteinen.

5 Fisch in der Form in den Ofen stellen und ca. 10 Minuten grillen.

6 Inzwischen Essig mit Salz, Pfeffer und Öl gut verquirlen. Spargel in 3–4 cm lange Stücke schneiden. Alle Salate mit dem Dressing mischen. Auf Teller verteilen. Fisch darauf oder daneben legen.

So viel Zeit muss sein:
30 Minuten + 2 Stunden Marinierzeit
Das schmeckt dazu: (Knoblauch-)Baguette
Kalorien pro Portion: 430

Let's do the Pasta

»Wir müssen mal wieder unsere Leute einladen.« Und was gibt's zu essen? »Nudeln!« Schon wieder? »Ja, nur die Saucen machen die.« Alter Italiener!

Nudeln kochen

4–5 l Wasser für 500 g Pasta aufkochen, Nudeln rein, rühren und erst jetzt 4–5 TL Salz dazu, dann kocht es schneller wieder. So bald's so weit ist, bei Mittelhitze weiterkochen lassen, dabei immer wieder rühren. 2 Minuten vor dem auf der Packung genannten Gartermin mit dem Bisstest beginnen: Ist die Nudel hart und teigig, nach 30 Sekunden noch mal testen. Hat sie Biss ohne Teig, ins Sieb gießen und das Kochwasser zum Schüsselwärmen nehmen. Fertig.

Wie's gut wirkt

Denk' Piazza in Verona und Hinterhof in Little Italy. Sehe Azurblau, Dottergelb, Olivengrün, Sandstrandweiß, Ziegelrot. Male die Einladung auf Lasagneblätter und schick' sie als Puzzle. Breite Packpapier über die Tischdecke und schreib' die Sitzordnung drauf. Lass' bunte Wäsche von der Leine hängen und Kerzen auf Weinflaschen leuchten (ja, doch, wieder!). Höre hundert Tenöre und eine Diva, hör' Ramazotti, Vivaldi, von uns aus Ferrari – so lange es italienisch ist, klingt es gut.

12 Uhr mittags. Es klingelt. Zweimal kurz, einmal lang, wie vereinbart. Vor der Tür stehen unsere engsten Vertrauten samt Familie, hinter ihnen liegt eine riskante Fahrt mit heißer Ware. Wir rufen laut »Ciao, grazie, baci«, denn alles soll wie ein ganz normales italienisches Mittagessen wirken. Doch kaum ist »la famiglia« in der Wohnung, werden geheimnisvoll umwickelte Töpfe unter den Mänteln hervorgeholt. Wir Drahtzieher weisen stumm den Weg ins mit Wasserdampf gefüllte Labor. Dort öffnet der Boss die Umwicklungen, lüftet die Deckel, riecht, schmeckt, es wird still. Dann ein kurzes Nicken: »Va bene, alles erstklassig!« Der Jubel ist grenzenlos. Bruder Martin lässt die Proseccokorken knallen, Tante Ilse gibt den Gefangenenchor aus Nabucco, die Geschwister Sälzer tanzen Tarantella. Die Pasta-Party kann beginnen!

Was wir brauchen

Zuerst einmal wissen wir, was wir nicht brauchen – Saucen zur Nudel. Weil die haben die Gäste ja nun schon mitgebracht. Der Auftrag war simpel: Macht uns eure Lieblingssaucen. Wir haben dabei nur darauf geachtet, dass nicht jeder Tomate kocht und dass auch was für die Fleischfeinde dabei ist.

Was wir nun aber brauchen, sind Töpfe zur Nudel. Knapp fünf Liter müssen darin großzügig Platz haben, um einen 500-g-Pasta-Pack kochen zu können. Von solchen Töpfen braucht es also mindestens zwei, und wer die nicht hat, lässt sie sich auch noch mitbringen. Wer allerdings auch keine tiefen Teller, Gabeln, Löffel, Wein- und Wassergläser hat, sollte sich das mit dem Einladen zum Essen mal grundsätzlich überlegen. Und noch was: In Italien speziell und bei Festen allgemein stehen Kochtöpfe nicht auf dem Esstisch. Daher ist's gut, Schüsseln für Nudeln und Saucen bei der Pasta-Party parat zu haben.

Wie wir nudeln

Anders als am italienischen Familientisch kommen Nudeln und Sauce hier getrennt auf die Tafel. Damit trotzdem nichts klebt, werden entweder ganz professionell immer nur so viele Nudeln gekocht, wie für eine Tellerrunde nötig sind – was aber heißt, dass jemand ständig in der Küche stehen muss. Oder alle Nudeln werden gekocht und nach dem Abgießen mit Olivenöl oder Butter geschmeidig gemacht – was zwar die Sauce nicht so gut haften läßt, aber entspannender ist.

Die fertigen Nudeln und Saucen kommen in vorgewärmten Schüsseln auf den Tisch, wo schon die Gäste mit Riesenserviette unterm Kinn warten, plus der Schälchen voller feiner Sachen. Diese streut sich jeder nach Lust über seinen leicht mit Pasta gefüllten Teller, gefolgt von Sauce und Parmesan. Von dem darf es nach dem Mischen ruhig noch etwas sein, aber dann heißt es essen. Anschließend den Teller mit Weißbrot sauberwischen und die nächste Kombination testen. So lange, bis alles alle und spurlos verschwunden ist – denn nur leere Teller können nichts verraten!

Damit geht's für acht

Auf jeden Fall: 1 kg Weißbrot, 1,5 kg Nudeln ohne Ei. Entweder Spaghetti solo oder zwei bis drei Sorten dazu: Saucenschlucker wie Penne, Hörnchen, Fusilli, Gefülltes wie Tortellini, Ravioli. Mehr verwirrt nur.
Saucen (insgesamt 2,5–3 l): Tomaten- und Sahnesauce als Basis, dazu mindestens eine Spezialsauce – mit Fleisch wie Bolognese oder Ragout, mit Fisch wie Tunfisch oder Garnele, speziell wie Pesto oder Ratatouille. Zur Inspiration empfehlen wir mafiös »Italian Basics« und Mini-Basic »Noodles«.
Zum Vollenden von Saucen: Streifen oder Würfel von Salami, Schinken, Garnelen, Räucherlachs, Sardellen, getrockneten Tomaten, Oliven; Kapern, gehackte Chilischoten; Basilikum, Dill, Estragon, Minze, Petersilie gehackt; Würfel von Mozzarella, Gorgonzola, Schnittkäse.
Für die letzte Vollendung: Oliven- und Knoblauchöl, Aceto balsamico; Zitronenspalten; geröstete Mandelblättchen und Pinienkerne; Parmesan und Pecorino zum Reiben.
Zum Trinken: Prosecco, italienische Weiß- und Rotweine, Espresso
Für vorher: Schinken-Carpaccio (S. 65), Marinierte Zucchini (S. 64), grüner Salat
Für nachher: Schoko-Zitronen-Tiramisu (S. 155), frisches Obst und Gelati

Gemüseauflauf mit Tomaten

Nicht nur für Veggies

Davor: Schinken-Carpaccio oder Polenta-Crostini mit Pesto
Danach: Avocado-Zitronencreme

Für 4:

2 Kohlrabi, 1 Bund Frühlingszwiebeln
Salz, Paprikapulver
1/2 Bund Thymian oder Petersilie
300 g Möhren
200 g Champignons
schwarzer Pfeffer aus der Mühle
600 g Kartoffeln (mehlig kochende Sorte)
2 Knoblauchzehen
100 g geriebener Käse (z.B. Bergkäse, Appenzeller oder Greyerzer)
200 g Crème fraîche
150 ml Milch
200 g Cocktailtomaten

1 Die Kohlrabi schälen und grob raspeln (Rohkostreibe). Wurzelbüschel von den Zwiebeln abschneiden, die ganz dunkelgrünen Teile auch. Zwiebeln waschen und in Ringe schneiden. Mit Kohlrabi mischen, mit Salz und Paprika würzen.

2 Thymian oder Petersilie waschen und trockenschütteln. Thymian abstreifen (gegen die Wuchsrichtung) oder Petersilie hacken. Möhren schälen und fein raspeln. Pilze mit einem feuchten Küchenpapier sauber reiben, Enden abschneiden. Pilze fein hacken. Alles mischen, salzen und pfeffern.

3 Kartoffeln schälen, waschen und erst in dünne Scheiben, dann in feine Stifte schneiden. Knoblauch schälen und dazupressen. Kartoffeln mit Salz und Pfeffer würzen.

4 Ofen auf 180 Grad einstellen (Umluft ohne Vorheizen: 160 Grad). Eine feuerfeste Form aus dem Schrank holen – nicht ganz so flach soll sie sein. Gemüsemischungen lagenweise reinschichten – jeweils etwas Käse drüberstreuen. Crème fraîche mit Milch und restlichem Käse verrühren und drübergießen. Tomaten waschen und halbieren. Mit den Schnittseiten nach oben auf den Auflauf legen und leicht reindrücken.

5 Auflauf in den Ofen schieben und etwa 1 Stunde backen, bis er schön braun ist.

So viel Zeit muss sein:
gut 1 Stunde (+ 1 Stunde Backzeit)
Das schmeckt dazu: ein frischer Blattsalat, zum Beispiel der von nebenan und ein leichter Weißer oder ein Rosé
Kalorien pro Portion: 450

Käsesoufflé mit grünem Salat

Für pünktliche Gäste

Davor: Ungarische Paprikasuppe
Danach: Pochierte Birnen

Für 4:

60 g Butter + Butter für die Form
30 g Mehl, 1/4 l Milch, 5 Eier
150 g geriebener Käse (z.B. Bergkäse, Appenzeller, Greyerzer oder mittelalter Pecorino)
2 EL Crème fraîche
Salz, schwarzer Pfeffer aus der Mühle
frisch geriebene Muskatnuss

Für den Salat:

1 schöner Kopfsalat
1 Bund Radieschen oder Frühlingszwiebeln
1 Bund Schnittlauch, 2 EL Weißweinessig
1 Messerspitze Senf, Salz, Pfeffer
wenig Zucker, 4 EL Öl

1 Für eine Bechamel Butter in Stücke schneiden und erhitzen. Sobald sie ganz geschmolzen ist, Mehl reinrühren und so lange weiterrühren, bis es schön gelb aussieht. Jetzt mit dem Schneebesen nach und nach die Milch dazurühren. Bei schwacher Hitze 10–15 Minuten köcheln lassen.

2 Zeit genug, um den Backofen auf 200 Grad vorzuheizen (Umluft auch schon jetzt: 180 Grad). Und die Form – rund, breit, feuerfest und so schön, dass man sie auf den Tisch stellen kann – mit Butter auszustreichen. Und die Eier zu trennen.

3 Wenn die Sauce dicklich ist, Crème fraîche untermischen. Topf vom Herd ziehen, nach und nach die Eigelbe und den Käse unterrühren. Alles in einer Schüssel lauwarm werden lassen, mit Salz, Pfeffer und Muskat würzen. Eiweiße sehr steif schlagen und unterheben.

4 Masse gleich in die Form füllen und in den Ofen schieben, auf die untere Schiene. 20–30 Minuten backen, bis das Soufflé schön aufgegangen und braun ist.

5 Inzwischen Salat auseinander lösen, waschen, trockenschütteln und in Stücke zupfen. Radieschen oder Zwiebeln waschen und in Scheiben schneiden. Schnittlauch in Röllchen. Essig, Senf, Salz, Pfeffer und Zucker mit Öl verrühren und mit den Salatzutaten mischen. Und damit das Soufflé schön hoch bleibt, gleich auf den Tisch damit.

So viel Zeit muss sein: 1 Stunde,
davon 45 Minuten aktiv
Kalorien pro Portion: 545

Artischocken mit Saucen

Mit den Fingern essen erwünscht

Davor: Linsensalat
Danach: Eis mit Honig-Beeren

Für 4:
8 fleischige Artischocken (die dicken französischen), Salz

Für die Paprika-Mayo:
1 rote Paprikaschote, 1 rote Chilischote
1 EL Olivenöl, 100 g Mayonnaise (Glas)
Salz, Pfeffer aus der Mühle
1 TL Zitronensaft

Für die Olivencreme:
200 g saure Sahne
1 EL Olivencreme (Glas)
1 TL Tomatenmark
Salz, schwarzer Pfeffer aus der Mühle

Für die Vinaigrette:
1 Bund gemischte Kräuter
1 kleine Zwiebel, 4 EL Essig
2 TL scharfer Senf
Salz, Pfeffer aus der Mühle
6 EL Olivenöl

1 Die unteren Blätter von den Artischocken abreißen und den Stiel abschneiden. Blattspitzen mit der Schere kürzen. Reichlich Salzwasser zum Kochen bringen und erst mal 4 Artischocken reinlegen. Deckel halb drauf und das Gemüse 20–30 Minuten kochen. Wenn sich eins der äußeren Blätter leicht rausziehen lässt, sind sie fertig.

2 Für die Saucen: Paprika und Chili waschen, würfeln und im Öl anbraten. Zugedeckt 10 Minuten dünsten, pürieren und abkühlen lassen. Mit der Mayo mischen, mit Salz, Pfeffer und Zitronensaft würzen. Saure Sahne mit Olivencreme und Tomatenmark mischen, salzen und pfeffern. Kräuter waschen, trockenschütteln, ganz fein hacken. Zwiebel schälen und auch ganz fein schneiden. Essig mit Senf, Salz, Pfeffer und 4 EL warmem Wasser verrühren. Öl unterschlagen. Kräuter und Zwiebel untermischen.

3 Artischocken umgedreht im Sieb abtropfen lassen. Gleich die übrigen 4 kochen. Und die fertigen mit den Fingern essen: Blatt für Blatt abzupfen, mit dem unteren Teil in die Sauce tunken und auszutzeln. Zum Schluss kommt was Haarähnliches zum Vorschein, dieses Heu abschneiden. Drunter liegt der (sehr feine) Artischockenboden.

So viel Zeit muss sein: gut 1 Stunde,
davon ungefähr 40 Minuten aktiv
Das schmeckt dazu: Weißbrot und Weißwein
Kalorien pro Portion: 500

Outdo

Wir können nicht anders, wir wollen einfach raus ...

or

Wir leiden wie sonntags der Reiher am Grillplatzweiher. Wirklich! Diese satte grüne Wiese – zubetoniert mit eleganten Picknickdecken. Dieses klare kühle Nass – verschmutzt durch einen Kasten Champagnerweißbier. Diese herrlich blaue Frühlingsluft – versaut durch den Duft nach jungem Knoblauch und frischem Rosmarin vom Grill. Nein wirklich, lieber Reiher, wir leiden wie du. Aber wir können nicht anders. Wollen raus in die Natur, aber kommen nicht an gegen unsere Natur. Weil wir MÜSSEN hier einfach was essen, trinken und feiern, damit es uns so richtig gut geht.

Und es könnte ja auch schlimmer sein, Reiher. Wir könnten dir dein Weiherwasser wegtrinken, dir deine Fische wegfangen, oder wir könnten sogar dich ... nein, kein Wort mehr. Weil das brauchen wir ja alles nicht. Schließlich haben wir so feine Sachen wie Chicken & Champagne dabei und dazu noch ein paar Garnelen mit Zitrone auf dem Rost. Würdest du gerne mal probieren? Bist ja ein ganz Feiner, Reiher.

Überleben in freier Natur

Gut essen ist was Schönes, auf der Wiese liegen auch. Aber beides zusammen? Picknick also? Eine schöne Idee, die aber so böse enden kann wie Frühstück im Bett oder Liebe am Strand. Wenn's falsch angepackt wird. Das braucht man fürs perfekte Picknick:

*Natur; gutes Wetter; ein Ziel samt Weg; gerade Flächen; genug Schatten; Personenschutz vor Sonne, Regen, Mücke.

*Decke oder Klapptisch mit Stühlen; reduzierte Essausrüstung Größe S (Seite 16) im Leichtbau; Kühlbox; Messer mit Brett; Spülzeug und Handtuch; etwas Dichtes für Abfall.

*Essen, das fertig und verpackt ist und sich mit der Hand fingern, gabeln oder löffeln lässt: festes Fingerfood; Brot samt Belag; Gebäck samt Einlage; Eingelegtes ohne Getropfe; dazu Salz und Pfeffer.

*kalte Softdrinks in Plastikflaschen, die angefroren sind; Sirup, der mit Gebirgsbachwasser gemixt werden kann; Sekt, Wein, Bier gekühlt in der Box; heißer Kaffee (evtl. gleich mit heißer Milch) in der Thermoskanne; dazu Zucker.

Und das braucht's nicht:
Alles was schmilzt, schmiert, tropft, ausläuft, krümelt, schnell schlecht wird; Melonen, Rotwein, Sektkühler; Sakko, Krawatte, kurze Röcke, hohe Absätze; Ameisen, Wespen, Bären; Gestank, Lärm, Wind. Dann lieber noch Schnee.

S.O.S.

»Wie krieg ich Hagel aus der Bowle?«

Befördert worden. Teamleiter. Gartenparty mit Chef und Kollegen war fällig. Geht gut los, dann aber Gewitter aus heiterem Himmel. Alles rennt rein, ich will wenigstens Omas Meißner retten. Komme ich dann pitschnass ins Haus, ist nur noch Härter von der Buchhaltung da. Ob ich ihm einen Schirm leihen könnte! Idioten gibt's.
Harry aus Hamburg

Tante Ilse rät:

Selber ..., äh, selber schuld, Harry. Ich hoffe, dass du im Job besser bist beim Krisenmanagement. Dessen Regel Nr. 1: »Katastrophen gibt's nicht!« Nr. 2: »Wer's glaubt, hat's nicht anders verdient.« Also: Tue alles, um Chaos zu vermeiden. Ich verstehe, dass man in Hamburg bei Heiterwetter leichtsinnig werden kann. Aber auch dann musst du die Realität im Blick haben. Also den Himmel beim Gartenfest, z. B.!

Hast du nicht gemacht und dafür das Donnerwetter bekommen. Aber selbst da warst du noch in der Gewinnzone. Weil aus »Katastrophen gibt's nicht« folgt: Sind sie unübersehbar, tue alles, damit sie jeder vergisst. Hättest du bei der Gartenparty an deine Zukunft gedacht, hättest du dich besser um deine Leute statt ums Erbe gekümmert. Was hat das überhaupt im Garten zu suchen?

Bei so was kann man von Versicherungen lernen, die bei Naturkatastrophen immer aus dem Schneider sind. Lässt du dann trotzdem eine Entschädigung im Business-Class-Stil springen, bist du der King. Also stets genug gekühlten Schampus und die Privatnummer vom besten Caterer am Ort parat haben. Chef und Team werden gar nicht mehr gehen wollen!

Außerdem: Koche nur, was du kannst. Geht trotzdem was schief, entscheide sofort, wie es weitergeht und bleibe dabei. Geblufft wird nur mit Trümpfen im Ärmel. Ansonsten passen und entschuldigen. Und: Habe immer einen Regenschirm übrig. Weil mit der Buchhaltung sollte man es sich zuletzt verscherzen.

small talk

»Schönes Wetter«

Gartenpartygastgeber machen sich ständig Sorgen ums Wetter. Deswegen können sie an einem trockenen, sonnigen Festtag gar nicht oft genug hören, was sie für ein Schwein gehabt haben. Und finden es toll, wenn erstmal alle nur vom schönen Wetter reden. Langweilig? Immerhin kann jeder was dazu sagen, was beim Warmwerden untereinander hilft. Aber aufgepasst, dass der Gastgeber die Sonnenfreude nicht mal wieder nutzt, um seine schwarzgegrillten Würstchen unters Volk zu bringen.

Englisch	beautiful weather
Französisch	beau temps
Italienisch	bel tempo
Spanisch	buen tiempo
Holländisch	prachtig weer
Norwegisch	pent vær
Schwedisch	vackert väder
Finnisch	kaunis sää
Walisisch	'N arddun nhywydd ?
Slowenisch	Lepo vreme
Bitte nicht	Muss das so heiß sein?

Drink des Tages

Ilses Mild Wild Duck

Kennt noch jemand Kalte Ente? Du, Tante Ilse? Zitrone, Weißwein, Sekt, genau. Eisekalt ohne Zucker. Geht auch wilder? Erzähl mal.

»Also, ursprünglich soll's ein General vom Rhein gewesen sein, der sich nach dem Essen immer diesen kühlen Drink aus Wein und Sekt gegönnt hat, nicht ohne sich zu entschuldigen: »Was Warmes braucht ein kaltes Ende.« Und da draus wurde dann der Bowlenklassiker Kalte Ente. So mach ich den: 1 unbehandelte Zitrone heiß waschen und die Schale ganz dünn abschälen. Könner schaffen das dünn und spiralig wie beim Apfel, dünn und stückweise geht auch. Schale in einen Krug geben und 3 Flaschen halbtrockenen, guten Moselwein drübergießen. 10 Minuten stehen lassen, Schale rausfischen und 1 Flasche trockenen Sekt dazu.

In Australien habe ich mal für mannhafte Rotweinnasen die Kalte Ente mit Sangria gekreuzt, weil die da unten einen tollen trockenen (!) Rotweinsekt machen. Weil es den bei uns kaum gibt und so eine Aroma-Infusion »shocking« sein kann, hier die gezähmte Version, the Mild Wild Duck: 1 unbehandelte Orange heiß waschen und in dünne Scheiben schneiden. 2 Flaschen eiskalten jungen, fruchtigen Rotwein draufgießen (Beaujolais, Novello rosso oder 1 Flasche Rosé und 1 Flasche kräftigen Roten mit Frucht). 10 Minuten stehen lassen, Orangen raus, je 1 Flasche Rosésekt und Mineralwasser rein. Aussie Wild Duck: Shiraz-Rotwein oder Sparkling Burgundy (trocken!) statt dem Rosésekt, von mir aus auch statt dem Mineralwasser.«

5 mal was zum Anfeuern

Schwitzen, weil Hitze fehlt? Passiert jedem, der fünf Minuten vor dem Start der Grillparty noch immer kein Feuer unterm Rost hat. Weil gleich sind sie alle da, die immer alles besser wissen, aber jetzt was zu essen haben wollen. So kriegen sie was:

1. Grillkasten mit Alufolie ausschlagen, weil die ihn sauber hält und Hitze reflektiert.

2. Rechtzeitig starten und genug Holzkohle in den Kasten füllen – eine Lage hat nach 20 Minuten die richtige Glut fürs Grillen, und zwar eine gute halbe Stunde lang. Zwei Lagen brauchen 45 Minuten und bleiben dann 1 Stunde lang heiß.

3. Die Kohle aufhäufen, dabei leicht geknäultes Papier drunterlegen, ein paar kleine Knäuel mit einbauen. Zur Verstärkung können noch feste Grillanzünder dazukommen oder flüssiger drübergegossen werden. Profis schwören auf Obstbaumzweige für gutes Grillaroma.

4. Papier anzünden und warten, bis der Haufen gleichmäßig brennt und die Kohle langsam zu glühen beginnt. Luft zublasen, -fächern und -wedeln hilft. Aber nie, nie, nie noch was Flüssiges zum Anheizen drübergießen!

5. Nun die Kohle ausbreiten, dabei zu einer Seite hin sparsamer werden und so eine weniger heiße Zone fürs sanfte Grillen schaffen. Die Flammen abbrennen lassen, bis alles weiß vor Glut ist. Rost drauf (6-10 cm über der Kohle je nach Dicke der Stücke) und nach 10 Minuten losgrillen (mehr dazu ab S. 134 und in Basic Cooking S. 119).

Walnuss-Stangerl
Nee, nicht süß

Vorbereiten: Teig schon am Vorabend
Aufbewahren: Teig im Kühlschrank gehen lassen
Kombinieren mit: Roquefort-Quark-Dip, Kartoffel-Gemüse-Salat, Chicken wings

Für 8 Stück:

400 g Weizenmehl

1 Würfel Hefe (42 g)

1 Prise Zucker

Salz

3 EL Öl

1 Hand voll Walnusskerne

$^1/_2$ TL getrocknete Kräuter der Provence

Backpapier und Mehl zum Arbeiten

1 Mehl in die Schüssel schütten. Hefe zerkrümeln und mit knapp $^1/_4$ l lauwarmem Wasser verrühren. Mit Zucker, 2 TL Salz und Öl zum Mehl schütten und alles ganz gut durchkneten. So lang, bis man hört, dass beim Kneten im Teig Luftbläschen platzen. Zurück in die Schüssel und zugedeckt ungefähr 1 Stunde gehen lassen.

2 Walnusskerne mit den Fingern zerkrümeln. Teig noch mal durchkneten, Walnüsse und Kräuter drunterkneten. Teig in 8 Stücke teilen und erst zu Bällchen formen, dann zu länglichen, an den Enden dünneren Teilen. Backblech mit Backpapier auskleiden, Stangerl drauflegen und zugedeckt nochmal 15 Minuten gehen lassen.

3 Backofen auf 200 Grad vorheizen (auch schon jetzt: Umluft 180 Grad). Stangerl mit Wasser bepinseln, etwas Wasser in den Ofen spritzen und die Stangerl gleich reinschieben. 15–20 Minuten backen, bis sie goldbraun sind. Rausholen, runter vom Blech, abkühlen lassen.

So viel Zeit muss sein:
30 Minuten (+ Ruhe- und Backzeit)
Kalorien pro Stück: 220

Käsequiche
Transportabel

Vorbereiten: max. 2 Tage vorher
Aufbewahren: in Stücken zugedeckt im Kühlschrank
Kombinieren mit: Marinierte Gemüse, Kräuter-Relish, Tomatensalat mit Zwiebeln (ohne Rezept)

Für 30 Stück:

200 g kalte Butter, 400 g Mehl

4 EL Jogurt, Salz

2 Zwiebeln, 2 Knoblauchzehen

500 g Hartkäse (können verschiedene sein)

4 Eier, 400 g saure Sahne

Cayennepfeffer

15 Cocktailtomaten

1 Butter in kleine Stücke schneiden, mit Mehl, Jogurt und 2 TL Salz zu einem glatten Teig verkneten. Kann sein, dass noch ein bisschen kaltes Wasser dazu muss. Zur Kugel formen, 1 Stunde kühlen.

2 Zwiebeln und Knoblauch schälen und hacken, Käse reiben. Eier trennen. Eigelbe mit saurer Sahne verrühren. Zwiebeln, Knoblauch, Käse untermischen. Mit Salz und Cayenne abschmecken. Eiweiße steif schlagen.

3 Backofen auf 180 Grad vorheizen (ohne Vorheizen: Umluft 160 Grad). Den Teig noch mal durchkneten und direkt auf einem Backblech (fetten nicht nötig) ausrollen. Ränder leicht hochziehen. Eischnee unter die Käsemasse heben, auf dem Blech verstreichen.

4 Tomaten waschen, halbieren, mit der Schnittseite nach oben leicht in die Käsemasse drücken. Und so ordentlich anordnen, dass man die Quiche später in Stücke teilen kann, ohne dass man die Tomaten zerschneiden muss.

5 Quiche im Ofen ca. 45 Minuten backen. Fertig ist sie, wenn die Käsemasse fest ist. Und appetitlich braun. Abkühlen lassen und in Stücke schneiden.

So viel Zeit muss sein: 35 Minuten
(+ 1 Stunde Ruhezeit + 45 Minuten Backzeit)
Kalorien pro Stück: 185

Schinkenkipferl
Die haben's in sich

Vorbereiten: am Vortag
Aufbewahren: locker mit einem Tuch bedeckt
Kombinieren mit: Schnittchen mit Erdäpfelkaas, Käsespieße, Rosa Heringssalat

Für 16 Stück:

400 g Mehl, 2 TL Backpulver

250 g kalte Butter, 250 g Quark, 1 TL Salz

200 g gekochter Schinken

1 Hand voll Kerbel (oder etwas Estragon und Petersilie oder Bärlauch oder junger Spinat)

1 Zwiebel, 3 EL Crème fraiche

Salz, Pfeffer aus der Mühle

2 EL Sahne

1 Mehl mit Backpulver mischen. Butter in kleine Stücke schneiden und mit dem Quark und 1 TL Salz dazugeben. Alles gut und gründlich verkneten. Nicht aufgeben, es dauert ein bisschen, bis der glatt ist. Zur Kugel formen, kühl stellen, bis die Füllung so weit ist.

2 Schinken klein würfeln, ohne Fettrand am besten. Kerbel waschen, von den Stielen abzupfen. Zwiebel schälen, fein hacken. Alles mit der Crème fraîche mischen, salzen und pfeffern.

3 Teig halbieren, jeweils zu einem Kreis ausrollen, so ca. 35 cm Durchmesser. Jeden Kreis in 8 Stücke schneiden (wie eine Torte). Auf jedes Stück in der Mitte etwas Füllung verteilen. Stücke zur Spitze hin aufrollen, zu Kipferln biegen.

4 Backofen auf 200 Grad vorheizen (Umluft besser auch schon jetzt: 180 Grad). Backblech mit Backpapier auslegen.

5 Kipferl mit Sahne bepinseln und im Ofen (Mitte) in 20-–25 Minuten schön braun backen.

So viel Zeit muss sein: knapp 1 Stunde
(+ zweimal 20–25 Minuten Backzeit)
Kalorien pro Stück: 260

Obatzda
Boarisch guad

Vorbereiten: morgens
Aufbewahren: in der Schüssel, in der er transportiert wird
Kombinieren mit: Walnussstangerl, Rosa Heringssalat, Speckröllchen

Reicht solo für 4:

1 kleine Zwiebel

$^1/_2$ Bund Schnittlauch

300 g weicher Camembert (orginal soll's ein bayerischer sein, aber eigentlich ist's egal)

50 g weiche Butter, 3–4 EL helles Bier

1 EL mildes Paprikapulver, eventuell Salz

1 Zwiebel schälen und hacken, je feiner, desto besser. Schnittlauch waschen, trocknen und in Röllchen aufschneiden.

2 Den Camembert aufschneiden und das Innere von der Rinde abschneiden. Oder die Rinde abschneiden, wenn er noch nicht ganz so weich ist. Das Innere mit einer Gabel zerdrücken, die Butter und das Bier am besten gleich mit druntermischen. Zwiebel und Paprika dazu, probieren. Muss Salz dran? Wahrscheinlich nicht! Aber kräftig schmecken soll er schon.

3 Die Käsecreme in eine Schüssel oder in eine Plastikdose füllen, Schnittlauch draufstreuen, fertig. Am besten mit frischen Brezen oder mit Bauernbrot essen. Aber auf jeden Fall dick auftragen!

So viel Zeit muss sein: 30 Minuten
Kalorien pro Portion: 330

Basic-Tipp

Ob der Camembert innen schon weich ist, kann man natürlich nicht sehen. Aber fühlen. Einfach mal auf die Packung drücken. Er muss sich gut eindrücken lassen. Sonst lieber Finger davon lassen. Noch besser: Camembert schon 1 Woche vorher kaufen.

Bohnencreme
Schmeckt auf Crostini und zum Italo-BBQ

Vorbereiten: max. 1 Tag vorher
Aufbewahren: kühl in einer Plastikdose
Kombinieren mit: Lachstramezzini, Gefüllte Champignons, Hühnerbeine (Abtropfgewicht 240 g)

Reicht solo für 4:

1 Dose gegarte weiße Bohnen

2 Knoblauchzehen

5 getrocknete Tomaten in Öl

1 kleines Bund Rucola, 1 EL Kapern

2 EL Olivenöl, Salz, Pfeffer aus der Mühle

1 Bohnen abtropfen lassen und mit 3 EL Wasser pürieren. Knoblauch schälen und dazupressen.

2 Tomaten abtropfen lassen und klein hacken. Alle welken Blätter und die dicken Stiele vom Rucola aussortieren. Rest waschen, trocknen und fein schneiden. Kapern auch etwas zerkleinern.

3 Alles mit dem Olivenöl unters Bohnenpüree mischen. Salzen, pfeffern. Basta.

So viel Zeit muss sein: 10 Minuten
Kalorien pro Portion: 340

Peanuts and sellery
Yeah!

Vorbereiten: max. 2 Tage vorher
Aufbewahren: kühl in einer Plastikdose
Kombinieren mit: Frischkäse-Dip, Chicken wings, Hochstapler

Reicht solo für 4:

1 Stange Sellerie
2 Zweige Petersilie
150 g Erdnusscreme (Erdnussbutter darf sie ja nicht mehr heißen)
Salz, ein paar Tropfen Tabasco

1 Sellerie waschen, Enden abschneiden. Wenn da ein paar Fäden dranhängen, gleich mit abschneiden. Petersilie waschen, Blättchen abzupfen und mit dem Sellerie ganz fein hacken (am schnellsten mit dem Zwiebelhacker).

2 Erdnusscreme mit Sellerie und Petersilie gut verrühren. Mit Salz und Tabasco würzen. Great auf hellem und auf dunklem Brot oder auch auf Knäcke!

So viel Zeit muss sein: 10 Minuten
Kalorien pro Portion: 235

Heringscreme
Party-Schnäppchen

Vorbereiten: max. 1 Tag vorher
Aufbewahren: kühl in einer Plastikdose
Kombinieren mit: Auberginenkaviar, Schweinerollbraten, Kurkumagurken

Reicht solo für 4:

2 Eier, 1/2 Bund Dill
4 Matjesfilets (etwa 200 g)
50 g weiche Butter, 2 EL saure Sahne
1 TL mildes, 1/2 TL scharfes Paprikapulver
Salz

1 Eier in einen Topf legen. Mit Wasser bedecken, zum Kochen bringen. Nach dem Aufkochen noch 8 Minuten kochen. Kalt abschrecken, schälen und ganz fein würfeln. Dill waschen, hacken.

2 Matjes klein würfeln, ohne Schwanz. Mit einer Gabel fein zerdrücken, mit der Butter und den Eiern mischen. Saure Sahne und Dill dazurühren. Mit Paprika und Salz würzen. Schmeckt auf kräftigem Brot.

So viel Zeit muss sein: 20 Minuten
Kalorien pro Portion: 290

Auberginen-aufstrich
Afrikanisch

Vorbereiten: max. 2 Tage vorher
Aufbewahren: kühl in einer Plastikdose
Kombinieren mit: Tahini-Dip, Chicken wings, Speckröllchen

Reicht solo für 4:

1–2 Auberginen (je nach Größe, 400–500 g)
Salz, 3 EL Olivenöl
50 g geröstete Erdnusskerne
1 Knoblauchzehe, 2 EL Zitronensaft
Pfeffer aus der Mühle

1 Aubergine schälen (mit dem Kartoffelschäler) und würfeln. Salzen und 10 Minuten stehen lassen.

2 Aubergine abtrocknen und im Öl in einer (beschichteten) Pfanne bei mittlerer Hitze ungefähr 15 Minuten braten. Abkühlen, pürieren oder fein hacken. Erdnusskerne fein reiben oder ganz fein hacken. Knoblauch pressen. Beides mit Zitronensaft unter die Auberginencreme rühren, salzen, pfeffern.

So viel Zeit muss sein: 35 Minuten
Kalorien pro Portion: 160

Pan bagnat
Schmeckt nach Cannes und St.-Tropez

Vorbereiten: morgens machen, einwickeln und bis zum Picknick durchziehen lassen
Aufbewahren: im Kühlschrank
Kombinieren mit: Marinierte Gemüse, Roquefort-Quark-Dip, Kartoffel-Gemüse-Salat

Reicht solo für 4:

2 weiße Zwiebeln (die milden, sonst rote nehmen)
2 Dosen Tunfisch (im Sud, je 150 g)
8 Kopfsalatblätter (schöne große, sonst ein paar mehr)
2 EL schwarze Oliven, 4 Tomaten
2 EL Essig, 6 EL Olivenöl
Salz, Pfeffer aus der Mühle
1 Baguette

1 Zwiebeln schälen, einmal durchschneiden und aufs Brett legen. Hälften in ganz feine Streifen schneiden. Tunfisch abtropfen lassen, zerpflücken. Kopfsalat kalt abspülen und trockentupfen. In Streifen schneiden. Oliven ganz lassen (dann muss man später Kerne spucken) oder entsteinen. Wer beides nicht mag, kauft grüne ohne Stein. Tomaten waschen und würfeln.

2 Essig und Öl mit einer Gabel cremig verschlagen. Salzen, pfeffern und mit den übrigen klein geschnittenen Zutaten vermischen. Eventuell noch nachwürzen.

3 Baguette der Länge nach durchschneiden, dann je in vier gleich große Stücke schneiden. Salat auf die unteren Hälften verteilen. Obere Stücke auflegen. Jedes Brotstück in Klarsichtfolie einpacken und mindestens 1 Stunde in den Kühlschrank legen.

So viel Zeit muss sein: 25 Minuten
(+ mindestens 1 Stunde Kühlzeit)
Kalorien pro Portion: 375

Variante: Krabbenbrötchen

4 größere Brötchen aufschneiden und auf der unteren Hälfte dünn mit (Meerrettich-)Frischkäse bestreichen. 1 kleine Gurke waschen oder schälen und fein hacken, 1 Bund Dill auch. 300 g Nordseekrabben mit 100 g Mayonnaise, Gurken und Dill mischen und mit Salz und Pfeffer und eventuell auch ein bisschen Zitronensaft abschmecken. Auf die unteren Hälften häufen, obere auflegen, in Folie packen.

Sesamring mit Auberginen-Tomaten-Salat
Arabian Snack attack

Vorbereiten: Salat schon am Vortag, Petersilie und Käse frisch untermischen
Aufbewahren: zugedeckt im Kühlschrank
Kombinieren mit: Falafel, Kräuter-Relish, Hühnerbeine

Reicht solo für 4:

1 mittelgroße Aubergine
etwa 4 EL Olivenöl
2 Knoblauchzehen
400 g feste Tomaten
2 EL Zitronensaft, $^1/_2$–1 TL Harissa
1 TL gemahlener Kreuzkümmel
Salz, 1 Bund Petersilie
100 g Schafkäse (Feta)
4 große Sesamringe

1 Die Aubergine waschen und in kleine Würfel schneiden. Öl in einer Pfanne (am besten einer beschichteten) warm machen. Die Auberginenwürfel reinrühren und bei mittlerer Hitze ca. 5 Minuten braten, bis sie schön braun sind. Wenn sie das nicht werden, muss noch ein bisschen Öl dazu.

2 Knoblauch schälen und fein hacken. Tomaten waschen und würfeln. Nicht ganz so klein, aber auch nicht grob. Beides mit Zitronensaft und Harissa unter die Auberginen mischen, mit Kreuzkümmel und Salz würzen und kalt werden lassen.

3 Petersilie waschen und fein hacken. Käse zerkrümeln. Sesamringe durchschneiden. Auberginensalat mit Petersilie und Käse mischen, auf die unteren Brothälften verteilen und die oberen auflegen. Verpacken, mitnehmen.

So viel Zeit muss sein: 30 Minuten
Kalorien pro Portion: 310

Variante:
Käsesemmel mit Radieschenquark

1 Bund Radieschen waschen und in kleine Würfel schneiden. 1 Bund Schnittlauch waschen und in Röllchen schneiden. Beides mit 150 g Quark mischen, mit Salz, Pfeffer und wenig gemahlenem Kümmel würzen. 4 Brötchen auseinander schneiden, jeweils mit 2 Scheiben Hartkäse (kann schon ein würziger wie Appenzeller oder Greyerzer sein) belegen. Quark drauf, zusammenlegen, einpacken.

Hochstapler
Chefmäßig

Vorbereiten: Filets 1 Tag vorher garen, Mayo morgens anrühren, Hochstapler erst 3–4 Stunden vor dem Picknick machen
Aufbewahren: Hähnchenfilets im Kühlschrank, fertige Hochstapler zugedeckt im Kühlschrank
Kombinieren mit: Frischkäse-Dip, Nudelsalat mit Radicchio, Speckröllchen

Reicht solo für 4 (8 Stück):

400 g Hähnchenbrustfilets (3–4 Stück)
Salz, Pfeffer aus der Mühle
1 EL Butterschmalz
1 Avocado, 2 TL Zitronensaft
1 Möhre, 2 Frühlingszwiebeln
6 EL Mayonnaise
12 Scheiben Sandwichtoast
4 Scheiben geräucherter oder gekochter Schinken
ein paar Blätter Eisbergsalat oder Rucola

1 Hähnchenfilets trockentupfen, mit Salz und Pfeffer würzen. Butterschmalz in einer Pfanne warm machen, Filets reinlegen und bei mittlerer Hitze 5–7 Minuten braten. Umdrehen und nochmal so lang braten. Zudecken, nachziehen lassen.

2 Avocado der Länge nach bis zum Kern einschneiden. Hälften gegeneinander drehen, eine abheben, Kern mit der Messerspitze rausheben. Hälften schälen und klein würfeln. Würfelchen mit Zitronensaft mischen, damit sie nicht braun werden.

3 Möhre schälen und fein raspeln. Wurzelbüschel von den Frühlingszwiebeln wegschneiden. Zwiebeln waschen und in feine Ringe schneiden. Möhrenraspel und Zwiebelringe mit Avocadowürfeln unter die Mayo mischen. Salzen und pfeffern, aber nicht zu kräftig.

4 Brote toasten. Schinken auf 4 Brote legen und gut die Hälfte von der Mayo draufstreichen, wieder jeweils 1 Brotscheibe drauflegen. Salat waschen und drauf. Hähnchenfilets in dünne Scheiben schneiden. Ein Scheibchen probieren, ob es gut gewürzt ist. Auf den Salat legen und die übrige Mayo drauf verteilen. Letztes Brot auflegen.

5 Hochstapler diagonal durchschneiden. In Folie wickeln, bis zum Picknickstart in den Kühlschrank legen.

So viel Zeit muss sein: 45 Minuten
Kalorien pro Portion: 620

Kurkuma-Gurken
Einfach lecker

Vorbereiten: min. 1, max. 4 Wochen vorher
Aufbewahren: gut verschlossen im Schraubglas im Keller oder wo's kühl ist
Kombinieren mit: Schweinerollbraten, Käsequiche, Chinesische Krautröllchen

Für 2 Gläser von je $^1/_2$ l Inhalt:

1 große Gurke (ca. 600 g)
$^3/_8$ l Apfelessig
$^1/_2$ EL Meersalz, 40 g Zucker
2 TL gemahlener Kurkuma
ein paar Zweige frischer Koriander

1 Gurke schälen und der Länge nach halbieren. Kerne mit einem Löffel rausschaben, Gurken in gut $^1/_2$ cm breite Streifen schneiden.

2 Essig mit 100 ml Wasser (ungefähr 1 Tasse), Salz, Zucker und Kurkuma zum Kochen bringen. Gurken einmal drin aufkochen, 24 Stunden ziehen lassen.

3 Koriander waschen, abzupfen. Gurken mit dem Schöpfer rausholen und in ganz saubere Schraubgläser füllen. Gurkensud nochmal aufkochen, lauwarm abkühlen lassen und mit dem Koriander über die Gurken gießen. Verschließen und mindestens 1 Woche ziehen lassen.

So viel Zeit muss sein:
20 Minuten (ohne die Ziehzeiten)
Kalorien pro Glas: 150

Varianten:

Pilze in Balsamico
1 kg Champignons oder Egerlinge abwischen und die Stielenden abschneiden. 4 geschälte Knoblauchzehen und ein paar Zweige Thymian mit 100 ml Balsamico und 400 ml Wasser in einen Topf schütten. 1 EL Salz und 4 EL Öl dazugeben und aufkochen. Pilze reinwerfen und 3 Minuten kochen. Pilze rausfischen und mit ein paar Kapern in Gläser füllen. Sud nochmal aufkochen und kochendheiß drüber schütten. Gläser verschließen und mindestens 2 Tage ziehen lassen.

Rettich asiatisch
1 weißen Rettich schälen und in Stifte von 1 cm Dicke und 5 cm Länge schneiden. Mit Salz bestreuen und 1–2 Stunden Saft ziehen lassen. Unter kaltem Wasser abbrausen, abtropfen. 1 Stück Ingwer in Scheiben, 1 Stück Zimt, 1 TL Pfefferkörner und 2 Sternanis mit $^1/_2$ l Reisessig (hellem), $^1/_2$ l Wasser und 2 EL Zucker aufkochen. Rettich reinwerfen und einmal aufkochen. Kochendheiß in Gläser füllen, verschließen. Mindestens 1 Woche ziehen lassen.

Scharfe Möhren
500 g Möhren schälen und putzen, in ca. 4 cm lange, knapp 1 cm dicke Stücke schneiden. $^3/_8$ l Weißweinessig mit 100 ml Wasser (ungefähr 1 Tasse), 1 EL Salz, 80 g Zucker und 2 getrockneten Chilis zum Kochen bringen. Wieder kalt werden lassen. Von einigen Minzezweigen Blättchen abzupfen. Möhren und Minze im Sud 24 Stunden ziehen lassen. Alles zusammen nochmal erhitzen und 2 Minuten kochen lassen. In saubere Gläser füllen, verschließen und mindestens 1 Woche ziehen lassen.

Paprika in Öl
Feinkost für Freunde

Vorbereiten: min. 2 Tage, max. 4 Wochen vorher
Aufbewahren: gut verschlossen im Schraubglas im Kühlschrank
Kombinieren mit: Hähnchen-Saltimbocca, Gefüllte Tomaten, Lachstramezzini

Für 1 Glas von ca. $^1/_2$ l Inhalt:

gut 1 kg rote und gelbe Paprikaschoten
$^1/_8$ l Weißweinessig, 1 TL Salz
4 Knoblauchzehen
2–3 Zweige frischer Rosmarin
2 Lorbeerblätter, ca. 300 ml gutes Olivenöl

1 Backofen auf 250 Grad einschalten (auch schon jetzt: Umluft 220 Grad). Schoten waschen, der Länge nach durchschneiden und das Innenleben mit den Stielen rausholen. Schoten mit der Schnittstelle nach unten aufs Blech legen, in den Ofen schieben und so lang drin lassen, bis die Haut schwarze Blasen hat. Und das dauert ca. 20 Minuten.

2 Schoten rausholen, kurz ruhen lassen, Schale abziehen. Schoten in Streifen schneiden. Essig mit $^1/_4$ l Wasser und Salz in den Topf schütten und aufkochen. Schoten portionsweise reintauchen und $^1/_2$ Minuten drin kochen. Mit dem Schaumlöffel rausheben. Knoblauch schälen und mit den Kräutern auch kurz in den Sud schmeißen.

3 Schoten, Kräuter und Knoblauch auf einem großen Küchentuch gut abtropfen lassen und trocknen. In ein Glas füllen, so viel Öl draufschütten, dass die Schoten komplett bedeckt sind. Verschließen und mindestens 2 Tage ziehen lassen.

So viel Zeit muss sein:
45 Minuten (ohne die Ziehzeiten)
Kalorien pro Glas Paprika: 630

Chicken wings
Ganz easy vom Blech

Vorbereiten: am Tag vorher marinieren, morgens dann backen
Aufbewahren: marinierte Hähnchenflügel zugedeckt im Kühlschrank, gegarte auch kühl, aber offen
Kombinieren mit: Frischkäse-Dip, Hochstapler, Käseröllchen

Reicht solo für 4:

12 große Chicken wings (Hühnerflügel)

4 Knoblauchzehen

3 EL flüssiger Honig

3 EL Zitronensaft

4 EL Sojasauce

1 EL Sesamöl

1–2 TL Tabasco

eventuell Salz

wer mag: 2 EL Sesamsamen

Außerdem: Backpapier

1 Die Chicken wings waschen und trockentupfen. In eine Form legen, die so groß ist, dass man sie nebeneinander ausbreiten kann. Knoblauch schälen.

2 Honig mit dem Zitronensaft, der Sojasauce und dem Sesamöl verrühren. Knoblauch dazupressen, mit Tabasco abschmecken. Salz noch keins dazugeben.

3 Sauce über die Wings gießen und die zugedeckt über Nacht in den Kühlschrank stellen. Und wer nicht gleich ins Bett geht, kann sie auch nochmal umdrehen.

4 Am nächsten Tag den Backofen auf 220 Grad vorheizen (auch schon jetzt einschalten: Umluft 200 Grad). Backblech mit Backpapier belegen, Chicken wings mit der Hautseite nach unten drauflegen. Im Ofen (Mitte) ca. 10 Minuten garen. Umdrehen. Wer mag, streut jetzt den Sesam drauf. Und gart das Ganze noch mal ungefähr 10–15 Minuten. Bis die Flügel schön knusprig sind. Vielleicht kann man zum Schluss noch kurz mit dem Grill nachhelfen. Wenn die Sojasauce nicht würzig genug war, Chicken wings noch leicht salzen.

So viel Zeit muss sein:
35 Minuten, davon 10 aktiv
(+ 1 Nacht Marinierzeit)
Kalorien pro Portion: 300

Hühnerbeine
Würze, die unter die Haut geht

Vorbereiten: max. 1 Tag vorher
Aufbewahren: offen im Kühlschrank
Kombinieren mit: Kurkuma-Gurken, Marinierte Gemüse, Walnuss-Stangerl

Reicht solo für 4:

4 Hühnerbeine mit Schlegelteil (also die großen, sonst braucht man pro Portion 2 Beine)

1 Bund Petersilie

2 Knoblauchzehen

100 g Schafkäse (Feta)

2 EL Sahne

Pfeffer aus der Mühle

2 EL Zitronensaft

2 EL Olivenöl

Tabasco, Salz

1 Beine kalt waschen und trockentupfen. Die Haut rundherum so massieren, dass sie sich vom Fleisch lösen lässt, ohne zu reißen. Die Haut an einer Stelle mit dem Finger etwas ablösen, dann den Stiel einer Gabel zwischen Haut und Fleisch stecken und die Haut noch weiter vom Fleisch lösen. Sie soll aber noch dranbleiben, weil die Beine unter der Haut gefüllt werden.

2 Petersilie waschen und trockenschwenken, Blättchen abzupfen und fein hacken. Knoblauch schälen und durchpressen. Schafkäse mit einer Gabel zerdrücken. Käse mit Sahne, Petersilie und Knoblauch verrühren, pfeffern. Und die Creme kommt jetzt unter die Haut – geht am besten mit den Fingern.

3 Backofen auf 220 Grad vorheizen (ohne Vorheizen: Umluft 200 Grad). Zitronensaft mit Olivenöl verrühren, mit Tabasco und Salz würzen. Hühnerbeine damit einpinseln.

4 Hühnerbeine in eine feuerfeste Form legen und im Ofen (Mitte) 40–45 Minuten garen. Dabei ein- bis zweimal umdrehen.

So viel Zeit muss sein:
1 1/4 Stunden, davon 30 Minuten aktiv
Kalorien pro Portion: 390

Variante:

Hühnerbeine mit Fenchel

Schale von 1 unbehandelten Zitrone abreiben. 1 TL Fenchelsamen ganz fein hacken oder im Mörser zerstoßen. 2 Knoblauchzehen pressen. Alles mit 4 EL Olivenöl und etwas fein gehackter Petersilie mischen und auf die Beine streichen. Wie oben garen.

Schweinerollbraten

Schmeckt nicht nur Partylöwen

Vorbereiten: am Vortag garen
Aufbewahren: im Ganzen, in Folie gewickelt im Kühlschrank, erst am Festtag aufschneiden
Kombinieren mit: Gefüllte Tomaten, Paprika in Öl, Nudelsalat mit Radicchio

Reicht solo für 6–8:

gut 1, 2 kg Schweinefleisch für Rollbraten, ohne Schwarte (vom Metzger schon zuschneiden, aber nicht rollen lassen – die Füllung muss ja noch rein)
3 Scheiben Toastbrot
200 g rohe Bratwürste
1 Bund Frühlingszwiebeln
2 Knoblauchzehen
1 Bund Basilikum
2 EL Pinienkerne
1 rote Chilischote
100 g Ricotta oder Frischkäse
Salz, Pfeffer aus der Mühle
abgeriebene Schale von 1/2 unbehandelten Zitrone
2 EL Olivenöl

1 Schweinefleisch auf einem Brett ausbreiten. Toastbrot in lauwarmem Wasser kurz einweichen.

2 Bratwurstmasse aus den Häuten drücken. Von den Frühlingszwiebeln die Wurzelbüschel und die welken Stücke wegschneiden, Zwiebeln waschen und hacken. Knoblauch nach dem Schälen auch. Basilikumblättchen abzupfen, fein hacken. Pinienkerne hacken, Chili auch (ohne Stiel).

3 Backofen auf 200 Grad vorheizen (ohne Vorheizen: Umluft 180 Grad). Brot ausdrücken und mit Wurst, Ricotta und allem, was man so schön gehackt hat, mischen. Mit Salz, Pfeffer und Zitronenschale würzen und auf dem Fleisch verstreichen. Fleisch zu einem Braten zusammenrollen und mit Küchengarn binden.

4 Braten rundherum mit Salz und Pfeffer einreiben, mit dem Öl bestreichen und in einen Bräter legen. Im Ofen (Mitte) etwa 1 3/4 Stunden garen. Dabei gelegentlich mit dem Saft, der sich bildet, begießen. Im Ofen 15 Minuten nachziehen, dann rausnehmen und abkühlen lassen. In dünne Scheiben schneiden.

So viel Zeit muss sein: 2 1/2 Stunden, davon 30 Minuten aktiv (+ 1 Nacht Abkühlzeit)
Kalorien pro Portion (bei 8): 320

Sesamspinat
Grün & gut

Vorbereiten: 1–2 Stunden vorher
Aufbewahren: als Päckchen
Kombinieren mit: Hühnerbeine, Zitroforellen, Indischer Kartoffelsalat

Reicht solo für 4:

4 große Hand voll Spinat (ca. 700 g)

4 Knoblauchzehen

4 EL Sojasauce

4 EL Sesamsamen

ein paar Tropfen Chiliöl

Salz, Pfeffer aus der Mühle

1 Wasser ins Waschbecken laufen lassen. Spinat gründlich darin waschen, abtropfen lassen. Dicke Stiele abknipsen, alle welken Blätter kommen natürlich auch weg.

2 4 Stück Alufolie zuschneiden. Spinat drauf verteilen. Knoblauch schälen, je 1 Zehe dazupressen. Je 1 Löffel Sojasauce und Sesamsamen und etwas Chiliöl drauf verteilen, salzen, pfeffern und gut verschließen.

3 Grill anheizen. Päckchen drauflegen und ungefähr 10 Minuten grillen.

So viel Zeit muss sein: 20 Minuten (+ Grillzeit)
Kalorien pro Portion: 100

Käsepaprikas
Gibt's in Griechenland oft als Vorspeise

Vorbereiten: Schoten schon morgens putzen und mit Ölmischung einpinseln
Aufbewahren: zugedeckt bei Zimmertemperatur
Kombinieren mit: Griechische Kartoffelcreme, Gefüllte Champignons, Hochstapler

Reicht solo für 4:

4 rote Paprikaschoten (am besten eher länglich als rund, dann bleibt alles drin)

$^1/_2$ Bund Petersilie

1 EL Zitronensaft

2 EL Olivenöl

Salz

Pfeffer aus der Mühle

200 g Schafkäse (Feta)

1 Paprikaschoten waschen und einen Deckel abschneiden. Das Innenleben aus den Paprikaschoten zupfen. Den Deckel roh knabbern oder später einfach neben die gefüllten Schoten auf den Grill legen.

2 Die Petersilie waschen und trockenschütteln. Von den Stielen zupfen und fein zerschneiden.

3 Petersilie mit dem Zitronensaft und dem Olivenöl vermischen und mit Salz und Pfeffer würzen. Die Schoten innen damit auspinseln. Käse in 4 Stücke schneiden, jeweils 1 Stück in die Schoten legen.

4 Grill anheizen. Schoten darauf legen und bei mittlerer Glut pro Seite etwa 10 Minuten grillen.

So viel Zeit muss sein:
20 Minuten (+ Grillzeit)
Kalorien pro Portion: 175

Speckpilze
Schützenswert

Vorbereiten: 4–5 Stunden vorher einpacken
Aufbewahren: mit Folie bedeckt im Kühlschrank
Kombinieren mit: Spareribs, Erdnusscreme, Tortillawürfel

Reicht solo für 4:

250 g Austernpilze

$^{1}/_{2}$ Bund Petersilie oder Basilikum

2 Knoblauchzehen, 2 EL Olivenöl

Salz, Pfeffer aus der Mühle

150 g Bacon (Speck in dünnen Scheiben)

1 Austernpilze auseinander lösen, mit Küchenpapier abreiben. Dicke Stiele abschneiden.

2 Petersilie abzupfen und mit geschältem Knoblauch fein hacken. Mit Öl mischen, salzen, pfeffern, auf die Pilze streichen. Jeden Pilz in Speck wickeln.

3 Grill anheizen. Pilze darauf legen und ungefähr 10 Minuten grillen. Mindestens einmal umdrehen.

So viel Zeit muss sein:
15 Minuten (+ Grillzeit)
Kalorien pro Portion: 275

Auberginen-schnitzel
Fleischlos glücklich

Vorbereiten: schon morgens einsalzen, Füllung schnipseln
Aufbewahren: zugedeckt im Kühlschrank
Kombinieren mit: Kräuter-Relish, Lammkoteletts, Marinierte Gemüse

Reicht solo für 4:

1 mittelgroße Aubergine

Salz

8 getrocknete Tomaten in Öl

1 EL Pinienkerne

1 Bund Basilikum

eventuell ein paar Blätter frische Minze

2 Knoblauchzehen

2 EL Semmelbrösel

2 EL frisch geriebener Parmesan

4 EL Olivenöl

Cayennepfeffer

1 Aubergine schälen (Kartoffelschäler) und der Länge nach in ca. $^{1}/_{2}$ cm dicke Scheiben schneiden. Mit Salz bestreuen und etwa 30 Minuten ruhen lassen.

2 Tomaten abtropfen lassen, mit Pinienkernen fein hacken. Basilikum und Minze abzupfen und in Streifen schneiden. Knoblauch schälen und dazupressen. Alles mit Semmelbröseln, Parmesan und 2 EL Öl mischen, salzen und cayennepfeffern.

3 Auberginenscheiben trockentupfen. Auf einer Seite dünn mit der Masse bestreichen, zusammenklappen und mit einem Zahnstocher zusammenstecken. Außen mit Salz und Cayennepfeffer würzen und mit dem übrigen Öl einpinseln. Grill anheizen. Auberginenscheiben drauflegen und ungefähr 10 Minuten grillen, mindestens einmal wenden.

So viel Zeit muss sein: 20 Minuten
(+ 20 Minuten Ruhezeit + Grillzeit)
Kalorien pro Portion: 220

Let's do the BBQ

BBQ heißt Barbecue heißt Grillen. Und so heißt VGBBQ4U&Me »Viel Vergnügen beim grünen Grillen«. Ist doch klar, oder?

Gemüse einlegen

Kompakte Gemüse mit der Gabel pieksen und 8 Stunden in der Marinade durchziehen lassen, Zarteres 2–3 Stunden. Nicht salzen.
Mediterrane Marinade (für je 800 g Auberginen, Fenchel, Möhren, Paprika, Pilze, Tomaten, Zucchini): 2 Knoblauchzehen in Scheiben, 1 Zwiebel in Würfel, 1 Chilischote in Streifen, 1 Lorbeerblatt, 1 Zweig Rosmarin, 150 ml Olivenöl, 1 TL Zitronensaft.
Asia-Marinade (für je 800 g Kürbis, Frühlingszwiebeln, Möhren, Pilze, Spargel): 1 gehackte Knoblauchzehe, 1 nussgroßes Stück Ingwer gerieben, 70 ml Sojasauce, 3 EL Reiswein, 3 EL Öl, 1 EL Honig.

Wie's gut wirkt

Denke Kiesgrube im Ruhrpott, griechischer Dorfplatz, karibischer Gemüsegarten, hinterm Haus in Suburbia. Sehe Himmelblau, Grasgrün, Löwenzahngelb, Glutrot. Schicke beklebte Streichholzbriefchen oder Ansichtskarte von deinem Dorf als Einladung. Setze sonst auf die Natur als Gestalter, aber kümmere dich um Schatten am Tag und schönes Licht bei Nacht. Höre Vogelzwitschern, Blätterrauschen, Flaschenploppen, Schlauchgezische, Kinderlachen, Haralds Gitarre. Von uns aus singe dazu! Nur lass das Radio aus ...

Grillen heute ist anders: Schweinenacken und T-Bone-Steak sind rar auf dem Rost, der Alphawolf herrscht nicht mehr alleine über die Glut und einen neuen Namen gibt's auch dafür: »Barbecue«, kurz BBQ genannt. Alles schon bekannt? Wie wäre es dann mit »VGBBQ4U&Me«? Also dem »Veggie Barbecue for You and Me«? Ohne Fleisch, ohne Fisch, aber mit allen am Grill, wie sonst beim Fondue. Ja, ja, gesund, gescheit und gesellig ist das auch. Vor allem schmeckt's aber nach Abwechslung statt nach Eiweiß-Einerlei. Und wenn bei dem ganzen Drunter und Drüber ein Stück mal länger liegt, passiert auch nix. Billiger ist's noch dazu? So, let's do it!

Was wir brauchen

Das wichtigste beim Grillen ist frische Luft rundherum, wofür das offene Küchenfenster nicht langt. Ein Balkon mit Platz für Grill und Griller plus gutmütigen Nachbarn ist schon besser. Ein Garten? Wunderbar. Gar nix davon? Raus in die Natur – aber nur dorthin, wo Grillen erlaubt ist.

Größe Din A3 ist Minimum bei einem Grill für vier. Bei mehr Leuten muss sich der Rost vergrößern oder der Grill vermehren. Ob Kohle, Strom oder Gas ist eine Frage von Glauben, Geld und Gemütlichkeit, vor allem aber des Angebots – was da ist, ist da. Damit sich damit auch was anfangen läßt, braucht es zumindest ein Wendewerkzeug pro Griller – Wender, Zange oder Gabel. Dazu Pinsel, Folie, Folienschalen, Spieße. Fürs Essen werden Geschirr, Besteck und Gläser des Hauses genommen, Pappe und Plastik ist höchstens was für Geschirrspülerlose. Sich mit dem Gegrillten ins Gras zu hocken ist aber ein bisschen zuviel der Naturliebe, je einen Sitzplatz plus Tellerstellplatz pro Gast braucht's schon. Tischdecken braucht's nicht, Servietten wieder doch – ruhig mal welche aus Papier. Das Gemüse kommt aufs Buffet, das auch ein Baumstumpf sein kann. Möglich sind die große bunte Platte für alles oder viele kleine Teller. Mariniertes wird aus der Marinade genommen, damit es später nicht allzu viel tropft.

Wie wir grillen

Wenn es losgeht, muss der Grill heiß sein – was Strom und Gas 10 Minuten nach dem Einschalten und Kohle frühstens 30 Minuten nach dem Anheizen liefern. Dazu mehr auf Seite 123. Das vorbereitete Gemüse am Grill salzen und pfeffern, und dann auf den knapp 10 cm über der Glut liegenden Rost damit. Sieht alles gegrillt aus und ist es weich beim Reinstechen, ist es fertig. Dauert das länger als 10 Minuten, ist die Glut zu lau oder der Rost zu hoch. Empfindliches wie Käse oder Schmales wie Frühlingszwiebeln kann auch in Folie oder in Folienschalen gegart werden. Und für Verspielte unter den grünen Grillern liegen noch ein paar kleinere Gemüsestücke fürs Spießebauen bereit.

Damit geht's für zwölf

Auf jeden Fall: Öl, Salz, Pfeffer, insgesamt 5 kg Gemüse. Und zwar:
Zum Schnellgrillen (nicht länger als 5 Minuten): Auberginen und Zucchini, schräg in lange, 1 cm dicke Scheiben geschnitten; Austernpilze, Champignons, Shiitake; geputzte Frühlingszwiebeln; halbierter Chicorée.
Zum Normalgrillen (5-10 Minuten): Möhren, längs in 1/2 cm dicken Scheiben; Fenchelstücke; Paprikaviertel; Kürbisscheiben (1/2 cm dick samt Schale); grüner Spargel; Kartoffelscheiben; Mais (vorgegart).
Für die Folienschale: Kirschtomaten, Knoblauchzehen, Lauchscheiben, Zwiebelringe
Obst für den Grill: Ananas, Äpfel und Birnen (in 1 cm-Scheiben samt Kern und Schale); Mangohälften und Bananen in der Schale; Zitronen- und Limettenhälften zum Anrösten und Drüberträufeln
Käse für den Grill: Camembert, Schafkäse, Mozzarella, Ziegenkäse.
Dazu: verschiedene Dips (S. 42-45) und Nudel-, Reis-, Kartoffel- und/oder Spezialsalate (S. 72-79); Blattsalate; Brote
Zum Trinken: Limo auf Eis, Sirup mit Eiswasser, Eistee, Bowle, Bier (vom Fass oder aus dem Kasten im Bach), Sommerweine
Für nachher: Gelbe Grütze (S. 150), Trifle (S. 155), Melone in Kokosmilch (S. 151)

Zitroforellen
Quick and easy

Vorbereiten: schon morgens füllen und würzen, aber noch nicht in Folie einpacken
Aufbewahren: in einer Porzellanform zugedeckt im Kühlschrank
Kombinieren mit: Paprika in Öl, Hühnerbeine, Tahini-Dip

Reicht solo für 4:

4 Forellen (je etwa 350 g)

2 unbehandelte Zitronen

4–8 Frühlingszwiebeln, 1 Bund Dill

Salz, Pfeffer aus der Mühle

4 EL Öl

1 Forellen innen und außen waschen und trockentupfen. Zitronen heiß waschen und mit der Schale in Scheiben schneiden. Von den Frühlingszwiebeln die Wurzelbüschel und die welken Teile abschneiden. Zwiebeln waschen und der Länge nach halbieren. Dill waschen und trockenschwenken, Spitzen abzupfen.

2 Forellen innen und außen mit Salz und Pfeffer würzen. Zitronen, Zwiebeln und Dill in den Bauch legen. Jeden Fisch mit 1 EL Öl bepinseln.

3 Und jetzt gibt's zwei Möglichkeiten: Forellen in Alufolie einpacken. Oder in Fischgrillgitter legen. Direkt auf dem Rost kann man sie nicht gut grillen, weil sie schnell daran festkleben und dann kann man sie kaum umdrehen.

4 In jedem Fall den Grill anheizen – mittlere Glut ist am besten. Oder die Fische einfach an den Rand legen. Sie brauchen ungefähr 15 Minuten. Und egal, ob in Folie oder im Gitter: Einmal umdrehen ist Minimum.

So viel Zeit muss sein:
30 Minuten (+ Grillzeit)
Das schmeckt dazu: knuspriges Weißbrot
Kalorien pro Portion: 300

Tipp:
Schon mal was von Steckerlfisch gehört? In Süddeutschland gehören die zum Biergarten wie der weißblaue Himmel und eine frische Maß dazu: Makrelen (meistens jedenfalls) werden auf einen Stecken gespießt und über der Holzkohlenglut gegrillt. Wer das zu Hause machen will: Fisch innen salzen und pfeffern. Stecken spitz zuschneiden und durch den Mund (das Maul) vom Fisch bis fast zum Schwanz stecken. Außen ruhig kräftig salzen, die Haut isst man dann einfach nicht mit. Mit dem Stecken über den Grill hängen, und so lange grillen (über der großen Glut), bis die Haut knusprig ist.

Koriander-Garnelen
Ganz was Feines

Vorbereiten: am Vorabend oder morgens marinieren
Aufbewahren: in einer Schüssel im Kühlschrank
Kombinieren mit: Tomaten-Dip, Avocado-Dip, Chicken wings

Reicht solo für 4:

1 Stück Zitronengras

2 frische rote Chilischoten

$^1/_2$ Bund Frühlingszwiebeln

1 Stück frischer Ingwer (etwa 2 cm lang)

$^1/_2$ Bund Koriander

Saft von 1 Limette oder Zitrone

1 EL Sesamöl

ca. 700 g rohe Garnelen in der Schale (wenn alle sehr hungrig sind und die Finanzlage des Grillchefs es zulässt, dürfen es ruhig auch mehr sein)

Salz

1 Zitronengras waschen und in ca. $^1/_2$ cm lange Stücke schneiden. Chilischoten waschen, Stiele abschneiden, Schoten mit den Kernen in Ringe schneiden. Von den Frühlingszwiebeln die Wurzelbüschel und die ganz dunklen oberen Teile abschneiden. Zwiebeln waschen und auch in Ringe schneiden. Ingwer schälen und hacken. Koriander kalt abspülen und trockenschwenken. Blättchen abzupfen und grob zerkleinern.

2 Alle klein geschnittenen Zutaten mit dem Limettensaft und dem Öl mischen. Garnelen waschen und trocknen. Mit der Marinade mischen und mindestens 4 Stunden darin ziehen lassen.

3 Dann den Grill anheizen. Alufolie auf den Rost legen. Garnelen abtropfen lassen und darauf ausbreiten. Insgesamt 8–10 Minuten grillen, mindestens einmal umdrehen. Nach dem Grillen salzen.

So viel Zeit muss sein: 20 Minuten (+ 4 Stunden Marinierzeit + Grillzeit)
Das schmeckt dazu: Fladenbrot
Kalorien pro Portion: 180

Tunfisch-Spieße
Echt lecker

Vorbereiten: morgens auf Spieße stecken
Aufbewahren: auf einem Teller zugedeckt im Kühlschrank
Kombinieren mit: Tahini-Dip, Möhrensalat mit Trauben, Lammkoteletts

Reicht solo für 4:

600 g frischer Tunfisch

2 EL Zitronensaft

$^1/_2$ TL Harissa

1 EL Sesammus

1 EL Öl + Öl zum Bestreichen

Salz

200 g Cocktailtomaten

200 g kleine Schalotten oder kleine Zwiebeln

$^1/_2$ Bund frische Minze

12 Holz- oder Metallspieße

1 Tunfisch trockentupfen und in mundgerechte Stücke schneiden. Zitronensaft mit Harissa, Sesammus und Öl mischen, salzen und mit den Tunfischwürfeln verrühren. Würfel mit den anderen Zutaten gleich auf Spieße stecken oder erst einmal ruhen lassen. Geht beides.

2 Die Tomaten waschen, die Schalotten schälen. Große Schalotten einmal durchschneiden. Minzeblättchen waschen und abzupfen. Tunfisch, Tomaten und Schalotten auf Spieße stecken, dabei jeweils 1 Minzeblatt dazwischen spießen. Spieße salzen und mit wenig Öl bepinseln.

3 Dann den Grill anheizen. Spieße insgesamt etwa 10 Minuten grillen, am besten über der mittleren Glut, mindestens einmal umdrehen.

So viel Zeit muss sein:
30 Minuten (+ Grillzeit)
Das schmeckt dazu: Fladenbrot oder Oliven-Ciabatta
Kalorien pro Portion: 400

Variante:
Aalspieße

Aal ist schön fett, deshalb schmeckt er gegrillt besonders gut und kann auch nicht trocken werden. Frischen Aal (ca. 800 g) schon vom Fischhändler häuten lassen, in 2 cm lange Stücke schneiden. Mit Zwiebeln oder mit Pilzen auf Spieße stecken, ab und zu ein frisches Lorbeerblatt dazwischen. Salzen, pfeffern und mit Zitronensaft beträufeln und ca. 15 Minuten grillen. Möglichst oft umdrehen.

Tandoori Hähnchen

So rot, so indisch, so gut

Vorbereiten: am Vortag einlegen
Aufbewahren: zugedeckt im Kühlschrank
Kombinieren mit: Gurken-Raita, Indischer Kartoffelsalat, Fleischbällchen

Reicht solo für 4:

6–8 Hähnchenbrustfilets (kommt auf die Größe an)

Saft von 1 Zitrone

Salz

1 Stück frischer Ingwer

2 Knoblauchzehen

je 1 TL Kurkuma und gemahlener Kreuzkümmel

$^{1}/_{2}$ TL Chilipulver

400 g Jogurt

ca. 1 Tube rote Lebensmittelfarbe (gibt's im Supermarkt bei den Backsachen und ist ganz ungefährlich)

1 Hähnchenbrustfilets trockentupfen und jedes nochmal teilen. Jedes Stück ein paar Mal ca. $^{1}/_{2}$ cm tief einschneiden. Zitronensaft drübergießen, salzen.

2 Ingwer und Knoblauch schälen und beides durchpressen. Gewürze und Jogurt unterrühren. Mit der Lebensmittelfarbe knallrot einfärben. Fleisch in die Jogurtmischung legen und über Nacht in den Kühlschrank stellen.

3 Am nächsten Tag aus der Marinade nehmen und auf dem Grill über der mittelheißen Glut ca. 20 Minuten grillen. Immer wieder wenden und zwischendurch auch mal wieder mit Marinade bepinseln.

So viel Zeit muss sein: 20 Minuten
(+ Marinierzeit über Nacht + Grillzeit)
Das schmeckt dazu: Indisches Fladenbrot (Basic Baking, S. 136, oder fertig gekauft)
Kalorien pro Portion: 335

Spareribs

Knabbern macht Spaß

Vorbereiten: Glasur am Vortag kochen
Aufbewahren: zugedeckt im Kühlschrank
Kombinieren mit: Avocado-Dip, Tomaten-Dip, Zitroforellen

Reicht solo für 4:

1 Zwiebel

4–6 Knoblauchzehen

5 EL Honig

10 EL Tomatenketchup

2 EL Aceto balsamico

3 TL Senf, etwas Tabasco

Salz, Pfeffer aus der Mühle

2 kg Spareribs (ja, so viele müssen es wirklich sein, sind ja fast nur Knochen)

1 Zwiebel und Knoblauch schälen und ganz fein hacken, reiben wäre auch o.k. Beides mit Honig, Ketchup, Essig und Senf in einem Topf mischen und erwärmen. Ca. 15 Minuten köcheln lassen. Mit Tabasco, Salz und Pfeffer abschmecken.

2 Die Spareribs so teilen, dass immer 2–3 Rippen zusammenhängen. Mit einem Tuch abreiben (Knochensplitter stören sonst beim Essen).

3 Grill anheizen. Die Spareribs bei mittlerer Glut 10–20 Minuten (je nach Hitze des Grills) grillen. Und während der Zeit ziemlich oft mit der Glasur bepinseln. Und natürlich auch immer wieder umdrehen.

So viel Zeit muss sein:
25 Minuten (+ Grillzeit)
Das schmeckt dazu: knuspriges Weißbrot
Kalorien pro Portion: 490

Basic-Tipp:

Glasur mit Zucker drin – und Honig ist ja nichts anderes – verbrennt leicht. Deshalb soll die Hitze der Glut nicht auf dem Höhepunkt sein oder der Abstand zur Glut ausreichend groß.

Lammkoteletts
Italian style – simply the best

Vorbereiten: am Vortag einlegen
Aufbewahren: zugedeckt im Kühlschrank
Kombinieren mit: Marinierte Gemüse, Speckpilze, Roquefort-Quark-Dip

Reicht solo für 4:

4–5 Zweige frischer Rosmarin
(+ ein paar Rosmarinzweige für die Glut)
4 Knoblauchzehen
1 getrocknete Chilischote
$^1/_2$ unbehandelte Zitrone, 6 EL Olivenöl
Pfeffer aus der Mühle, Salz
12 Lammkoteletts (jedes ca. 80 g schwer)

1 Rosmarin waschen, Nadeln abzupfen und grob hacken. Knoblauch schälen und in dünne Scheiben schneiden. Chili im Mörser zerkrümeln. Zitrone heiß waschen, die Schale abreiben, den Saft auspressen.

2 Alle diese Zutaten mit dem Öl verrühren, mit Pfeffer und Salz würzen. Lammkoteletts mit einem feuchten Tuch abreiben (wegen der Knochensplitter!), in eine Porzellanform legen. Marinade drüber verteilen. Koteletts über Nacht darin marinieren. Wer dran denkt, dreht sie hin und wieder um.

3 Grill anheizen. Die Marinade von den Lammkoteletts so gut wie möglich abstreifen (verbrennt sonst beim Grillen) und die Koteletts bei mittlerer Glut auf jeder Seite ungefähr 4 Minuten grillen. Clou dabei: ein paar frische Rosmarinzweige in die Glut werfen. Erhöht das Aroma ungemein. Salzen, schmecken lassen.

So viel Zeit muss sein: 20 Minuten
(+ Marinierzeit über Nacht + Grillzeit)
Das schmeckt dazu: knuspriges Weißbrot
Kalorien pro Portion: 560

Variante:
Lammspieße

Lammschulter oder Keule (ca. 600 g) in Würfel schneiden und auf die gleiche Weise marinieren. Am nächsten Tag mit Zucchinistücken, Pilzen und Cocktailtomaten oder kleinen Zwiebeln auf Spieße stecken. Ungefähr 10 Minuten grillen, oft umdrehen.

So swe

Damit der Bauch langsam zu lächeln beginnt ...

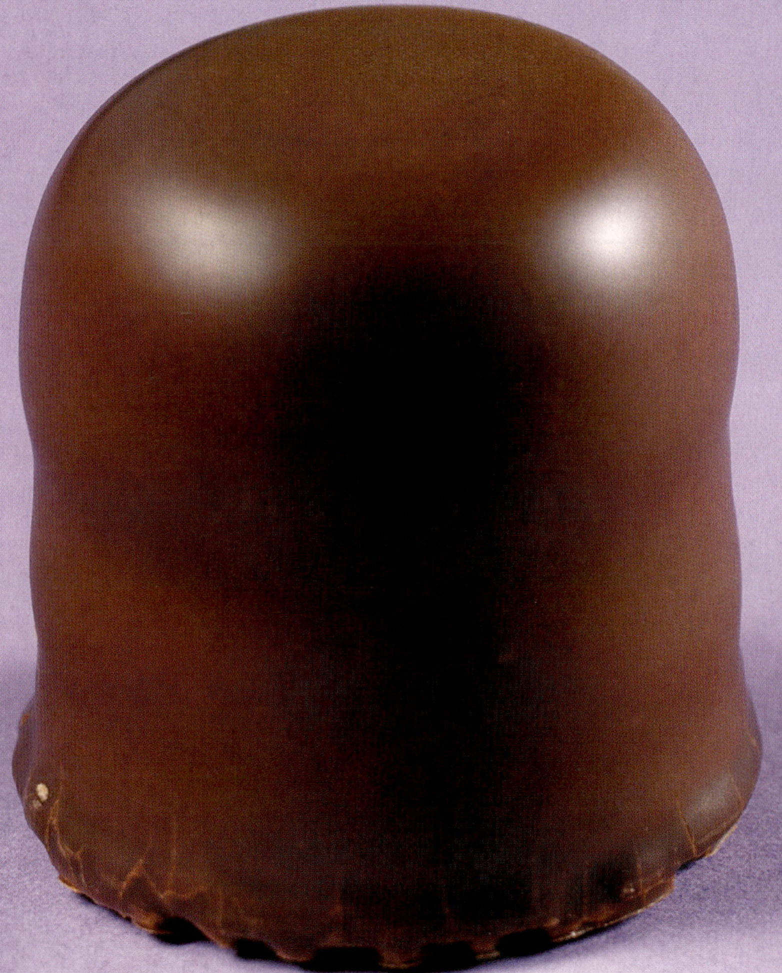

et

»Habt ihr nicht noch was zum Naschen?« fragte am Ende das Süßmaul. »Ja klar, jede Menge Chips«, sagte darauf das Schafsauge. Autsch! Die Tüte Knabberkram mag ein toller Einstieg für Spontanparties sein; aber wer seine Feste ohne echten Nachtisch feiert, muss jederzeit auf Spontanausstiege gefasst sein. Weil so was ist unverzeihlich.

Es muss ja wirklich nichts Großes, Schweres, Schwieriges sein. Nur ein wenig süß sollte es sein. Damit das Herz am Ende noch mal einen fröhlichen Hupfer macht und der Bauch langsam zu lächeln beginnt, wenn doch noch ein paar Schälchen mit Kokosmelone durch die Tür kommen und der freie Fleck auf dem Buffet sich endlich mit frischgebackenem Clafoutis füllt. Weil so was bleibt unvergesslich.

An die Waffeln

Es klingelt. Im Flur stehen die drei Skatbrüder, bei denen ich gestern vor dem Filmriss gelandet bin. »Servus, alte Sandkuchenseele, da wären wir.« Äh? »Wir haben doch letzte Nacht drei Runden Kaffee und Kuchen beim Wodkapokern gewonnen.« Ach ...? Auch schon egal, mach ich eben Rührkuchen auf die Schnelle.
Mach ich fette Waffeln. Für vier:

1 Stück weiche Butter (kühlschrankkalte klein schneiden und 20 Minuten in der Küche stehen lassen) mit 100 g Zucker und 1 Päckchen Vanillezucker schaumig rühren. 4 Eier trennen, 150 g Mehl, 100 g Speisestärke und 2 TL Backpulver mischen. Eigelbe nach und nach in die Butter rühren, dann die Hälfte der Mehlmischung. Rest samt $^1/_4$ l Sahne mit dem Kochlöffel drunterrühren, bis es gerade glatt ist. Eiweiß steif schlagen und drunterheben. Aus dem Teig im geölten Eisen Waffeln backen. Dazu: Sahne, Eis, Obst. Oder was für Erwachsene (siehe rechts).

Drink des Tages

Limoncello

In aller Frische haben wir die Party mit Limettenlimo gestartet, jetzt wird es Zeit fürs süße Ende. Prima dafür: Limoncello, der italienische Zitronenlikör mit Sommeraroma. Prima daher, weil er weckt und streichelt zugleich, weil er eisgekühlt wärmt, weil er damit die richtige Stärkung für den Weg zurück in die Welt ist. Und weil er einen guten Monat lang reifen muss - Zeit genug, um den Abschied noch ein bisschen rauszuzögern.

Für zwei Flaschen (eine für den Tiefkühler, eine auf Vorrat) 7 unbehandelte, dickschalige Zitronen heiß abwaschen. In eine Schüssel geben, mit kochendem Wasser bedecken, 1 Stunde stehen lassen. Jetzt die Schale so ablösen, dass das Weiße an den Zitronen bleibt. Was an der Schale bleibt, wegschneiden – es macht den Likör bitter. Die Schale in ein ausgekochtes 2-Liter-Einmachglas geben (Kochtopf geht auch, wenn er einen Deckel hat und so bald nicht gebraucht wird). 1 Flasche guten 40-prozentigen Wodka drübergießen.

Jetzt in 400 ml kochendem Wasser 200 g Zucker auflösen und zum Zitronenwodka gießen. Kalt werden lassen und verschließen (um den Kochtopf einige Lagen Klarsichtfolie wickeln). Nun an einem Ort verstauen, der für die nächsten Wochen kühl und dunkel bleibt. Kühlschrank ist zu kühl, Keller oder Kleiderschrank ganz unten ist besser. In der ersten Wochen den Likör einmal täglich schütteln, dann 4 Wochen lang sich selbst überlassen. Zum Schluss durch ein feines Sieb gießen, in zwei Flaschen füllen, verschließen und mindestens 1 Flasche in den Tiefkühler geben. Ab dem nächsten Tag wird geweckt und gestreichelt, gewärmt und gekühlt. Salute!

small talk

»Tschüs«

Habt ihr das schon gehört? Dass Tschüs eigentlich Atschues heißt und mehr von Adieu, Adios, Ade als von Tschau, Ciao, Chao kommt? Und wusstet ihr, dass Ciao eher »Zu Ihren Diensten« heißt, Adieu aber »Zu Gott«. Mensch, dann wäre ja das preußische Tschüs den Grüß-Gott-Bayern viel näher als das münchnerische Ciao. Ob die das gerne hören? Wie? Du kommst von da? Na servus. Was? Servus heißt auch »Zu Ihren Diensten«? Ja pfiat di Gott (heißt: Gott behüte dich).

Englisch	Bye; See you
Italienisch	Ciao
Französisch	Au revoir; À bientôt
Spanisch	Adios; Hasta luego
Holländisch	Tot ziens
Norwegisch	Hade bra
Schwedisch	Hej da
Finnisch	Näkermiin
Ungarisch	Viszlát; Szia
Polnisch	Pa; Do widzenia
Freundlich	Schön war`s
Höflich	Bis demnächst
Bitte nicht	Man mailt sich

S.O.S.

»Schmeckt arg nach Zitrone, oder?«

Letztens beim Geburtstag sollten auch die Eltern von IHM kommen. Dacht' ich, mach' ich was Unkompliziertes, mach' ich einfach Artischocken. Mit Zitronenwasser zum Fingerbaden. Dass SEIN Vater einen Toast auf die »künftige Gattin unseres Filius« aussprach, ging noch. Aber als er die Fingerschale auf uns hob, konnte ich nur in die Küche flüchten. Seitdem sprechen die nicht mehr mit mir – ER auch nicht. Blöd, oder?
Lara aus Saarlouis

Tante Ilse rät:

Als mein Japaner uns zum ersten Mal im Leben zu Sushi bat, standen Kästchen mit Flüssigem auf dem Tisch. Souverän dippte ich die Finger ein, um sie vom Staub des Alltags zu reinigen. Alle machten's nach, auch mein Japaner. Am Ende dieses wunderbaren Abends sagte er: »Ich danke euch und entschuldige mich für meine Dummheit, die uns die Hände in Sake waschen ließ.« Im Kästchen war der Aperitif.

Viele Gästepatzer lassen sich vermeiden, wenn wir Gastgeber voraus- und mitdenken. Artischocken für mögliche Schwiegereltern? Alarm! Mit Fingerschale? Liebeslebensgefährlich. Und wenn's erst beim Setzen dämmert? Sofort handeln: Aufstehen, launig das Essen eröffnen, dann in die Fingerschale dippen: »Dass mir keiner aus dem Badewasser trinkt!« Lacht SEIN Vater am lautesten, hat er Humor und keine Luft zum Reden. Schämt er sich, so nur vor sich selbst.

Verpennt? Vater steht schon, die Fingerschale zum Prosit erhoben? Wenn dir was am Sohn liegt, wenn deine Freunde gute Freunde und die Zitronen unbehandelt sind – hebe deine Schale mit forderndem Blick in die Runde und nippe. Dann sofort weg mit den Dingern und sorge dafür, dass der Mann nie mehr im Leben welche in Greifnähe hat. Und denk' beim nächsten Mal vorher nach.

5 mal was Erwachsenes zu Waffeln

Dass Waffeln auch was für Pokerbrüder und nicht nur für den Kindergeburtstag sind, haben wir gelernt. Aber dann ist Vanilleeis dazu ein wenig kindisch. Fünf Waffelbegleitungen, die es in sich haben:

Cream Sherry
400 ml Sahne steif schlagen, dann 1 Gläschen süßen Sherry darunter rühren. Geht auch mit Likör oder Süßwein.

Wodkakirschen
Saft von 1 Glas Kirschen auffangen. 1 nussgroßes geschältes Stück Ingwer reinreiben. 1 Limette heiß waschen, Schale reinreiben, Saft dazupressen. 1 Hand voll Sultaninen dazu und den Saft 5 Minuten köcheln lassen. 1 EL Stärke mit 2 Gläschen Wodka verrühren, reinrühren, aufkochen, Kirschen rein, abkühlen lassen.

Zabaione Caffè
4 Eigelbe, 4 EL Zucker, 2 Tässchen Espresso, 1 Tässchen Marsala in einer Schüssel verrühren. Über einem heißen Wasserbad mit dem Handrührer cremig rühren. Mit Waffeln aus Cappuccinotassen stippen.

Fruchtpunsch
1 Tasse brühheißen schwarzen 3-Minuten-Tee mit 100 g TK-Himbeeren verrühren, bis sie zerfallen. 300 ml Rotwein, 1/2 TL Lebkuchengewürz und 50 g Zucker aufkochen. 3 EL Rum, 2 EL Speisestärke und Himbeer-Tee verrühren, mit dem Wein aufkochen. In Punschgläser füllen, Waffelherzen reintunken.

Scharfes Schokoladenfondue
1/4 l Sahne erhitzen, darin 2 Tafeln dunkle Lieblingsschokolade schmelzen lassen. 4 EL Rum reinrühren, dann mit Cayennepfeffer messerspitzenweise schärfen. Im Fonduetopf aufs Rechaud setzen und mit vorgebackenen Waffelherzen auf Fonduegabeln rausstippen.

Mohr im Zimthemd

Politisch korrekt: Schokopudding mit weißer Weste

Vorbereiten: am Vortag garen
Aufbewahren: mit Folie bedeckt im Kühlschrank

Reicht für 4:

100 g Zartbitter-Schokolade

50 g gehäutete Mandeln oder Walnusskerne

4 Eier

40 g Butter (+ Butter für die Förmchen)

40 g Zucker

1 Prise Zimtpulver

Für das Hemd:

150 g Sahne

$^{1}/_{2}$ Päckchen Bourbon-Vanillezucker

$^{1}/_{4}$ TL Zimtpulver

1 Schokolade, Mandeln oder Walnusskerne fein zerkleinern. Das funktioniert am besten mit der Küchenmaschine: einfach Schokostücke mit den Mandeln oder Nüssen reinwerfen und kurz zerkleinern. Keine Maschine da? Dann muss die Handreibe ran.

2 Die Eier in Eigelbe und Eiweiße trennen. Das Eiweiß in eine hohe Schüssel füllen, steif schlagen, kurz in den Kühlschrank stellen. Dann die Butter in kleine Stücke schneiden und mit dem Zucker gut schaumig schlagen. Eigelbe nach und nach drunterrühren.

3 Zwischendurch schon mal den Backofen auf 180 Grad einschalten (erst später einschalten: Umluft 160 Grad). Und in die Fettpfanne (das ist das tiefe Backblech) heißes Wasser gießen. 4 Förmchen suchen. In jedes sollen ungefähr 200 ml passen. (Es können z.B. hitzefeste Tassen sein). Förmchen mit wenig Butter auspinseln.

4 Zurück zur Eigelbcreme, die Schokomasse mit 1 Prise Zimt drunterrühren. Ein paar Löffel vom Eischnee unter die Masse rühren, damit sie schön weich wird. Dann kann man den Rest vom Schnee nämlich so unterheben, dass Luft drin bleibt.

5 Den Pudding gleichmäßig in die Förmchen füllen und in die Fettpfanne setzen. In den Ofen (Mitte) damit und ungefähr 1 Stunde garen. Wenn das Wasser zu brodeln anfängt, ein bisschen kaltes dazuschütten.

6 Pudding in den Förmchen abbkühlen lassen, dann jeweils mit einem Messer vom Rand lösen und auf Teller stürzen. Sahne mit Vanillezucker halb steif schlagen, Zimt dazurühren. Über die Puddings fließen lassen.

So viel Zeit muss sein: 1 $^1/_2$ Stunden, davon 30 Minuten aktiv
Kalorien pro Portion: 520

Kokosflan
Karibisch easy

Vorbereiten: frühestens morgens
Aufbewahren: im Förmchen zugedeckt im Kühlschrank

Lohnt nur für 6:

1 Limette oder 1 unbehandelte Zitrone

400 ml Kokosmilch

150 g Zucker

4 EL Kokosraspel

2 Eier, 2 Eigelbe, 2 EL weißer Rum

1 Die Limette heiß waschen. Gut trocknen und die Schale fein abreiben. Kokosmilch in einem Topf zum Kochen bringen. Auf der abgeschalteten Herdplatte ziehen lassen.

2 Den Backofen auf 130 Grad vorheizen (ohne Vorheizen: Umluft 110 Grad). 6 hitzefeste Förmchen suchen (in jedes sollte ungefähr 150 ml Flüssigkeit passen).

3 80 g vom Zucker bei mittlerer Hitze so lange im Topf rühren, bis er flüssig wird und braun, aber nicht zu dunkel. 100 ml Wasser drangießen, sirupartig einkochen lassen. Kokosraspel dazu, in die Förmchen verteilen.

4 Die Eier mit den Eigelben und dem übrigen Zucker mit den Rührbesen vom Handrührgerät schön schaumig schlagen. Die warme Kokosmilch und den Rum langsam zur Eiercreme fließen lassen, immer weiterrühren. Die Limettenschale untermischen. Das Ganze in die Förmchen gießen. Aber langsam, damit der Karamell am Boden bleibt.

5 Die Förmchen in eine große feuerfeste Form stellen. So viel kochendheißes Wasser neben die Förmchen gießen, dass sie bis zur Hälfte drinstehen. Unten in den Ofen schieben und die Creme etwa 1 Stunde garen, bis die Masse fest ist. Achtung: Das Wasser darf nicht anfangen zu brodeln. Wenn's passiert, kaltes Wasser nachgießen. Flan abkühlen lassen. Mit einem Messer vom Rand lösen, auf Teller stürzen.

So viel Zeit muss sein: 1 $^1/_2$ Stunden, davon 30 Minuten zu tun (ohne Abkühlzeit)
Kalorien pro Portion: 210

Muffins
...mal zum Löffeln

Vorbereiten: Muffins schon 1 Tag vorher tränken, Sahne frisch schlagen
Aufbewahren: kühl, nicht unbedingt im Kühlschrank

Reicht für 4:

4 Muffins (fertig gekauft oder selbst gebacken, Basic baking, S. 87, Chocolat oder Lemon, aber ohne Zitronenstückchen)

3 unbehandelte Orangen

2 unbehandelte Zitronen, 2 EL Zucker

1 EL Cointreau (muss nicht sein)

150 g Sahne

1 Päckchen Vanillezucker

2 TL Kakaopulver

1 Die Muffins jeweils in eine passende Tasse stellen und mit einer Stricknadel ganz oft einstechen.

2 Je 1 Orange und Zitrone waschen und die Schale fein abreiben (in ein Schälchen füllen, zudecken und in den Kühlschrank damit). Alle Orangen und Zitronen auspressen, Saft mit dem Zucker und dem Cointreau verrühren, bis sich der Zucker aufgelöst hat.

3 Saftmischung über die Muffins träufeln und mindestens 12 Stunden ziehen lassen.

4 Die Sahne mit dem Vanillezucker nicht ganz steif schlagen, so dass sie zwar gut hält, aber noch leicht fließt. Kakao druntermischen und so viel von der Zitrusschalenmischung, dass die Sahne fruchtig, aber nicht aufdringlich schmeckt. Gleich über die Muffins in den Tassen verteilen oder die Muffins stürzen und die Sahne daneben klecksen.

So viel Zeit muss sein: 40 Minuten (+ 12 Stunden Marinierzeit)
Kalorien pro Portion: 350

Pochierte Birnen

Klasse zu Käse und auch zu Eis

Vorbereiten: am Tag vorher Birnen garen
Aufbewahren: über Nacht mit Sud bedeckt im Kühlschrank

Reicht für 4:

4 größere feste Birnen
1 unbehandelte Zitrone
$^1/_4$ l Birnensaft
1 Döschen gemahlener Safran
2 Gewürznelken, $^1/_8$ l Campari
$^1/_8$ l Orangensaft, 50 g Zucker

1 Die Birnen der Länge nach auseinanderschneiden. Das Kernhaus aus den Hälften mit einem kleinen Messer rausschnitzen. Birnen schälen. Zitrone unter heißem Wasser abbürsten, abtrocknen und die Schale dünn abschneiden. Wenn's geht, wie eine Spirale.

2 Birnensaft mit Zitronenschale und Safran in einem Topf verrühren. Nelken reinwerfen. 4 Birnenhälften in den Sud legen, erhitzen und zugedeckt bei schwacher Hitze ungefähr 15 Minuten garen, bis sie angenehm weich sind. Zerfallen dürfen sie dabei natürlich nicht.

3 Gleichzeitig den Campari mit dem Orangensaft und dem Zucker in einem anderen Topf heiß machen. Die übrigen Birnenhälften darin ebenfalls 15 Minuten garen. Birnen jeweils im Sud abkühlen lassen.

4 Und jetzt hat man die Wahl: Eis und Sahne dazu essen oder doch lieber einen kräftigen Käse, z.B. einen Roquefort oder einen Cheddar.

So viel Zeit muss sein: 25 Minuten
Kalorien pro Portion: 180

Variante:

Cassiszwetschgen

700 g Zwetschgen waschen und aufschneiden, Steine rauslösen. $^1/_8$ l Cassis mit $^1/_8$ l Wasser, 1 aufgeschlitzten Vanilleschote, 1 Stück Zimt und 2 Päckchen Vanillezucker zum Kochen bringen. 1 Stück Zitronenschale dazu und alles 10 Minuten köcheln lassen. Zwetschgen und 1 Prise Pfeffer dazu und bei schwacher Hitze 15 Minuten garen. Im Sud abkühlen. Schmecken gut zu Käse, aber auch zu Pfannkuchen, Kaiserschmarrn oder Eis.

Apfelkompott mit Ingwercreme

Bayerisch-französisch-asiatische Verbindung

Vorbereiten: Kompott am Vortag, Ingwercreme frisch
Aufbewahren: zugedeckt bei Zimmertemperatur

Reicht für 4:

ca. 750 g säuerliche Äpfel (auf 50 g mehr oder weniger kommt es nicht an)
1 unbehandelte Zitrone
70 g Zucker
1 EL Rosinen (außer, wenn Rosinenhasser eingeladen sind)
1 Stück frischer Ingwer (etwa 2 cm lang, auch gut: zusätzlich 1 Stück kandierter Ingwer, muss aber nicht sein)
200 g Crème fraîche
2 EL Sahne
1 Päckchen Vanillezucker

1 Äpfel schälen, vierteln und das Kernhaus rausschneiden. Äpfel in Schnitze schneiden. Zitrone heiß waschen und abtrocknen. Die Schale fein abreiben, die Hälfte davon zugedeckt zur Seite stellen. Zitrone auspressen.

2 Äpfel mit $^1/_2$ l Wasser, Zitronensaft und der Hälfte der Zitronenschale, Zucker und Rosinen in einen Topf schütten und zum Kochen bringen. Zugedeckt bei mittlerer Hitze 10-20 Minuten köcheln lassen, bis die Schnitze leicht zerfallen. Wie lang das dauert, hängt ganz stark von der Apfelsorte ab. Also immer mal wieder nachschauen und dann auch gleich umrühren.

3 Apfelkompott in eine Schüssel füllen und lauwarm oder kalt werden lassen.

4 Ingwer schälen und ganz fein hacken oder reiben. Wenn da, auch den kandierten Ingwer schön zerkleinern.

5 Crème fraîche mit Sahne und Vanillezucker gut verrühren. Ingwer und restliche Zitronenschale untermischen. Zum Kompott essen.

So viel Zeit muss sein: 40 Minuten
Kalorien pro Portion: 340

Fruchtsalat
...mal aus Trockenfrüchten

Vorbereiten: max. 2-3 Tage vorher
Aufbewahren: zugedeckt und kühl, aber nicht unbedingt im Kühlschrank

Reicht für 4:

250 g gemischte Trockenfrüchte (z.B. Aprikosen, Zwetschgen, Feigen, Rosinen)
1 Stück Zimtstange
2 Gewürznelken
2 EL Honig
2 Orangen, 1 Zitrone
1–2 EL Orangenblütenwasser (gibt's in der Apotheke oder im arabischen Geschäft)
eventuell 1 Granatapfel

1 Wenn die Trockenfrüchte sehr groß sind, schneidet man sie am besten gleich in Stücke. Dann mit $^1/_8$ l Wasser mischen und über Nacht quellen lassen.

2 Früchte am nächsten Tag mit Zimt, Nelken und Honig in einen Topf schütten. Orangen und Zitrone auspressen, Saft dazuschütten.

3 Früchte aufkochen, Deckel drauf und die Früchte bei schwacher Hitze 15 Minuten garen. Abkühlen lassen, dann mit dem Orangenblütenwasser aromatisieren.

4 Wer ein bisschen mehr ausgeben will, kauft noch 1 Granatapfel. Halbieren und die roten Kerne mit einem Messer rauspulen. Trockenfrüchte in Schälchen verteilen und mit den Granatapfelkernen bestreuen.

So viel Zeit muss sein:
30 Minuten (+ Quellzeit über Nacht)
Kalorien pro Portion: 205

Gelbe Grütze
Macht der Sonne Konkurrenz

Vorbereiten: max. 2 Tage vorher
Aufbewahren: in den Schälchen offen im Kühlschrank

Reicht für 4:

500 g gelbe oder orangefarbene Früchte (das können Aprikosen sein, Pfirsiche, Mangos, Ananas, Honigmelone usw., am besten gemischt)
4 EL Zucker
knapp 300 ml heller, nicht zu süßer Saft (z.B. Quittensaft, ein Teil davon darf auch Weißwein sein)
2 EL Zitronensaft
30 g Speisestärke
eventuell 100 g Sahne

1 Alle Früchte waschen. Dann die, bei denen es nötig ist, schälen, z.B. Mangos oder Ananas. Alle Früchte putzen (entstielen, entsteinen), in kleine Stücke oder Würfel schneiden und mit dem Zucker in einen Topf füllen.

2 Saft und Zitronensaft mischen, mit 1–2 EL davon die Speisestärke anrühren.

3 Die übrige Flüssigkeit zu den Früchten schütten und zum Kochen bringen. Kurz köcheln lassen. Speisestärke reinrühren und weiterköcheln lassen, bis das Ganze dicklich aussieht. In vier Schälchen füllen und abkühlen lassen. Dazu schmeckt flüssige oder auch halbsteif geschlagene Sahne, die man mit wenig Zitronenschale oder auch mit 1 Prise Zimt aromatisieren kann.

So viel Zeit muss sein:
25 Minuten (+ Kühlzeit)
Kalorien pro Portion: 75

Orangen in Honig
Nichts einfacher als das!

Vorbereiten: max. 1 Tag vorher
Aufbewahren: zugedeckt bei Zimmertemperatur

Reicht für 4:

4 Orangen
2 EL Honig
1 EL Zitronensaft
5 EL Portwein
1 Prise Zimtpulver
ein paar Zweige frische Minze

1 Von den Orangen die Schale rundherum so abschneiden, dass auch die dünne weiße Haut abgelöst wird. Die Orangen in dünne Scheiben schneiden. Wer Lust hat, pult auch noch die Kerne raus. Den Saft, der dabei ausläuft, gleich in eine Pfanne schütten.

2 Honig, Zitronensaft, Portwein und Zimt dazuschütten und warm machen. Leicht einköcheln lassen, bis die Masse etwas dicker wird. Orangen reinlegen und auf der abgeschalteten Kochplatte kurz drin ziehen lassen. Abkühlen lassen. Minzeblättchen abzupfen und waschen. Auf die Orangen streuen. Dazu passt gut ein einfaches Vanilleeis oder auch das Zimtparfait (S. 160).

So viel Zeit muss sein: 20 Minuten
Kalorien pro Portion: 95

Tipp:
Statt oder zusammen mit den Orangen schmecken auch frische Feigen auf diese Art ganz fein.

Melone in Kokosmilch
Schnell gemacht, schnell gegessen

Vorbereiten: max. 1 Tag vorher
Aufbewahren: Zugedeckt im Kühlschrank

Reicht für 4:

1 Honigmelone

1 Vanilleschote, 1 Limette

1 Dose Kokosmilch (400 ml)

3–4 EL Zucker, 2 EL weißer Rum

1 Melone auseinander schneiden. Die Kerne aus der Mitte mit einem Löffel herausschaben. Melone schälen und würfeln. Oder das Fruchtfleisch mit dem Kugelausstecher rauskugeln.

2 Vanilleschote aufschlitzen, Mark rauskratzen. Limette waschen, Schale abreiben. Beides mit Kokosmilch und Zucker aufkochen und rühren, bis der Zucker gelöst ist. Abkühlen lassen, Rum untermischen, dann auch die Melone. Das Dessert mindestens 1 Stunde kühlen.

So viel Zeit muss sein:
20 Minuten (+ 1 Stunde Kühlzeit)
Kalorien pro Portion: 135

Apfel-Charlotte
Ziemlich beeindruckend

Vorbereiten: am Vortag machen, vor dem Fest stürzen und garnieren
Aufbewahren: zugedeckt im Kühlschrank in der Schüssel

Lohnt nur für 8:

750 g säuerliche Äpfel

$^1/_4$ l Cidre

1 EL Zitronensaft, 2 EL Zucker

3–4 EL Calvados (oder Apfelsaft)

200 g Löffelbiskuits

250 g Crème double, 200 g Sahne

1 Päckchen Vanillezucker

Kakaopulver oder Raspelschokolade zum Draufstreuen

1 Erst mal ein Kompott kochen. Äpfel schälen, in Spalten schneiden und die Kerngehäuse rausschneiden. Apfelspalten mit Cidre, Zitronensaft und Zucker in einen Topf füllen und zum Kochen bringen. Äpfel zugedeckt bei schwacher Hitze köcheln lassen, bis sie fast zerfallen. In einem Sieb (Schüssel drunterstellen!) abtropfen und abkühlen lassen.

2 Abgetropften Apfelsaft mit dem Calvados mischen. Eine runde Schüssel suchen, in die ungefähr 1,5 l Flüssigkeit reinpasst. Einige Löffelbiskuits kurz in die Apfelsaftmischung tauchen, Boden und Rand der Form damit auslegen.

3 Inzwischen sind die Äpfel wahrscheinlich abgekühlt. Also kann man sie mit der Crème double mischen. Apfelcreme in die Form füllen, mit getränkten Löffelbiskuits abdecken. Die Charlotte mit einem Teller abdecken und beschweren, z.B. mit Dosen. Die Schüssel mindestens 4 Stunden in den Kühlschrank stellen.

4 Danach einen Teller auf die Schüssel legen, beides mit Schwung umdrehen und die Charlotte so auf den Teller stürzen. Falls das nicht funktioniert, Schüssel in heißes Wasser tauchen. Dann rutscht die Charlotte beim Stürzen leichter auf den Teller. Sahne mit dem Vanillezucker steif schlagen, die Charlotte rundherum damit bestreichen. Wem das jetzt zu einfach aussieht, der kann das Ganze noch mit Kakaopulver oder mit Raspelschokolade verzieren oder auch mit Sahnetupfen und Walnüssen.

So viel Zeit muss sein: 1 Stunde
(+ mindestens 4 Stunden Kühlzeit)
Kalorien pro Portion: 330

Let's do the Tea

Plaudertasche trifft Kulturbeutel zur Happy Hour im Salon. Tundra-Nomade wartet am Fenster auf Deichwanderer. It's teatime!

Tee machen

Am besten wird Tee gebrüht, wenn die Gäste kommen, da er ab 15 Minuten Stehen bitter und rauh werden kann. Daher ist es auch besser, mehrmals statt einmal Tee zu machen. So geht's: 1 Liter frisches kaltes Wasser aufkochen, 4–5 Teelöffel voll Tee (je feiner gebrochen, desto kleiner die Menge) in weitem Teefilter in die Kanne geben. Bei schwarzem Tee kommt das Wasser drüber, sobald es kocht, bei grünem wird 10 Minuten gewartet. Ziehzeit: 2–3 Minuten bei grünem Tee, anregende 2– beruhigende 6 Minuten bei schwarzem.

Wie's gut wirkt

Denke englischer Landsitz, Pariser Salon, russische Datscha, chinesisches Teehaus, Beduinenzelt. Sehe Magnatenbrokat, Hotelsilber, Porzellanweiß, Abendblau, Kerzengelb, Lady Pastell. Vereine diese Gegensätze Ton in Ton. Schicke Teebeutel mit Büttenkarte am Faden als Einladung. Lasse Stoffe fallen und wallen, Lüster und Teelichter leuchten, Wiesenblumen aus alten Kannen sprießen. Höre klassische Tafelmusik, russische Choräle, Not-to-free-Jazz, Swing – nur keine Opern.

Eigentlich wollten wir hier zur guten deutschen Kaffeetafel laden. Aber nun hat uns das Internationale so gepackt, dass wir auf Tee sind. Weil den trinkt alle Welt: die Queen nach dem Nachmittagsgang im Hochmoor; die russischen Freunde, wenn sie nach drei Tagen Tundra gegen Abend reinschneien; Nomaden, wenn sie nicht wandern; Chinesen, selbst wenn sie wandern; Friesenhausbewohner. Und weil mit Tee alles Mögliche geht, bringt die Teeparty Abwechslung in die Zeit, in der sich Kuchenessen, Happy Hour und Feierabendbrot treffen. Bestens, um gegensätzliche Leute zusammenzubringen, ohne dass sich gleich alles festsetzt.

Was wir brauchen

Ein Teetreff, wie wir ihn uns wünschen, hat was vom Inszenierten des Afternoon Tea und der Cocktailparty und was vom Familiären eines Teehausbesuchs oder der russischen Zakuska, bei der gegen Abend süße und salzige Happen zum Tee auf den Tisch kommen. Typisch ist bei all dem, dass an diesem Tisch nicht gegessen wird. Man lehnt versonnen am Fenster, blickt über endlose Felder, Tasse in der einen Hand, Untertasse in der anderen. Oder man hockt plaudernd auf dem Diwan, Teetasse und Happenteller auf dem Tischlein nebendran. Ok, endlose Felder sind kein Muss, und es kann auch ein Sofa sein, aber bei den Tischlein lassen wir nicht mit uns reden. Wobei wir gut verteilte Umzugskartons mit Schlussverkaufstoff drüber auch gelten lassen, so lange es viele sind. Weil Tassenbalance ist so lästig wie Teeflecken hartnäckig sind!

Für den großen Tisch braucht's: Teekannen, die bei verschiedenem Inhalt gekennzeichnet sind, etwa mit einem Schälchen Teeblätter davor. Porzellan ist gut, Glaskannen auf Stövchen leuchten heimelig, Thermoskannen sind nicht hübsch, aber nützlich. Nur eins geht nie: Die Kanne, in der sonst Kaffee ist. Und bei den Tassen ist der dicke Becher Marke »Weck mich, ich bin der Boss« auch deswegen nichts, weil Tee aus Dünnem besser schmeckt. Also aus Teetassen, Teegläsern (schlicht aus dem Schrank oder bunt vom Türken), Teeschalen vom Asiaten. Ein paar Sektgläser dazu. Teller sind klar, beim Besteck ist das ganze Programm gefragt: Löffel und Gabel groß und klein, Messer, was zum Bedienen. Das Essen wartet auf Platten und in Schüsseln auf dem Buffet, und wer ein mehrstöckiges Gestell für Gebäck oder Omas Kerzenleuchter hat, nur drauf damit. Das Beste (was man hat) ist gerade gut für Teeparties.

Wie wir Tee trinken

»Very grand hotel« wirkt es, wenn jemand am Buffet einschenkt und berät (Puristen weghören): »Britisch mit Milch, russisch mit Konfitüre, russisch-britisch mit Zitrone, orientalisch mit Honig oder Zucker, mongolisch mit Butter, friesisch mit Rum, chinesisch mit nix.« Dann noch ein paar Speiseratschläge: »Muffins zu Assam, Dim Sum zu Gunpowder, Pilzkaviar zu Karawanentee, Tamgago maki zu Bancha.« Der Rest ist sitzen, plaudern, aus dem Fenster blicken und Tee nippen. Schwereres Trinken später nicht ausgeschlossen.

Damit geht's für zwölf

Auf jeden Fall: loser Tee für 4–5 l, am besten vom Teestrauch (also schwarz, grün oder grün-schwarz als Oolong), und zwar nur von dem (also ja nix mit Wildkirsch oder Wintertraum). Für Abwechslung sorgt die Herkunft: Indien oder Sri Lanka, China oder Japan, Russland und drumherum.

Für den Tee: Zucker, Kandis, Süßstoff, Honig, Konfitüre für die Süße; Zitrone, Limette, Orange für die Säure; Milch, Sahne für den Nebel; Rum oder Likör zum Benebeln; Butter, Chili, Minze, Zimtstangen für die Eigenarten.

Gekauftes zum Naschen: Britisches wie Muffins oder Shortbread; Französisches wie Eclairs oder Madeleines; Asiatisches wie Glückskekse oder Reiscracker; Simples wie Walnüsse, Mandeln, Krokant, Butterkekse.

Selbstgemacht: Russisches wie Roggenbrot mit Pilzkaviar (S. 50), Rosa Heringssalat (S. 71); Orientalisches wie Käseröllchen (S. 56), Fleischbällchen (S. 58); Asiatisches wie Gemüsespieße (S. 41), Dim Sum (S. 82); Britisches wie Gurken-Sandwich (S. 51); Sonstiges wie Fischterrine (S. 68), gefüllte Eier (S. 46).

Und sonst: Toast und Butter, dicke süße Sahne (englisch »Clotted Cream«, sonst Creme double). Champagner und Kaviar, wer kann. Cognac, Whisky, Wodka, wer mag

Avocado-Zitronen-Creme
Schneller geht's fast nicht

Vorbereiten: frisch machen
Aufbewahren: wenn's sein muss im Kühlschrank

Reicht für 4:

1 unbehandelte Zitrone

2 reife Avocados (wenn man draufdrückt, muss man spüren, dass sie nachgeben)

3 EL Zucker

200 g Jogurt, 200 g saure Sahne

1 Zitrone heiß waschen und abtrocknen. Schale mit dem Kartoffelschäler ganz dünn abschneiden, in sehr feine Streifen schneiden. Zitrone auspressen.

2 Avocados rundrum bis zum Kern einschneiden, die beiden Hälften gegeneinander drehen, damit sie sich lösen. Eine abheben, den Kern rauslösen, am besten mit der Messerspitze anheben. Fruchtfleisch rauslöffeln und mit allen anderen Zutaten (außer der Zitronenschale) in den Mixer füllen. Pürieren. In Gläser füllen, Zitronenschale drauf.

So viel Zeit muss sein: 15 Minuten
Kalorien pro Portion: 380

Beeren-Mascarpone
Ein Gedicht zum Löffeln

Vorbereiten: Mascaponecreme 1 Tag vorher, vor dem Fest mit Beeren einrichten
Aufbewahren: zugedeckt im Kühlschrank

Reicht für 4:

1 Packung gemischte TK-Beeren (300 g)

1 EL Puderzucker

250 g Mascarpone

1 EL Honig

1 EL Kakaopulver

1 EL Zitronen- oder Orangensaft

100 g Sahne (kann auch halb Milch sein)

1 Beeren in einem Sieb abtropfen lassen, Saft auffangen. Mit Puderzucker und 1–2 EL vom abgetropften Saft mischen.

2 Mascarpone mit Honig, Kakao, Zitronen- oder Orangensaft und Sahne cremig verrühren. Creme und Beeren schichtweise in Dessertgläser füllen. Mindestens 2 Stunden kühlen.

So viel Zeit muss sein: 15 Minuten
Kalorien pro Portion: 420

Trifle
So sweet, so fine

Vorbereiten: Kuchen schon am Vorabend bestreichen, Creme erst einige Stunden vor dem Fest einfüllen
Aufbewahren: fertiges Dessert kurze Zeit im Kühlschrank

Reicht für 4:

1 Paket TK-Himbeeren (300 g, frische sind natürlich noch feiner!)

200 g Sandkuchen

4 EL Himbeerkonfitüre

4 EL trockener Sherry

1 Vanilleschote

2 ganz frische Eier

$^1/_2$ l Milch

4 EL Zucker

20 g Speisestärke (ungefähr 4 TL)

1 TK-Himbeeren in ein Sieb schütten, über eine Schüssel hängen und auftauen lassen. Oder die frischen verlesen. Nicht waschen, sonst werden sie matschig.

2 Kuchen der Länge nach in knapp 1 cm dicke Scheiben schneiden. Konfitüre mit Sherry verrühren. Scheiben damit bestreichen und wieder zu einem Kuchen zusammensetzen. Ganz normal in Scheiben schneiden und vier Dessertschälchen damit auslegen.

3 Vanilleschote aufs Brett legen, der Länge nach aufschlitzen und das Mark rausschaben. Eier trennen, Vanillemark und Schote mit der Milch aufkochen. Zucker, Eigelbe und Speisestärke gut verquirlen. Schote aus der Milch fischen, Eigelbmasse unter die Milch rühren. Immer kräftig rühren. Einmal aufpuffen lassen, gleich vom Herd ziehen und abkühlen. Dann erst die Eiweiße steif schlagen und mit dem Schneebesen unterziehen.

4 Die Himbeeren auf die Kuchenscheiben auf dem Boden der Dessertschälchen verteilen. Wenn sich in der Schüssel Saft gesammelt hat, den auf den Kuchen träufeln. Vanillecreme drauf und gleich essen oder noch für ein paar Stunden in den Kühlschrank stellen.

So viel Zeit muss sein: 50 Minuten
Kalorien pro Portion: 465

Schoko-Zitronen-Tiramisu

Für verspielte Gastgeber

Vorbereiten: am Vorabend
Aufbewahren: locker unter Folie im Kühlschrank

Lohnt sich nur für 8:

3/8 l Espresso

3 EL Kakaopulver + Kakaopulver zum Bestäuben

2 EL Schoko-Nusscreme

2 unbehandelte Zitronen

500 g Mascarpone

100 ml Milch

100 g Puderzucker

1 Päckchen Vanillezucker

eventuell 2 EL Haselnusslikör

200 g Löffelbiskuits, am besten beim Bäcker kaufen oder selber backen (Basic Baking, S. 102)

1 Espresso mit Kakao und Schokocreme verrühren.

2 1 Zitrone unter heißem Wasser gut bürsten, abtrocknen und die Schale abreiben. Beide Zitronen auspressen.

3 Mascarpone mit Zitronensaft und -schale, Milch, Puder- und Vanillezucker verrühren. Espresso eventuell mit dem Nusslikör mischen.

4 Eine eckige Form mit Löffelbiskuits auslegen, Espresso drüberträufeln. Creme draufstreichen. Und so geht's weiter – Löffelbiskuits, Espresso, Creme, bis alles in der Form ist. Ganz obendrauf kommt noch Kakao und dann das Ganze bis zum Fest in den Kühlschrank.

So viel Zeit muss sein:
40 Minuten (+ Kühlzeit)
Kalorien pro Portion: 485

Gefüllte Datteln
Kleine Verführerinnen

Vorbereiten: 1–2 Tage vorher
Aufbewahren: auf einem Teller mit Folie bedeckt im Kühlschrank

Reicht für 25 Stück:
1 unbehandelte Orange
3–4 Walnusskerne
100 g Frischkäse
1 EL fester Honig
1 TL Zimtpulver
1 Prise gemahlene Nelken
ca. 25 getrocknete Datteln

1 Orange heiß waschen, abtrocknen und die Schale dünn abreiben. Eine Hälfte auspressen. Walnusskerne fein zerbrechen – geht am besten mit den Fingern – oder hacken.

2 Frischkäse mit 1 EL Orangensaft, Honig, Zimt, Nelken, Walnüssen und Orangenschale mischen.

3 Datteln aufschneiden, Kern rausholen. Frischkäse in den Spritzbeutel oder in eine kleine Tüte füllen (kleines Eck abschneiden) und in den Datteln verteilen. Nebeneinander auf einen Teller legen.

So viel Zeit muss sein: 30 Minuten
Kalorien pro Stück: 30

Bananen-Muffins
Ein Biss und weg

Vorbereiten: max. 1 Tag vorher
Aufbewahren: locker mit Folie bedeckt

Reicht für 24 Stück:
1 Banane
1 EL Zitronensaft
1 EL Honig
150 g Mehl
1 Päckchen Schokopuddingpulver
2 TL Backpulver
1 Ei
2 Päckchen Vanillezucker
60 ml Öl
100 g Jogurt oder saure Sahne
3–4 EL Milch
Außerdem: 24 Mini-Papierbackfömchen
Puderzucker zum Draufstäuben

1 Banane schälen und würfeln. Zitronensaft mit Honig verrühren, unter die Würfel heben. Den Backofen auf 180 Grad vorheizen (auch schon jetzt einschalten: Umluft 160 Grad).

2 Mehl mit Puddingpulver und Backpulver mischen. Ei mit Vanillezucker und Öl verrühren. Jogurt untermischen. Mehlmischung und Milch unterrühren, dann die Bananenwürfel.

3 Teig auf die Förmchen verteilen, sie sollen nicht ganz gefüllt sein. Im Ofen (Mitte) ca. 15 Minuten backen. Abkühlen lassen, mit Puderzucker bestäuben.

So viel Zeit muss sein:
35 Minuten, davon 20 zu tun
Kalorien pro Stück: 50

Fruchtbällchen
Süßes Fingerfood

Vorbereiten: max. 1 Woche vorher
Aufbewahren: verschlossen in der Blechdose (wie Weihnachtsplätzchen)

Reicht für 50 Bällchen:
250 g ungeschwefelte Trockenfrüchte (am besten gut gemischt, in jedem Fall Feigen und Aprikosen)
200 g Nüsse (auch am besten gemischt, z.B. Walnüsse, Sonnenblumenkerne und Mandeln)
100 g Kokosflocken

1 Große Trockenfrüchte etwas kleiner schneiden. Früchte mit 200 ml lauwarmem Wasser in einer Schüssel mischen und über Nacht weich werden lassen.

2 Früchte am nächsten Tag mit dem Wasser (wenn noch etwas übrig ist) und den Nüssen in den Mixer werfen und ganz fein zerkleinern. Jetzt sollte eine feste, aber formbare Masse in der Maschine sein. Ist sie zu feucht, mehr Nüsse dran, ist sie zu trocken, etwas Wasser oder auch Schnaps dazu.

3 Mit den Händen kleine Kugeln formen. Kokosflocken in einen Teller schütten, Kugeln darin hin und her kugeln. Gleich aufs Buffet damit oder in eine Dose zum Aufbewahren.

So viel Zeit muss sein:
30 Minuten (+ die Einweichzeit)
Kalorien pro Stück: 50

Baklava
Süüüüüüüß!

Vorbereiten: max. 1 Tag vorher
Aufbewahren: gut abgedeckt und kühl, aber nicht im Kühlschrank

Lohnt sich nur für 8–10:

1 Packung Fillo- oder Yufkateigblätter (gibt's beim Türken, Griechen oder im arabischen Geschäft, wiegt ca. 400 g)
100 g Butter
400 g gemischte Nusskerne (am besten Walnüsse, Mandeln und Pistazien – natürlich ungesalzen)
2 Eiweiße
4 EL Honig
1 TL Zimtpulver
1 EL Rosenwasser (gibt's in der Apotheke, es geht aber auch ohne)
250 g Zucker
Saft von 1 Zitrone

1 Die Teigplatten vorsichtig auseinander lösen, mit einem feuchten Tuch bedecken. Die Butter in Würfel schneiden, in einen Topf legen und bei schwacher Hitze schmelzen. Nicht braun werden lassen!

2 Nusskerne fein reiben. Eiweiße steif schlagen, Honig, Nüsse, Zimt und Rosenwasser unterziehen.

3 Backofen auf 200 Grad vorheizen (ohne Vorheizen: Umluft 180 Grad). Eine Form etwa in Größe der Teigblätter (z.B. eine eckige Auflaufform) suchen, mit Butter bepinseln. Jetzt abwechselnd Teigblätter und Nussmasse reinfüllen. Jedes Teigblatt mit Butter bepinseln. Ganz oben liegt auch ein Teigblatt. Das wird auch mit Butter bepinselt.

4 Baklava in den Ofen (Mitte) schieben und ca. 30 Minuten backen. Zeit genug, um einen Sirup zu kochen. Zucker mit 350 ml Wasser in einen Topf schütten, warm machen und ca. 10 Minuten kochen lassen, bis er leicht dickflüssig wird. Richtig sirupartig soll er aber nicht werden. Baklava aus dem Ofen holen, Zitronensaft unter den Sirup mischen und das heiße Gebäck nach und nach mit dem Sirup tränken. Abkühlen lassen, in Würfel schneiden.

So viel Zeit muss sein: 1 Stunde, 10 Minuten, davon 45 Minuten zu tun
Kalorien pro Portion (bei 10): 610

Schokowürfel
Einfach gut

Vorbereiten: 1–2 Tage vorher backen, mit Kuvertüre bedecken, würfeln
Aufbewahren: mit Folie bedeckt

Reicht für 1 Blech:

300 g Zartbitter-Schokolade
2 Birnen
2 Bananen
3 EL Zitronensaft
9 Eier
Salz
250 g weiche Butter (+ Butter für das Blech)
150 g Zucker
150 g Mehl
150 g geriebene Mandeln
2 TL Backpulver
100 g Halbbitter-Kuvertüre

1 Schokolade in Stücke brechen, in eine große Tasse legen und im heißen Wasserbad schmelzen. Immer mal wieder durchrühren. Etwas abkühlen lassen.

2 Birnen vierteln, schälen, Kerngehäuse rausschneiden. Bananen schälen. Früchte würfeln und mit dem Zitronensaft mischen.

3 Eier trennen (wer vergessen hat, wie's geht, Basic baking, vordere Klappe). Eiweiße mit 1 Prise Salz steif schlagen und in den Kühlschrank stellen. Butter in Stücke schneiden und mit dem Zucker schaumig rühren. Nach und nach die Eigelbe drunterrühren.

4 Backofen auf 200 Grad anheizen (Umluft auch schon jetzt: 180 Grad). Backblech fetten. Jetzt kommt die geschmolzene Schokolade zur Buttercreme. Mehl mit Mandeln und Backpulver mischen, mit den Früchten unter den Teig mischen. Eischnee aus dem Kühlschrank holen und unterheben. Teig aufs Blech kippen und glatt streichen. Im heißen Ofen (Mitte) ca. 25 Minuten backen.

5 Abkühlen lassen. Kuvertüre schmelzen und auf dem Kuchen verstreichen oder den Kuchen damit verzieren, zum Beispiel mit einem Schokogitter überziehen. In Würfel schneiden und vom Blech lösen.

So viel Zeit muss sein:
1 Stunde (+ 25 Minuten Backzeit)
Kalorien pro Stück (bei 50): 140

Clafoutis
Bon appetit, mes amis!

Vorbereiten: morgens Teig rühren, Kirschen vorbereiten, aber frisch backen
Aufbewahren: Teig zugedeckt kühl

Reicht für 4:

130 g Mehl, 4 Eier

3 Päckchen Vanillezucker

1 Prise Salz, 300 ml Milch

500 g (Sauer-)Kirschen (frische oder 1 großes Glas Schattenmorellen, Abtropfgewicht 550 g)

Puderzucker zum Drüberstäuben

eventuell wenig Cognac oder Weinbrand zum Beträufeln

1 Mehl mit Eiern, Vanillezucker und Salz in einer Schüssel gut verrühren. Milch nach und nach dazurühren. Teig 30 Minuten stehen lassen.

2 Kirschen waschen und vom Stiel zupfen. Wer Angst hat, dass die Gäste Kernespucken üben, entsteint sie auch. Mit dem Kirschentsteiner. Bei Schattenmorellen aus dem Glas erübrigt sich das. Die lässt man einfach abtropfen. Kirschen oder Schattenmorellen in eine flache, feuerfeste Form schütten.

3 Den Backofen auf 180 Grad vorheizen (ohne Vorheizen: Umluft 160 Grad). Teig noch mal durchrühren, über die Kirschen gießen. Clafoutis im Ofen (Mitte) ca. 40 Minuten backen, bis die Oberfläche schön gebräunt ist. Puderzucker drüberstäuben. Am besten schmeckt der Clafoutis lauwarm. Und manche finden, dass er erst so richtig französisch ist, wenn man noch ein Gläschen Cognac drüberträufelt.

So viel Zeit muss sein: 1 Stunde 20 Minuten, davon 10 Minuten aktiv
Kalorien pro Portion: 285

Zimtparfait
Für eiskalte Genießer

Vorbereiten: 2–3 Tage vorher
Aufbewahren: im Tiefkühlfach

Lohnt nur für 10–12:

1 Vanilleschote

1/4 l Milch

6 ganz frische Eigelbe

150 g Zucker

350 g Sahne

2 TL Zimtpulver

1 Vanilleschote aufs Brett legen, der Länge nach aufschlitzen und das Mark mit dem Messerrücken rauskratzen. Mit der Milch in einen Topf schütten und heiß machen. Auf der abgeschalteten Kochplatte nachziehen lassen.

2 Eigelbe mit Zucker schön schaumig schlagen. Vanilleschote aus der Milch gabeln. Milch nach und nach zur Eigelbcreme gießen. Und immer schön weiterrühren. Alles in den Milchtopf gießen und noch mal auf den Herd stellen. Warm machen, bis die Masse dickflüssig wird. Auch jetzt das Rühren nicht vergessen.

3 Alles in eine Schüssel umfüllen und kalt werden lassen. Und häufig rühren, damit das Ganze schön glatt bleibt und sich auch keine dicke Haut draufsetzt.

4 Sahne mit dem Zimt steif schlagen und unterziehen. In eine Form (am besten länglich und mit ungefähr 1 $^1/_2$ l Inhalt) füllen. Für 3 Stunden ins Gefrierfach stellen. Form kurz in warmes Wasser tauchen, dann das Parfait auf eine Platte stürzen und in Scheiben schneiden.

So viel Zeit muss sein:
20 Minuten (+ 3 Stunden Gefrierzeit)
Kalorien pro Portion (bei 12): 190

Und dazu?

Passen z.B. Honig-Beeren:

1 Packung TK-Beeren auftauen lassen. In einem Topf 1 EL Honig mit $^1/_2$ EL Orangensaft und etwas Zitronensaft aufkochen. Beeren untermischen, heiß werden lassen und zum Parfait essen.

Oder eine Mangosauce:

1 reife Mango schälen und das Fruchtfleisch in Schnitzen vom Stein abschneiden. Mit 2 EL Kokoslikör oder Sahne pürieren, mit wenig Zitronensaft und eventuell etwas Zucker abschmecken.

Oder eine warme Schokoladensauce:

$^1/_4$ l Milch mit 20 g Zartbitterschokolade schmelzen. 1 Ei mit 1 EL Zucker und 1 gehäuften TL Speisestärke verquirlen und unter die heiße Milch rühren. Unter Rühren erhitzen, bis die Sauce dickflüssig wird. Leicht abkühlen lassen, eventuell noch etwas Grappa und Kakao drunterrühren.

Orangensorbet
Einfach erfrischend

Vorbereiten: 3–4 Tage vorher
Aufbewahren: im Tiefkühlfach

Reicht für 8, schaffen aber auch 4:

4 unbehandelte Orangen

1 große unbehandelte Zitrone

200 g Zucker

1 EL Orangenlikör (kann man auch weglassen)

1 2 Orangen und die Zitrone unter den heißen Wasserstrahl halten und abbürsten. Abtrocknen und die Schale fein abreiben. Bei den Orangen geht das mit der Reibe weniger gut, weil die Schale so musig wird. Besser funktioniert es mit dem Zestenreißer. Wer den nicht hat, schält die Schale hauchdünn mit dem Kartoffelschäler und schneidet sie dann ganz einfach klein. Bei beiden Zitrusfrüchten wichtig: die weiße Haut, die drunter ist, nicht mit abreiben oder -schneiden. Denn die macht das Ganze bitter.

2 Alle Orangen und die Zitrone auspressen.

3 Zucker in 350 ml Wasser auflösen. Orangen- und Zitronensaft mit den Schalen dazugeben und eventuell auch den Orangenlikör.

4 Alles in eine Schüssel füllen und für ca. 4 Stunden ins Gefrierfach stellen. Aber in der Zeit kann man sich nicht ganz auf die faule Haut legen, sondern muss die Orangenmischung immer mal wieder durchrühren. Und je öfter man das macht, desto feiner wird das Sorbet. Übertreiben muss man es aber auch nicht, so alle 30–60 Minuten reicht.

So viel Zeit muss sein:
25 Minuten (+ 4 Stunde Gefrierzeit mit gelegentlichen Umrührarbeiten)
Kalorien pro Portion (bei 8): 125

Die Was-mach-ich-wann-und-wie-Vorschläge

Die Rezepte haben wir jetzt alle hinter uns. Und Lust zum Feiern haben wir auch bekommen. Aber irgendwas fehlt uns trotzdem noch. Ein paar Tipps rund ums Vorbereiten zum Beispiel und dann auch noch ein paar Ideen, was ich machen kann, wenn ich wenig Zeit habe oder wenn der Geldbeutel mal nicht so gut gefüllt ist oder wenn ich alles vorbereiten will...

Aufbacken

Frittiertes und Gebäck lässt sich gut vorbereiten, schmeckt aber besser, wenn man es vor dem Fest noch mal aufbäckt. Und das geht so: Backofen auf 200 Grad vorheizen (Umluft 180 Grad). Backblech mit Backpapier belegen, Gebäck drauflegen und in den heißen Ofen schieben. Nach ein paar Minuten ist es außen schön knusprig, und das reicht dann auch schon. Rausholen, abkühlen lassen und herrichten.

Einfrieren

Wer kurz vorm Fest auch kein kleines bisschen Stress aufkommen lassen will, macht manches schon ein bis zwei Wochen vorher und friert es einfach ein. Geht zum Beispiel gut mit Suppen und Eintöpfen, mit Frittiertem wie Käseröllchen, mit Gebäck und mit Fleischgerichten wie Schweinerollbraten. Alles am Vorabend aus dem Gefrierfach holen und kurz vor dem Fest aufschneiden (Braten), erwärmen (Suppen und Eintöpfe) oder aufbacken (Gebäck).

Kräuter

Manchmal macht erst das Minzeblatt aus einem Tomatensalat einen arabischen Salat. Und weil man das nicht überall bekommt, kann man sich auf Wochenmärkten oder beim Gärtner ein Töpfchen davon kaufen und auf den Balkon oder die Fensterbank stellen. Und das gilt natürlich nicht nur für die Minze.

Familienfest

Nicht, dass man die Familie besonders beeindrucken möchte, oder? Aber festlich soll es schon irgendwie sein. Zum Beispiel damit:

Entenpastete (S. 69)
Gemüsecrostini mit Mandeln (S. 52)
Artischocken mit Saucen (S. 119)
Paprika in Öl (S. 130)
Mohr im Zimthemd (S. 146)
Dazu: Schinken oder geräucherter Fisch und eine Käseplatte

Kartoffelterrine mit Ziegenkäse (S. 68)
Marinierte Gemüse (S. 64)
Gefüllte Champignons (S. 47)
Schweinerollbraten (S. 133)
Apfel-Charlotte (S. 151)
Pochierte Birnen (S. 148)
Dazu: Salami und Schinken und eine Platte mit würzigen Käsesorten

Spontanparty

Schnell muss es gehen und alles überall zu haben sein. Und die schnellen Sachen passen gut zusammen.

Käsespieße (S. 41)
Gurken-Raita (S. 44)
Croûtons mit Schinkencreme (S. 53)
Möhrensalat mit Trauben (S. 72)
Peanuts and sellery (S. 127)
Melone in Kokosmilch (S. 151)
Dazu: Salami, Cocktailtomaten, Käse

Schinken-Carpaccio (S. 65)
Gemüsecrostini mit Mandeln (S. 52)
Käsecocktail (S. 71)
Blumenkohlsalat mit Kapern (S. 72)
Provenzalische Kartoffelsuppe (S. 95)
Avocado-Zitronen-Creme (S. 154)
Dazu: Tomaten, Gurken, Radieschen und Grissini

Stehparty

Dafür eignet sich natürlich alles aus dem Kapitel Fingerfood, aber auch noch anderes. Das passt besonders gut zusammen:

Schnittchen mit Erdäpfelkaas (S. 50)
Schinkenkipferl (S. 125)
Gefüllte Tomaten (S. 46)
Hühnerbeine (S. 132)
Fruchtbällchen (S. 156)
Gefüllte Datteln (S. 156)
Dazu: Salami, Schinken um Grissini gewickelt, Käseplatte

Hähnchen-Saltimbocca (S. 41)
Roggenbrot mit Pilzkaviar (S. 50)
Königsberger (S. 52)
Gurken-Raita (S. 44)
Käsequiche (S. 125)
Muffins (S. 147)
Dazu: Cocktailtomaten, Radieschen, Essiggurken, Obst

Umzugsparty

Wenn man umzieht, hat man weder Zeit noch Geschirr. Deshalb gibt es was zum Dippen oder was aus dem großen Topf. Den kann man sowieso nicht gut im Karton verstauen.

Frischkäse-Dip (S. 42)
Tahini-Dip (S. 43)
Avocado-Dip (S. 44)
Heringscreme (S. 127)
Auberginenaufstrich (S. 127)
Dazu: Gemüsesticks, Tortillachips und verschiedene Brotsorten, als Dessert die Schokowürfel (S. 158)

Russische Rote-Bete-Suppe (S. 91)
Chili con Chicken (S. 103)
Käsequiche (S. 125)
Heringscreme (S. 127)
Chicken wings (S. 132)
Dazu: Radieschen, Tomaten und Obst

Büroparty

Geburtstag, Einstand, Ausstand. Eine Kleinigkeit zum Gläschen, irgendwas gehört da einfach dazu:

Käsespieße (S. 41)
Speckröllchen (S. 57)
Schinken-Carpaccio (S. 65)
Gefüllte Spitzpaprika (S. 47)
Fleischbällchen (S. 58)
Schokowürfel (S. 158)
Dazu: Tomaten in Öl, Grissini und Trauben oder andere Früchte

Schinkenkipferl (S. 125)
Obatzda (S. 126)
Hochstapler (S. 129)
Kurkuma-Gurken (S. 130)
Hühnerbeine (S. 132)
Schoko-Zitronen-Tiramisu (S. 155)
Dazu: Radieschen, Rettich, Mixed Pickles, Käse

Superparty

Muss nicht gerade der Chef sein, der erwartet wird. Aber sehr gute Freunde oder ein ganz besonderer Anlass sollten's schon sein.

Lachstramezzini (S. 50)
Marinierte Gemüse (S. 64)
Oktopussalat (S. 65)
Reissalat mit Granatäpfeln (S. 77)
Entencurry (S. 102)
Kokosflan (S. 147)
Dazu: Melone mit Schinken, Salami, Tomaten in Öl, gut bestückte Käseplatte, Früchte

Windbeutelchen mit Weincreme (S. 52)
Fischterrine mit Krabben (S.)
Tamarinden-Hähnchen (S. 70)
Schweinerollbraten (S. 133)
Zimtparfait (S. 160), Orangen in Honig (S. 150)
Dazu: Cocktailtomaten, eingelegte Zwiebeln, Tomaten in Öl, Käse und Obst

Mitbringparty

Wenn die Freunde fragen, was sie mitbringen sollen. Nicht gleich nein sagen – lieber Rezepte kopieren und verteilen. Macht dem Gastgeber das Leben leichter und verhindert, dass hinterher fünf Nudelsalate auf dem Buffet stehen.

Auberginenkaviar (S. 66)
Rosa Heringssalat (S. 71)
Nudelsalat mit Radicchio (S. 74)
Brotsalat (S. 78)
Fishcakes (S. 59)
Schoko-Zitronen-Tiramisu (S. 155)

Gefüllte Champignons (S. 47)
Linsensalat (S. 78)
Ratatouille mit Käsebaguette (S. 98)
Käsequiche (S. 125)
Baklava (S. 158)

Low-budget-Party

Feiern muss nicht gleich einen Krater ins Budget sprengen. Nur kleine Löcher machen diese Kombis:

Tortillawürfel (S. 40)
Gemüsecrostini mit Mandeln (S. 52)
Auberginenkaviar (S. 66)
Linsensalat (S. 78)
Spareribs (S. 140)
Clafoutis (S. 159)

Gurken-Raita (S. 44)
Gefüllte Eier mit Mango (S. 46)
Falafel (S. 59)
Tomatensuppe (S. 89)
Chicken wings (S. 132)
Avocado-Zitronen-Creme (S. 154)

Register von A – Z

Impressum

Das Basic Team

Sebastian Dickhaut Idee & Konzept, Autor der Textseiten

Cornelia Schinharl Idee & Konzept, Autorin der Rezeptseiten
email: cornelia.schinharl@t-online.de

Sabine Sälzer Idee & Konzept, Redaktion & Produktion
email: saelzer@graefe-und-unzer.de

Sybille Engels Gestaltung & Layout

Thomas Jankovic Gestaltung & Layout

Barbara Bonisolli Foodfotografie

Hans Gerlach Foodstyling

Claudia Juranits Mitarbeit im Studio Bonisolli

Alexander Walter Peoplefotografie

Florian Peljak Fotoassistenz

Sabine Sälzer, Christa Schmedes, Beate Pfeiffer Requisite, Styling, Food bei der Peoplefotografie

Susanne Mühldorfer Herstellung

Susanne Bodensteiner Lektorat

Die Party-Models:
Daniel Griehl
Annika Möller
Markus Röleke
Janna Sälzer
Verena Scheibe
Jan Schmedes
Gabie Schnitzlein

Schlusskorrektur: Mischa Gallé, Tanja Dusy
Satz: Ludger Vorfeld
Repro: Repro Ludwig
Druck und Bindung: Druckhaus Kaufmann

Bildnachweis

Titel-Limette: StockFood/Bodo Schieren

Barbara Bonisolli:
Foodfotos,
17 Sachen Seite 18/19: Stifte, Tafel, Tischkarten, Tischset, Rezept
16 Festessen Seite 30/31: alle Motive außer Picknickdecke und Oliven
Rezeptkapitelaufmacher (außer Fingerfood)

Alexander Walter:
Peoplefotos mit den Basic-Models, Stillife-Einklinker S. 3, 14, 15, 22, 25, 26, 27, 28, 38, 39, 41, 51, 59, 63, 119, 122, 129, 134, 141 (Besteckkorb), 148, 149, 155
17 Sachen Seite 18/19: Schuhe, Blumen, Fenster, Wand, Decke, Tür, Stuhl, Tisch, Lampions, Balkon
16 Festessen Seite 30/31: Picknickdecke, Oliven
Aufmacher: Know How Seite 4/5,
Rezepte Seite 34/35

StockFood
Studio Bonisolli: Seite 77 (Zitronen), 141 (Brot), 145 (Zitrone), 159 (Ei)
Maximilian Stock: Seite 73 (Tomate)
Picture Box: Seite 139 (Zwiebel)
Studio Eising/Martina Görlach: Seite 36 (Käsespieß)
Peter von Felbert: Seite 18, 56, 123 (jeweils Wiese)

Ganz herzlichen Dank an:
Michael Goerden und Familie Eichlinger, die uns ihre wunderschönen Wohnungen gastfreundlich für die Fotoproduktionen zur Verfügung gestellt haben.
Und an: Catharina Wilhelm für ihren SOS-Einsatz!

ISBN: 3-7742-3221-0

Auflage	4.	3.	2.	1.
	2004	2003	2002	2001

Das Original mit Garantie

Ihre Meinung ist uns wichtig.
Deshalb möchten wir Ihre Kritik, gerne aber auch Ihr Lob erfahren, um als führender Ratgeberverlag für Sie noch besser zu werden. Darum: Schreiben Sie uns! Wir freuen uns auf Ihre Post und wünschen Ihnen viel Spaß mit Ihrem GU-Ratgeber.

Unsere Garantie:
Sollte ein GU-Ratgeber einmal einen Fehler enthalten, schicken Sie uns bitte das Buch mit einem kleinen Hinweis und der Quittung innerhalb von sechs Monaten nach dem Kauf zurück. Wir tauschen Ihnen den GU-Ratgeber gegen einen anderen zum gleichen oder ähnlichen Thema um.

Ihr Gräfe und Unzer Verlag
Redaktion Kochen
Postfach 86 03 25
81630 München
Fax: 089/41981-113
e-mail: leserservice@graefe-und-unzer.de